Margarete Jahn

Tom Remo

TOM REMO

Macht, Verantwortung und die Verstrickungen der Vergangenheit

THEMA

Die Geschichte befasst sich mit Fragen von Verantwortung, der Verlockung von Macht und der Fähigkeit, in Extremsituationen moralisch zu handeln. Sie zeigt, wie Freundschaft und Zusammenhalt in den dunkelsten Momenten Licht bringen können

Margarete Jahn

Mystery, Phantasie, Abenteuer, Drama, Spannung

Tom Remo
Margarete Jahn

Verlag:
Margarete Jahn
10785 Berlin
maahri@mail.de

Herstellung: epubli – ein Service der neopubli GmbH,
Köpenicker Straße 154a, 10997 Berlin
www.epubli.de

Kontaktadresse nach EU-Produktsicherheitsverordnung:
produktsicherheit@epubli.com

Inhalt

Schmidt-Hansen

Irgendwo hinter der Stadtgrenze von Berlin, nahe, an einem Wald aus Eichen, Buchen und riesigen Tannen, die wild und groß gewachsen, eine etwas unheimliche Anziehung hatten, lag ein kleiner unbedeutender Ort.

Hier gab es eine einzige gerade Straße. Die Häuser fein säuberlich an ihr aufgestellt. Außer das von Hansen-Schmidt, eine kleine wundersame, teilweise in blau gefärbte Datscha, mit einem märchenhaft anzusehenden geschwungenen roten Dachgiebel, schien sich hier nicht einreihen zu wollen.

Auch im Inneren gab es einiges zu bestaunen. In der Mitte des Raumes stand ein großer, massiver Arbeitstisch aus dunklem Eichenholz, bedeckt mit Werkzeugen und Materialien, die einem Puppenmacher gehörten. Eine prächtige Decke aus gestickten

Stoffen und gehäkelten Spitzen hing von der Decke herab und war mit den Farben des Regenbogens verziert, was dem Raum eine warme und gemütliche Atmosphäre verlieh.

Die Wände waren mit Regalen bedeckt, die bis zur Decke reichten und mit einer Vielzahl von Puppen gefüllt waren - von einfachen Stoffpuppen bis hin zu aufwendig verzierten Porzellanpuppen mit lebensechten Gesichtern. Ihre Augen schauten, als ob sie eine Geschichte zu erzählen hätten, die nur sie verstehen konnten.

Ein altes Grammophon stand stolz in einer Ecke des Raumes und spielte leise eine melancholische Melodie, die das Herz zum Schwingen brachte. Die Fenster waren mit zarten Spitzenvorhängen verhüllt, die das Sonnenlicht in ein warmes, sanftes Glühen tauchten, das den Raum mit einem goldenen Schimmer erfüllte.

In einer anderen Ecke des Raumes befand sich ein gemütliches Sofa, überzogen mit bunten Kissen und Decken, die zum Ausruhen und Träumen einluden. Ein großer Kamin aus poliertem Marmor thronte majestätisch an der Wand und war mit kunstvollen Schnitzereien verziert, die Szenen aus alten Märchen und Legenden darstellten."

Gegenüber, verborgen hinter einem alten Vorhang, befand sich ein technisches Paradies. Computer und Monitore türmten sich dort auf, als hätte jemand über Jahre hinweg Geräte angesammelt und einfach aufeinandergestapelt. Die Bildschirme waren unterschiedlich groß und stammten aus verschiedenen Zeiten: Einige hatten die schmalen, glänzenden Rahmen moderner Flachbildschirme, während andere alte Röhrenmonitore mit abgerundeten Ecken und vergilbten Gehäusen waren. Kabel schlängelten sich wie elektronische Schlangen durch den Raum, mal sorgsam gebündelt, mal lose auf dem Boden verstreut.

Auf einem der Tische, der unter der Last der Technik leicht zu schwanken schien, blinkten mehrere Lichter unregelmäßig, und warfen ein gedämpftes, pulsierendes Licht an die Wände. Ein halboffenes Gehäuse eines Computers lag daneben, als ob mitten

im Basteln jemand von einer plötzlichen Idee abgelenkt worden war. Der Raum roch nach einem Mix aus Staub und Elektronik, dieser typischen Mischung, die in Räumen voller Technik herrscht.

Tastaturen lagen überall verstreut, einige davon hatten abgenutzte Tasten, während andere glänzten wie neu. Auf einem wackeligen Stuhl stand eine zerlesene Anleitung für Programmier-Codes, daneben ein schräg gestapelter Turm von Festplatten. Es war der perfekte Arbeitsplatz für jemanden, der in die Welt der Computer eintauchen wollte – chaotisch und doch voller Energie, wie ein Ort, an dem große Ideen Gestalt annahmen.

Hansen-Schmidts -Wege führten oft mitten hinein, in den Wald. Er kam hierher und ließ seiner Phantasie freien Lauf. Das undurchdringliche Dickicht, die wispernden Geräusche, die Bewegungen hinter Büschen von unentdeckten Lebewesen, ließen ihn eine Welt erträumen, in der er stets ein Held, ein lieber Freund, oder gar ein Vater war.

Zu Hause angekommen konnte Hansen-Schmidt es nicht erwarten, alles aufzuschreiben, was ihm so in den Sinn gekommen war. Wundersame Lebewesen, mussten in aller Eile gezeichnet, gemalt und ausstaffiert werden. Es war ihm wichtig jede Einzelheit festzuhalten, die er sich in diesen geheimnisvollen Waldmomenten erdacht hatte.

Manchmal schien es gar, sie wurden ihm geschenkt, diese Ideen. Einfach so in den Kopf hineingelegt. Es konnte unmöglich sein, dass alle diese märchenhaften Puppen, aus seinem eigenen Inneren kamen. So jedenfalls fühlte Hansen-Schmidt, und war zu tiefst dankbar.

Hansen war ein moderner Puppenmacher, ja, so kann man es bezeichnen. Seine wundersamen Wesen aber entstanden nicht nur in einer herkömmlichen Werkstatt, wo aus unförmigen Holzklötzen Hexen, Teufel und andere Spielfiguren geschnitzt wurden.

Hansen war zudem ein begabter und begehrter Trickfilmzeichner. So war auch der Computer, die Tastatur gemeinsam mit phantasievollen Träumen sein Handwerkszeug. Auch heute wieder, saß er an seinem Bildschirm, die schon etwas abgegriffene Maus blitzschnell hin und herwandernd. Sein Blick hinter einer dicken schwarzumrandeten Brille, zeigten kritische, neugierige Augen. Würde es ihm heute gelingen?

Draußen vor seiner Datscha änderte sich plötzlich das Licht. Eine dunkle bedrohende Wolke tauchte alles in ein undurchdringliches Schwarz. Kein Vogel zwitscherte mehr, eine unheimliche Stille umgab das Hansensche Holzhaus.

Hansen merkte dieses alles nicht. Er saß leicht gebeugt und hoch konzentriert vor seinem PC, eine kleine mysteriöse Phiole in der Hand, nichts ahnend, was da gleich geschehen würde.

Er stand plötzlich nervös auf, um sich gleich darauf wieder hinzusetzen. Auf seinem Gesicht ein wundersamer Ausdruck. Zufrieden, fast triumphierend nickte er seinem Bildschirm zu. „Hallo kleiner Mann! Du bist also Tom **Remo**. Mein **Re**konstruiertes **Mo**dell Auf dich habe ich lange gewartet!"

„Ja?" eine zarte weiche aber sehr leise Stimme hatte geantwortet.

Immer noch ungläubig, die Ohren reibend, näherte er sich dem Bildnis und fuhr vorsichtig mit seinen schlanken Fingern über den glatten Bildschirm, so als müsse er auch ertasten, was er da sah und gehört hatte.

Plötzlich zuckte ein greller Blitz durch den Himmel. Die alte Tischlampe gab nur noch ein zittriges letztes Licht, um dann gleichzeitig mit dem ertönen eines ohrenbetäubenden Donner, um die Hansensche Datscha herum, zu erlöschen.

„Au!" Verdammt noch einmal! Was war das! Ein entsetzlicher Schmerz in seiner immer noch auf dem Bildschirm ruhenden Hand, ließ Hansen wie einen Wolfshund aufheulen. Er tastete nach dem Lichtschalter. Aber auch hier hatte die Glühbirne ihre Dienste aufgegeben. Mit einer zarten Kerzenflamme versuchte er dann ein wenig Licht ins Dunkel zu bringen.

Hansens Hand zeigte ein feuerrotes kreisrundes Mal. Es brannte und tat höllisch weh. Kaltes fließendes Wasser brachte für einen Augenblick Linderung.

Noch immer ungläubig und ärgerlich maulend trottete er zurück zum PC. Und hier wurde er nun vollends wütend. Kaum zu glauben, zu welchen Flüchen dieser kleine Mann fähig war. Mit beiden Händen hob er seinen Monitor vom Tisch und rüttelte daran herum, als sei es eine alte Blechbüchse, und nicht ein schweres Monitorungetüm. Er wollte zurückholen, was er vor wenigen Minuten noch klar und deutlich gesehen hatte.

„Ok, Ok, nur die Ruhe bewahren."

Deutlich zeichnete sich ein neongreller Umriss, dort, wo kurz zuvor seine liebenswerte Schöpfung ihn angelächelt hatte.

Aber dieses allein wäre ja nicht schlimm gewesen. Hansen, der alte Datenfuchs, hätte kein Problem damit, verlorengegangene Informationen wieder aufzustöbern. Aber eine eingebrannte kraterartige Monitoroberfläche konnte auch er nicht so schnell reparieren. Hier hieß es Geduld. Und die hatte er nicht. Ihn hatte ein Fieber gepackt. Er wusste, ihm war etwas Einmaliges gelungen. Noch konnte er es selbst nicht glauben... aber seine Augen hatten es selbst gesehen.

Zur gleichen Zeit, am anderen Ende der Straße, wieder einmal Regen, wobei hier Regen noch untertrieben ist. Kübelweise schüttete es vom Himmel.

Alex Oliver störte dieses nicht. Er hatte sich in sein Zimmer verkrochen und saß mit vor Zorn hochrotem Gesicht an seinem Computer. Sein dunkelblondes Haar stand zerzaust in alle Richtungen. Die braunen Augen die sonst einen fast goldenen Schimmer besaßen, blickten schwarz leuchtend und so düster, dass man nicht in seiner Nähe hätte sein mögen.

Was war es wohl, dass den Zorn so hoch kochen ließ. Selbst Brick, hatte sich in die äußerste Ecke des Zimmers verkrochen. Sein elfenbeinfarbenes Fell war nass geworden und verströmte einen unangenehmen Hundegeruch. Hier hätte sein Herrchen Alex normalerweise sofort eingegriffen. Dieser „Hundebadespass“ so gar nicht Bricks Fall, schien Alex unter normalen Umständen einen riesigen Spaß zu bereiten.

Leicht verwirrt, und ungläubig, verfolgte Brick jede Bewegung seines Herrchens. Immer sprungbereit zu entwischen, wenn er doch noch drohte in der Badewanne zu landen.

Nach Minuten langer Anspannung aber, war ihm klar, er war heute nicht der Mittelpunkt, und rollte sich fast beleidigt zu einer unförmigen Kugel.

Alex murmelte unverständliche Worte in Richtung seines Computers. Seine Faust schlug plötzlich auf den Tisch, und laut scheppernd landete die Bleistiftdose auf den Boden und ließ allen Inhalt in sämtliche Richtungen des Zimmers rollen.

„Was ist los“, Mutter Hanni schaute besorgt in das Zimmer ihres Sohnes, und wartete erst gar keine Antwort ab, sondern fing gleich an aufzuzählen.

„Hast du deine Hausaufgaben gemacht, hast du Brick gefüttert, dein Zimmer aufgeräumt, dich umgezogen, du weißt, wir bekommen wichtigen Besuch?“

„Ja ja, Mumm bin dabei, und störe mich nicht, sonst werde ich nicht rechtzeitig fertig.“

Genauso plötzlich wie sie aufgetaucht war, war sie auch wieder verschwunden. Fast zeitgleich, mit einem ohrenbetäubenden Knall der sich aus dem Monitor entlud, fiel die Tür ins Schloss.

Verwirrt meinte Mutter Hanni sich bei ihrem Sohn entschuldigen zu müssen, und rief in aller Hast während sie die Treppe hinuntereilte eine Entschuldigung aus.

Alex' Zimmer aber, war mit diesem Knall gleichzeitig von einem blauen Licht völlig durchflutet. In der Mitte des Raumes schien das Licht sich fast ins violett zu färben und war so undurchdringlich, dass alles andere im Raum unsichtbar wurde.

Ein ängstlich neugieriges Kläffen von Brick, durchbrach die Stille.

Alex selbst saß wie erstarrt unbeweglich auf dem Stuhl, und versuchte mit seinen Augen das unförmige Licht - Gebilde im Raum zu erkunden. Langsam, nur langsam verzog sich der blaue Nebel. Immer noch regungslos, und wie unter Schock nahm Alex eine Bewegung war. Dann traute er seinen Ohren nicht.

Jemand im Raum fing an zu kichern. Erst leise, dann lachte dort jemand. Laut und aus vollem Halse schien sich jemand zu vergnügen.

„He du da, ich bin Tom Remo, und wer bist du?"

„Alex Oliver" klang es aus ihm heiser heraus. Seine Augen fingen an, langsam die Umrisse eines Knaben auszumachen. So groß etwa, wie er selber war.

„Was machst du hier? Wie bist du in mein Zimmer gekommen?"

Seine Stimme hatte sich gefangen, und klang nun wieder forscher. Neugierig wartete er auf eine Antwort.

„Siehst du es denn nicht? Schau 'dich um, ich bin geradewegs hier durch dein Display gebiehmt worden."

Eine feste Knabenhand tauchte aus dem Nebellicht und deutete auf den Monitor.

Alex sah auf den Bildschirm seines PCs und sah dort eigentlich nur noch einen glaslosen Rahmen. Das Innere schien heil zu sein. Kein Kabel war verrutscht. Nur ein leicht verbrannter Geruch kroch in seine Nase. Er drehte sich zurück, und sah nun in ein spitzbübiges Gesicht. Ein breites Grinsen, grüne leuchtende Augen, und die sanfte Stimme Toms hellten auch Alex' Gesichtszüge wieder auf. Selbst Brick kroch aus seiner Ecke. Er spürte, etwas Ungewöhnliches ging hier vor.

Tom Remo stand nun voll sichtbar vor Alex. Beide bemusterten sich neugierig. Seltsam war Tom schon anzuschauen. Schwarze Haare, borstig und in Hunderten kleinen Büschen ungeordnet auf seinem Kopf verteilt. Seine schwarze Hose war übersät mit silbernen Klammern und Reißverschlüssen. Toms Schuhe aber waren um gelinde zu sein, das merkwürdigste, das Alex je gesehen hatte. Schwarz silbrig glänzendes Leder, an der Fußspitze mit einer nach außen gebogener Rolle. Hoffentlich sind seine Füße nicht so geformt, dachte Alex. Silberfarbene Schnallen, in Form kleiner

Computerchips vollendeten das Bild für Alex Olivers Augen als rundherum fremd, nur das blütenweiße T-Shirt schien langweilig normal.

Das er selber keinen weniger seltsamen Eindruck auf sein Gegenüber machte, war ihm nicht bewusst. Die sonst gepflegten schulterlangen Haare, hatten sich nun vollends zur unbändigen Masse um den Kopf drapiert. Die wachsamen braunen Augen schauten aus einem mit Tinte schwarzverschmutzten Gesicht. Und so muss man sagen, sah Alex Oliver eher wie ein von einem anderen Stern kommender Außerirdischer aus, so, wie man sie sich halt vorstellt.

„Kann man dich berühren? Stehst du da wirklich, oder bist du nur mein Hirngespinst?“ fragte Alex.

„He fass mich an, berühre mich dann hast du deine Antwort.“ Kam es von seinem Gegenüber.

Alex streckte Tom die Hand entgegen. Warme Hände berührten seine.

„Hei, ich heiße Alex Oliver, wohne hier, fahre Skateboard, mag Mathe überhaupt nicht, hasse meine Deutschlehrerin und kann Fleckstritt *1 tanzen, am liebsten mit meiner Schwester.“.“

„Hoi, und ich Heiße Tom Remo, spreche fließend Basic und Java, liebe Zahlen,

„Mmh, und wie bist du hierhergekommen?“

„Sagte ich doch. Ich bin her gebiehmt, und zwar von dir!“ „Von mir?“

“Ja, hast du nicht an deinem Computer gesessen?“

„Ja schon, ich habe versucht meine Mathehausaufgaben zu machen. So eine verfluchte Aufgabe habe ich überhaupt nicht verstanden, muss sie aber bis morgen fertig haben, sonst regnet es fünfer, und ich habe schon zu viele davon. Aber ich verstehe immer noch nicht was meine Matheaufgabe mit deiner Biehmung zu tun hat?“

„Ich eigentlich auch nicht, denn, damit du mich hierher Teleportieren kannst, brauchst du unseren binären Abruf Code.“

“Binärer Abruf Code? Willst du damit sagen, dass du durch meine Umrechnung von Dezimalzahlen im Stellenwertsystem ins Duale Stellenwertsystem, also durch meine blödsinnige Zahlenreihe hier hergeflogen bist?“

„Ja! Ja; eigentlich nicht, zeig mal her deine Aufgabe!“

„„ wenn du meinen Monitor zusammenbringst gern“‘

„Kein Problem.“

Geschickt setzte Tom die Scheibe des Monitors an seinen Platz zurück.

„Verstehe gar nicht wieso sie herausgeflogen ist. Muss wohl schon ein altes Modell sein.“

Alex runzelte die Stirn, „ja leider, der Abgelegte meines Vaters“.

„So nun zeig her, ich bin neugierig, wie diese Rechnung aussieht.“

Schnell war das entsprechende Bild aufgebaut, und beide schauten sich die in Alex’ Augen verrückte Zahlenreihe an.

„Das war deine Lösung?“

„Ja,“

„Das ist nicht unser Flug Code.“

Tom durchstöberte ein wenig das Programm.

„Hoi, das ist interessant! Hier gibt es einen Skript Fehler, ich glaube der dadurch verursachte Html – Ausrutscher, hat aus deiner Mathelösung meinen Flug Code kreiert.“

„Ungläubig und ein wenig verständnislos, schaute Alex in Toms Augen.

„Mmh, ja, ich verstehe schon, das erklärt noch lang nicht alles. Aber ich ahne was vor sich gegangen ist. Ein wenig Zeit musst du mir noch lassen, dann kann ich dich aufklären.“

„OK!“

Ein Klopfgeräusch brachte beide ein wenig aus der Fassung.

„He Alex! beeil dich, du wirst zum Essen erwartet.“ Ertönte eine Mädchenstimme auf der anderen Seite.

„Wer ist das?“ fragte Tom.

„Meine Schwester Ann.“ Flüsterte Alex.

Gleichzeitig öffnete sich die Tür und Ann schaute ins Zimmer.

Ann

Keine Sekunde später stand sie im Zimmer und schaute in das verstörte Gesicht ihres Bruders.

„Was ist los? Was suchst du?"

Belustigt und neugierig beobachtete sie Alex der in ihren Augen mal wieder aussah, als sei er aus einem Erdloch gekrochen.

„Verschwinde, ich kann dich hier nicht gebrauchen!" ungehalten wies er zur Tür.

Doch Ann, schien zu spüren, dass er etwas vor ihr verbarg. Nun erst recht neugierig geworden trat sie nahe zu Alex. Ann mit ihrem feuerroten unglaublich geradem wie mit einem Lineal geschnittenem Haar, war ein Jahr jünger, aber doch um einige Zentimeter größer und schaute noch immer abwartend auf ihren Bruder.

Dieser schien nervös etwas zu suchen. Seine Blicke wanderten durchs Zimmer, und wieder nervös zu Ann.

„Ich kann dich hier wirklich nicht gebrauchen!"

„Hör´ zu Alex, du weißt, du kannst mir vertrauen, wenn du also meine Hilfe benötigst, dann weißt du ja, wo du mich findest!"

Mit einem Schwung verschwand sie so plötzlich, wie sie aufgetaucht war.

Alex atmete tief auf: „Wo steckst du Tom?“

„Ich stehe immer noch hier, und habe mich nicht vom Fleck gerührt.“

„Ja tatsächlich.“

Tom war unübersehbar.

„Aber? Wie, mmh? Wo hast du dich so schnell versteckt? Wie bist du wieder so schnell vor meinen Augen aufgetaucht?“

„Ich habe mich nicht vom Fleck gerührt, aber ich bin selbst erstaunt, dass dieses rothaarige Mädchen mich nicht gesehen hat.“

„Aber ich habe dich auch nicht mehr gesehen. Du hast dich nicht vom Fleck gerührt?“

„Nein wirklich nicht, bin keinen Schritt gelaufen.“

„OK, wir bekommen es schon heraus, wie du das gemacht hast. Schließlich, bist du ja auch hierhergekommen, und ich kann mir nicht vorstellen, wie dir dieses gelungen ist. Meine Matheschmiererei und deine Theorie der Biehmerei… scheint mir immer noch abwegig.“

Doch trotz alledem es schien, dass Alex nichts erschüttern konnte, als sei es eine vollkommen normale Sache: ein seltsamer Knabe erscheint, verschwindet, und erscheint wieder.

Er trat an Tom heran, und schaute sich nun näher an, wer da mit ihm das Zimmer teilte.

Tom war so groß wie er selber. Neugierig betastete er die seltsamen Schuhe, die Hose. Auch umgekehrt wurde Alex befingert.

„Dein Haar ist schön weich, ist das modern, so wie du sie trägst?“

Ein Blick in den Spiegel, verriet Alex, dass er tatsächlich außergewöhnlich frisiert war, und verschmitzt meinte er zu Tom:

„Ne, so sehe ich aus, wenn ich meine Matheaufgaben mache."

„Hoi!" lachte Tom.

Wieder hörte man jemanden die Treppe heraufeilen. Dann war es ruhig. Tom und Alex verhielten sich mucksmäuschenstill.

Auf der anderen Seite der Türe, schien jemand den Atem anzuhalten.

Tatsächlich, Ann legte ihr Ohr an die Türe, versuchte angestrengt zu hören, was ihr Bruder da treibt. Stille. Nach ein paar Sekunden hielt sie es nicht mehr aus.

Mit einem Ruck öffnete sie erneut die Tür, und streckte ihren Rotschopf durch den Spalt.

„Was treibst du da?! Wusste ich doch, du bist nicht allein!"

Mit dem Finger auf Tom deutend trat sie ins Zimmer.

„He mach die Türe zu, und sei leise!" befahl Alex.

Ann gehorchte mechanisch. Zu groß war ihre Neugier. Sie wollte es auf gar keinen Fall riskieren, wieder hinausgeschmissen zu werden. Neugierig ging sie direkt auf Tom zu, stupste ihn an:

„Ich bin Ann, wer bist du?"

„Du kannst ihn sehen?" kam es von Alex.

„Wieso, sollte ich nicht?"

„Ach, das ist eine lange Geschichte…

Ann wartete die Antwort gar nicht ab. Sie war fasziniert aber auch irritiert vom Anblick Toms.

„Ganz schön seltsames Outfit, dass du da trägst! Kommst du, oder gehst du zu einem Faschingsball?"

„Faschingsball?"

„Ach, ist doch egal“ meinte Alex.

„Was willst du schon wieder hier?“ Ann überhörte die Frage.

„Nun, erzähl schon, was treibt ihr hier, und was soll der seltsame Aufzug? Was habt ihr vor?“

Stille.

Alex druckste herum. Er wusste, seine Schwester wird ihm keine Ruhe lassen, und so lange bohren, bis sie herausbekommen hatte was sie wissen wollte.

„Erzähle es ihr doch, sie wird es glauben, oder auch nicht“, meinte Tom.

Immer noch zögerte Alex. Nervös fuhr er sich durchs Haar. Abwartend und gebannt verfolgte Ann mit verschränkten Armen, die nervösen Gebärden ihres Bruders.

„Na gut, du wirst uns ja doch nicht in Ruhe lassen. Aber eines sei dir gesagt, ich erlaube dir keine Zwischenfragen, kein Lachen, und verlange von dir absolutes Schweigen.“

„Ehrenwort! ich verspreche dir alles.“

„Also, ich selbst verstehe es auch noch nicht so ganz“, begann Alex, und mit einer ausholenden Bewegung begann er zu berichten, was sich in der letzten Stunde in seinem Zimmer abgespielt hatte.

Manchmal unterbrach Tom den Redefluss mit kleinen erklärenden Ausschmückungen.

Ann schien angestrengt nachzudenken.

„Gebiehmt, binärer Abruf Code, Umrechnung von Dezimalzahlen im Stellenwertsystem, ins Duale Stellenwertsystem, Scriptfehler, ...erscheint mir logisch.“

„Wie meinst du das?“ kam es von Alex, der ungläubig, Ann fixierte, jeden Augenblick darauf gefasst, ihr schrilles Lachen zu hören.

„Still, ich muss nachdenken! Na schön, du siehst wirklich aus, wie durch eine Röhre gezogen, Tom. Du musst mir mehr erzählen. Wer bist du? was kannst du? wo wohnst du? was machen wir mit dir?“

Unangenehm laute Stille folgte nach diesen Fragen. Nur Brick schien sich endlich aus seiner Ecke herauszutrauen. Schwanzwedelnd mutig geworden, beschnupperte er Tom.

Dieser schien verlegen, und meinte räuspernd, „ich werde versuchen zurückzukehren. Hansen wird mich sicher schon vermissen.“

„Wer ist Hansen?“ fragten die Geschwister wie im Chor.

Noch bevor Tom antworten konnte, hörten sie Mumm Hanny gereizt rufen:

„Nun wird es aber Zeit, mit euch beiden! Ich erwarte euch sofort zu sehen!“

Der Ton war unmissverständlich scharf. Tom und Ann wussten, hier war höchste Zeit zu reagieren.

„Wir kommen ja schon!“

„Gib uns 3Minuten!“ versuchte Alex Zeit zu gewinnen.

„OK, 3 Minuten, aber keine Minute länger, dann seid ihr unten!“

Alex seufzend: “ich möchte, dass du bleibst.“

„Hoi, mmh, wäre mir auch recht.“

„Können wir dich allein lassen Tom? du kannst es dir bequem machen.“

Alex deutete auf eine Wand. Da befindet sich meine Höhle. Dort kannst du dich verkriechen. Toms Augen folgten dem Finger und sahen einen merkwürdig aussehenden Schrank.

„Da hinein?“

„Ja, ist ganz bequem dort. Ist ein nachgebauter Seemanns Alkoven. Niemand wird dich dort stören. Wir sind so schnell wie möglich zurück.“

„Abgemacht.“

Ein Händedruck besiegelte diesen Packt, und dann hieß es sputen. Ann strich sich mit den Fingern durchs Haar, und Alex fingerte hektisch mit einer etwas seltsamen Haarbürste, oder war es gar eine Hundebürste? eilig durch sein Haar. Mit einem weißen Tischtuch versuchte Alex seinem Gesicht die natürliche Farbe wiederzugeben, rieb so fest um Ohren und Nase, dass diese ziemlich rot zu leuchten begannen.

Letzte Ermahnungen an Brick, auf den neuen Freund acht zu geben, und schon verschwanden beide aus dem Zimmer.

Seltsamer Besuch

Auf der Treppe ermahnte Alex seine Schwester über alles zu schweigen, sich nicht zu verplappern und völlig normal zu verhalten.

Beleidigt meinte Ann „, wenn du dich so verhältst, wie du es von mir möchtest, bin ich wohl zufrieden“, warf den roten Pferdeschwanz in die Höhe und zelebrierte ihren Abstieg auf der Treppe ganz so wie man es von Ann gewöhnt war.

Vor dem großen venezianischen Spiegel in der Diele beobachtete sie noch einmal den Sitz ihrer grünfarbenen Bluse, strich ihrem Bruder über das noch immer nicht ganz gebändigte Haar und ging dann zielstrebig auf die gläserne Schiebetüre zum Speisezimmer.

„Weißt du eigentlich wer da zu Besuch gekommen ist?“ fragte Alex.

„Nee, nicht genau, soll so ‘n Finanzheini sein, der mit Paps zu tun hat.“

„Hm was die sich wohl wieder ausgedacht haben, hab` überhaupt keine Lust den braven am Tisch zu mimen“,

„Hilft nichts bringen, wir es hinter uns.“

Das Esszimmer war ein großer sehr hoher Raum. In der Mitte ein riesiger ovaler Tisch aus der Gründerzeit, liebevoll blank gewienert, so blank, dass man sich darin spiegeln konnte.

Zum Leid der beiden Ann und Alex, war dieser Tisch scheinbar das wichtigste und heiß geliebteste Utensil der Mutter. Dem entsprechend wurde er behandelt, sprich täglich mit einer geheimen selbst gebrauten Pomade eingerieben. Besser gesagt, beide Sprösslinge des Hauses waren dazu verdammt, wann immer es der Mutter einfiel, die Tischplatte zu behandeln, mit Hingabe und aller Sorgfalt, streng überwacht.

13 Stühle standen um den Tisch herum. Den 14. Stuhl gab es nur noch in unzählige Einzelteile zerlegt, irgendwo auf dem Dachboden verstaut, mit der Hoffnung begleitet, einmal wieder in vollem Glanze um den Tisch platziert zu werden.

Die „13“ in Mutter Hannys Augen war natürlich nicht zu dulden, äußerst abergläubisch, wie sie war, ersetzte sie den Stuhl mit einem monströsen Etwas, so eine Art Thron in Alex Augen, der denn auch gleich zum Vaterstuhl erklärt wurde.

An der Decke blitzte ein riesiger Kronleuchter, erhellte den Raum in kompliziertes Licht. Ann fand, dass es viel zu früh sei, diesen zu beleuchten. Es gab noch genug Tageslicht.

Trotz des Unwetters, hatte sich der Himmel wieder aufgehellt. Anns Instinkt verriet ihr: Kronleuchter hell, - Gäste stink fein, oder wichtig.

Schwere ockergelbe Samtvorhänge vor dem riesigen mit einem Rundbogen versehen Fenster, gaben dem Raum eine weitere majestätische Note.

Gegenüber, nun noch der alte Porzellanschrank. Nicht zu übersehen die wertvolle Sammlung großer und kleiner Teller, liebevoll aufgereiht. Alex bedachte sie mit einem feindseligen Blick, erinnerte sich an den wochenlangen Stubenarrest, weil er einen Teller zerbrochen hatte, als sein Fußball, leider das Tor, in diesem Fall die Tür verfehlte.

Mumm Hanny empfing die beiden mit ihrem streng mütterlichen Blick, und wies auf die leeren Stühle am Tisch.

„Das ist mein Sohn Alex, und hier meine Tochter Ann.

Man hatte bereits Platz genommen.

Das Erste was Alex sah, waren kalte stahlblaue Augen eines

arroganten Knaben. Glatt gegeltes schwarzes Haar. Ewa in seinem Alter, vielleicht ein Jahr älter.

Eine ungeheure Duftwolke eines sicherlich ziemlich teuren Duftwassers strömte in seine Nase. Auch die Kleidung schien ihm übertrieben.

Mumm deute auf ihn und stellte ihn als Paul Schloemer vor. Mmh, „Tag“, kam es nur zögernd über Alex Lippen.

Ein breites arrogantes Grinsen und Alex’, Meinung über sein Gegenüber waren komplett.

Ann ging es nicht anders. Ihr Blick richtete sich auf eine ausgesprochen farbenfroh angezogene Weiblichkeit. Den Busen stark nach oben geschnürt, atemringend, wild gestikulierend schien diese sich mit ihrem Vater angestrengt über wichtiges zu unterhalten.

Ann kannte ihren Vater eher zurückhaltend. Meist thronte dieser majestätisch am Kopfende des Tisches, regierte unnahbar und streng seine Familie.

Heute dagegen, wirkte er wie umgewandelt. Mumm schien dieses ebenfalls zu bemerken. Glücklich schien diese darüber aber nicht.

Unbeeindruckt ob der neuen Gäste, beugte die Fremde sich ihrem Vater unziemlich nahe entgegen. Ein übertriebenes Lachen quoll aus ihrem speckigen Hals.

Worüber die wohl lachen? Eine heisere, kehlige Stimme unterbrach die Gedanken Anns. Eiskalter Schauer rann ihr über den Rücken. Zögernd drehte Ann sich in Richtung dieser Stimme.

Ein grausam zynisches Lächeln begegnete ihrem Blick.

„Guten Tag Fräulein Ann, sie sind also die Tochter des Hauses, mein Respekt."

„Guten Tag."

Ann wandte ihren Blick ab, sie mochte nicht weiter in diese Augen sehen.

„Nun wo wir vollständig versammelt sind, werde ich auftragen lassen", kam es von Mumm.

Unendliche Dankbarkeit, über diese Ablenkung glättete sich Anns Sorgenfalte. Das Interesse an ihrer Person schien sich in nichts aufzulösen. Vorsichtig beäugte sie ihren linken Nachbarn. Wie eine Kopie des Sohnes, nur das Haar etwas grauer, die Geheimratsecken noch ausgeprägter, die Nase länger und gebogener. Hätte Ann hier schon gewusst wer dieser Mann ist, sie wäre kaum so ruhig sitzen geblieben.

Im Alkoven

Allein zurückgelassen, stand Tom verloren und nachdenklich vor dem großen Spiegel. Tom war ein neugieriges Wesen mit einem frechen Lächeln und einem Herzen voller Abenteuerlust.

Neben ihm saß Brick.

Dieser beobachtete schwanzwedelnd und mit leicht geneigtem Kopf sein seltsames Gegenüber, so als müsse sein Hundegehirn einige Zeit in Anspruch nehmen um zu glauben was er sah. Aber der Geruch war gut.

Vorsichtig tastend glitten Toms Finger über das Gesicht, über seine Haare.

„Fühlt sich komisch an", dachte er.

Auch seine Hände schienen eine aufregende Entdeckung zu sein. Immer wieder glitten sie über die greifbaren Dinge im Raum, über Bricks weiches Fell. Dann wieder zu sich zurückkehrend, um wieder gleich abwendend die Blumen auf der Fensterbank zu betasten. Tom schien in einen wahren Tastrausch zu geraten.

„Es ist wahr, ich sehe dich nicht nur, ich fühle dich du schöne rote Blume."

Torkelnd, wie ein Betrunkener tanzte er durchs Zimmer. Vor dem Spiegel zurück:

"Sage mir Spiegel, wer bin ich? Bin ich Hansens Tom? Oder wo komme ich her? Habe ich geträumt? Bin ich nur eine gerenderte Grafik? bin ich ein gutes Drahtgestell? oder bin ich gerade geboren und vom Himmel gefallen? Wie wird man geboren?"

Der Spiegel blieb stumm. Antworten gab es vorerst nicht. Doch Tom fühlte sich gut. Fühlen im wahrsten Sinne des Wortes. Fühlen konnte er zum ersten Mal.

Nach einiger Zeit, während Tom mit den Fingern über seinen mit silbernen Schnallen überzogenen Anzug tastete, spürte er plötzlich ein prickelndes Gefühl, das sich durch seinen Körper ausbreitete, und als er seine Augen öffnete, war er erstaunt über das, was er sah – oder besser gesagt, nicht sah!

Tom war unsichtbar geworden!

Zuerst konnte er es kaum glauben. Er wackelte mit seinen Händen vor seinem Gesicht herum und lachte vor Aufregung, als er feststellte, dass sie nicht zu sehen waren. Doch dann überkam ihn die Erkenntnis, dass er jetzt die Welt um ihn herum aus einer ganz neuen Perspektive erleben konnte.

Schnell lernte Tom, seine Unsichtbarkeit zu kontrollieren. Er fand heraus, dass es nicht nur das Berühren der Schnalle war, der ihn unsichtbar machte, sondern die Magie, die tief in ihm schlummerte. Es war die Kraft seiner Fantasie, die ihm diese erstaunliche Fähigkeit verlieh.

Mit einem lebhaften Grinsen begann Tom, seine unsichtbare Reise durch die Villa seiner Freunde. Er staunte über all diese Dinge, die da aufgestapelt, aufgehängt, und fein säuberlich aufgereiht zu sehen waren.

So tastete er sich durch wundersame Dinge.

Als er die erste Tür erreichte, spürte er ein Kribbeln der Aufregung in sich aufsteigen.

Er konnte das Klappern von Geschirr aus der Küche hören, wo

Tännchen die schon sehr ergraute Haushälterin gerade dabei war, einen Kuchen zu backen. Vorsichtig schwebte er an ihr vorbei und ließ einen leichten Hauch auf ihrer Wange spüren, was sie kurz zusammenzucken ließ.

Die Sonne neigte sich langsam dem Horizont zu, Tom spürte eine große Müdigkeit und dachte an den sicheren Alkoven seines Freundes.

Vorsichtig öffnete er den ungewöhnlichen Schrank. Hier wollte er sich erst einmal ausruhen, ein wenig schlafen. Quietschend öffnete sich die breite Glastür.

Ein roter Baumwollvorhang sprang ihm ins Gesicht, und

bescherte Tom erst einmal einen gehörigen Schrecken.

Dahinter verbarg sich ein Bettkasten, bestückt mit einem Haufen roter und blauer Kissen. Genau das was er jetzt brauchte. Gemütlich eingerichtet dauerte es nicht lang und Tom schlief ein.

Brick gesellte sich zu ihm, und war ebenfalls bald eingeschlafen. Selbst für einen Hund war alles das zu viel.

Das Gespräch

Unterdessen war die Tafel im Esszimmer gedeckt mit wundervoll duftenden Speisen. Mumm Hanny hatte sich mal wieder selbst übertroffen. Stolz warf sie ihren leidlich festgeknoteten Haar Dutt in den Nacken, und schaute in die Tischrunde.

Die Stimmung hob sich angesichts aller duftenden Köstlichkeiten, zusehends.

Leo Thaler, war dankbar dafür. Es sollte ein wichtiger Abend werden. Diese Leute, seine Gäste hatten die Macht und den Einfluss sein heiles Familienleben zu ruinieren.

Dazu wollte er es nicht kommen lassen. Er würde alles daransetzen, den Frieden zu verteidigen, seine Existenz nicht aufs Spiel zu setzen.

Etwas steif, regelrecht hineingeklebt in den thronartigen Sessel, verfolgte er jeden Stimmungswechsel. Sein scharfer Verstand signalisierte ihm „alles in bester Ordnung."

Die Strafpredigt, die er seinen Kindern zugedacht hatte, war erst einmal vergessen. So zwang er sich dann erneut, den unerwarteten Aufmerksamkeiten seiner blondierten Nachbarin höflich zu entgegnen, dabei aber nicht übersehend das seine Frau ihn argwöhnisch im Blick behielt.

Es störte ihn nicht. Ganz im Gegenteil, dieses schien die einzige angenehme Komponente seiner zu ertragende blondweibliche Folter zu sein. So begann das Mahl unerwartet entspannt.

Nur Alex und Ann saßen zunehmend unruhig werdend, am Tisch, zwangen sich aber dabei nicht aufzufallen, und zeigten der Mutter, für sie, ein vollkommen neues Benehmen.

Endlich schienen beide zur Vernunft gekommen zu sein.

Alex aß mit großem Appetit. Ann hatte da einen etwas verhalteneren Hunger, aß aber dennoch brav, was ihr die Mutter auf den Teller legte, ließ dabei keine Sekunde die raubtierartigen Handbewegungen ihres linken Nachbarn aus dem Auge.

Allmählich leerten sich die Schüsseln.

Tännchen, die schon ergraute, und für ihren Berufsstand viel zu dünne Haushälterin, fing an, diese einzusammeln. Ihre Neugier gut getarnt, ließ sie sich damit Zeit, und zog mit ihren Geschirrstapeln bedächtig hin und her, bis auch der letzte Topf verschwunden war.

Endlich nach endlos langem sinnlosem Geschwafel bat der Vater seinen männlichen Gast ins Kaminzimmer.

„Ein Gespräch unter Männern,"

„Entschuldigt uns, und genießt die mannlose Zeit für ein Damengespräch, wir gesellen uns später dazu."

Etwas schwerfällig hob er sich aus seinem Thron und zog mit seinem Gast, der ihm beflissen folgte, von dannen.

Alex und Ann sahen dieses als langersehnte Aufforderung endlich zu verschwinden.

Mumm aber, regelrecht gedankenlesend, verlangte ein weiteres Ausharren mit den Worten:

"Wunderbar, dann werden wir uns mit einem kleinen Spiel, an dem alle Zurückgebliebenen teilnehmen können, die Zeit vertreiben."

Dabei fixierte sie mit ihren streng zusammengezogenen Augen Alex und Ann, und bat um den Spielkasten aus der Kammer.

„Oh ne, nicht schon wieder dieses Spiel!" entfuhr es Alex, der genau wusste wie zeitraubend diese Unterhaltung war.

„Welches Spiel?" wollte Paul Schloemer Junior wissen.

„Tempel der Zeit" *[2],

erklärte Mumm, hob an das Spiel zu beschreiben und zu erklären. Endlich froh eine Lösung gefunden zu haben, die ihr nicht ganz geheuer vorkommende Blondierte gegenüber, und das stark riechende Ungeheuer daneben irgendwie beschäftigen zu können, und dabei selbst noch Spaß zu haben.

Alex und Ann fügten sich nur schwer in dieses Schicksal.

So versammelten sie sich um den großen Wohnzimmertisch, nur zögernd bereit, sich auf eine Runde Tempel der Zeit einzulassen. Schloemer Junior, überheblich schmunzelnd, während seine blondierte, auffällig geschminkte Mutter gelangweilt neben ihm saß. Zu Beginn herrschte eine leicht gespannte Atmosphäre; das Spiel schien eher Pflicht als Freude zu sein, und alle bewegten sich träge auf dem Brett. Doch nach wenigen Zügen geschah etwas Bemerkenswertes: Ann entdeckte einen Vorteilzug und Alex warf begeistert ein, wie man ihn strategisch nutzen könnte. Mumm Hanny ließ sich schließlich mitreißen, ihr Temperament brach durch, und plötzlich schienen sie die unbequemen Gäste vergessen zu haben.

Schloemer Junior, anfänglich skeptisch, kam allmählich ins Spielgeschehen und wagte mutige Züge. Sogar seine Mutter wurde lebhafter, ihre anfängliche Reserviertheit wich einem ehrgeizigen

Lächeln, als sie ein wertvolles Artefakt gewann. Es war, als hätte das Spiel die Macht, Barrieren zu brechen. Doch Schloemer Junior, mit seinem scharfen Blick und dem kalten Lächeln, erinnerte in solchen Momenten erschreckend an seinen Vater. Immer dann, wenn er sich im Vorteil sah – eine kluge Karte in der Hand oder kurz davor, einen Zug zu machen, der die anderen in Bedrängnis bringen würde – verzog sich sein Gesicht zu einem triumphierenden, zynischen Lächeln. Es war ein Ausdruck, der nicht zu einem freundschaftlichen Spiel passte und die anderen immer wieder irritierte.

Hanny Thaler versuchte, sich davon nicht stören zu lassen, aber Alex und Ann konnten den gelegentlichen Seitenblicken nicht entgehen, die der junge Schloemer ihnen schenkte. Besonders unangenehm war es, wenn er sich nach einem gelungenen Zug lässig in den Stuhl zurücklehnte, die Hände hinter dem Kopf verschränkte und mit einem selbstgefälligen Grinsen den anderen ins Gesicht schaute. Jeder fühlte in solchen Momenten die ungesagte Spannung, als würde er im Stillen mehr gewinnen wollen als nur das Spiel – vielleicht ihre Schwächen erkennen oder herausfinden, wie weit er sie treiben könnte.

Dieser Ausdruck auf seinem Gesicht, eine Mischung aus Überheblichkeit und Kälte, brachte das unbehagliche Gefühl, dass ihm das Spiel weniger um des Spaßes willen wichtig war, sondern eher als Gelegenheit, sie in eine gewisse Abhängigkeit zu bringen. Es schien, als würde er die Kontrolle in jedem Zug testen und sich daran freuen, die anderen ein wenig zu verunsichern.

In der Bibliothek indessen, mühte sich Tännchen ein Kaminfeuer zu entfachen. Dabei reichlich Qualm erzeugend, hilflos den beiden Männern entgegenschauend hoffte sie zwar Neuigkeiten aufzuschnappen, war dann aber doch erleichtert, den Raum schnellstens verlassen zu können.

Die fachmännische Hilfe des Hausherrn, kam ihr gerade recht, denn der Gast flößte ihr eine unheimliche Angst ein, die sie nicht erklären konnte.

Allein zurückbleibend, folgte Stille. Geräusche aus dem Kamin, erschienen über dimensional laut.

Leo Thaler verteilte bedächtig und vollkommen ruhig aus einer roten kristallenen Karaffe, einen wunderbar duftenden goldgefärbten Cognac in 2 Gläser, reichte eines seinem Gast und begann den ersten Schluck laut schlürfend einzusaugen.

Sein Gast tat es ihm nach.

„Alle Achtung, ein gutes Gesöff, Leo."

Die fast heiser klingende Stimme drang unter die Haut. Obwohl das Gesprochene höflich aufgesagt und ehrlich gemeint war, schwang doch immer ein arroganter Unterton mit.

Es war schwer für Leo Thaler die Fassung zu behalten, denn dieser Mann war nicht hier um mit ihm höfliche Floskeln auszutauschen. Max Schloemer wollte etwas von ihm.

Stehend und am Cognacglas nippend zu seinem Nachbarn leicht gebeugt wartete er auf den wahren Grund der Höflichkeit.

„Also gut Thaler", hob dieser an zu sprechen,

„sie sind der Leitungschef der Charité, und haben Zugang zu allen Archiven und Daten. Ob gespeichert im Computer, oder gesammelt und archiviert in den alten Katakomben."

„Woher haben sie Kenntnis von den Katakomben?"

„Ach, kommen sie Thaler, es ist ein offenes Geheimnis. Ich will den uneingeschränkten Zugang."

„Sie hätten jeder Zeit die Möglichkeit über einen offiziellen Antrag Zugang zu bekommen. Wozu brauchen sie mich?"

„Das wissen sie genau, ich will in die *Roten Katakomben*. In die, von dessen Existenz, meiner Meinung nur noch sie wissen.!“

„Woher wissen sie davon?“

“Egal, aber ich sage es ihnen, aus der gleichen Datenquelle, aus der sie ihre Information haben.“

“Unmöglich“!

„Nicht unmöglich. Ich stehe ja vor ihnen, und sage es ihnen,

IN DIE ROTEN KATAKOMBEN!“

Die Stimme Schloemers, war jetzt nur noch ein schlangenartiges wispern. Sein Gesicht kam dem seines Gegenübers so nahe, das dieser seinen unangenehmen Atem roch.

„OK, Schloemer, was erhoffen sie sich, oder besser was suchen sie, und warum sollte ich ihnen helfen?“

“Thaler, sie wagen es mich das zu fragen?“

Jetzt war die Nähe des Mannes für Leo Thaler unerträglich. Als wolle er ihn von sich stoßen war seine Befreiungsgebärde plötzlich und heftig.

Fast drohte der Kleinere sein Gleichgewicht zu verlieren, aber es war nur ein unmerkliches wanken.

Thaler goss sich ein zweites Glas Cognac ein, und trank es in einem Zug leer.

Mit einer andeutenden Geste, bot er seinem unfreiwilligen Gast ebenfalls ein zweites Glas, doch dieser lehnte heftig ab.

„Ich habe sie in der Hand, das wissen sie! Wenn sie nicht wollen das ich mein Wissen über sie verbreite, und sie damit in einen handfesten Skandal ...“

„Schon gut, schon gut“ unterbrach Thaler.

„Damit weiß ich aber immer noch nicht was sie dort zu finden erhoffen. Die roten Katakomben bergen nichts als alte Akten.

Jahrhunderte altes verstaubtes Papier. Sicherlich schon unleserlich, und nicht zu vergessen die Gläser."

„Ach, die eingelegten Exponate interessieren mich nicht, wenn die da unten sind soll es mir recht sein, die rühre ich nicht an. Also, was ich dort suche brauchen sie nicht zu wissen, Thaler. Niemand erfährt je etwas, ihr Ruf bleibt sauber, es sei denn sie hindern mich."

Leo Thaler schien tief in Gedanken, ein langes Schweigen folgte.

Schloemer beobachtete jede Bewegung Thalers. Die kalten Augen zu Schlitzen verkleinert, wartete er scheinbar geduldig auf eine Antwort.

Dann, fast wie resignierend, „na schön Max, wer aber garantiert mir, dass sie schweigen?"

„Sie müssen sich da schon auf mein Wort verlassen Leo. Ich habe nichts davon sie zu ruinieren. Das hätte ich sonst schon längst tun können."

„Warum haben sie es nicht schon längst getan?"

Fremde Stimmen

Eine Etage höher im Alkoven erwachte Tom Remo durch ein seltsames Gefühl in seiner Hand. Schnell begriff er, dass Brick der Hund mit seinem Fell dieses wohlige Gefühl auslöste.

Fühlen, das war neu für ihn, und es kitzelte. War angenehm und unangenehm zu gleich. So in diesem Gefühlstaumel, hörte er plötzlich ein Stimmengemurmel.

Er konnte nicht gleich herausfinden woher sie kamen, aber sie waren nicht in seinem Kopf, sie kamen irgendwie aus der Wand. Er drückte sein Ohr fest an die innere Schrankwand, und lauschte angestrengt. Richtig hier hörte er die Stimmen sehr deutlich. Fremde Stimmen, nicht die seiner neuen Freunde.

Ein unangenehmes Gefühl kroch in seinen Bauch, und bereitete ihm unerklärliche Übelkeit. Da war eine Stimme! die war Unheimlich. Er musste sich überwinden, weiter sein Ohr an die Wand zu pressen, aber seine Neugier war groß, nein es war fast so wie ein magischer Zwang zum Horchen….

Geräusche direkt ans Ohr von Tom und Brick. Diese krächzenden unangenehmen unerklärlichen Töne in Toms Gehörmuschel verursachten ein Unwohlsein, das er bis dahin noch nicht kannte. Selbst Brick wurde zunehmend unruhig. Jetzt vernahm er auch eine angenehme Stimme, beruhigend und wohlklingend. Wo kamen diese Stimmen her? Sich genau umsehend entdeckte er an der Wand ein kleines Astloch, eigentlich nur tastend zu entdecken, doch seine sensibilisierten Finger fanden es schnell. Mit seinem Ohr das sich plötzlich wie eine kleine Muschel formte, und dieses Astloch vollkommen abdeckte, konnte er nun alles noch viel lauter und deutlicher hören. Nur durch Bricks merkwürdigen fragenden Hundeblick nahm er die Verformung seines Ohres wahr. Es beunruhigte ihn nicht. Seine körperliche

Entdeckungsreise war ja noch nicht zu Ende, es tat nicht weh, doch es nutzte ungeheuerlich, und er nahm es zufrieden zur Kenntnis, dass sein Ohr diese Begabung zeigte, wie ein Teleskop die Stimmen und Wörter zu analysieren.

Bei dem folgenden Gespräch, dass er nun deutlich verfolgen konnte, fühlte er ein Unbehagen, dass ihm Angst machte. Am liebsten hätte er seine Ohren geschlossen:

„Leo, mit dem Wissen, das ich über sie und ihre Familie habe, wären sie gesellschaftlich und finanziell ruiniert. Es wäre ein leichtes, dieses zu verbreiten, mit entsprechenden Papieren auszuschmücken und zu belegen. Ich persönlich hätte keinen Vorteil, - oder vielleiht doch, ich wäre vielleicht als Held gefeiert. Enttarne für die Welt einen nutzlosen Unhold. Aber so bin ich nicht…ich bin kein Verräter!"

Schloemer kam noch näher an Leo heran, wenn dieses ohne Berührung noch möglich war.

Flüsternd, fast unhörbar, "ich sah bis **jetzt keinen** Vorteil für mich, dass schützte sie bis heute vor unangenehmen Folgen! Jetzt ist das anders! Bringen sie mich kommenden Montag in die roten Katakomben, und es soll ihr Schaden nicht sein!"

„Es ist nicht einfach, sie ungesehen an den Ort ihrer Begierde zu bringen, und am kommenden Montag schon mal gar nicht!"

„Ah, jetzt haben sie es endlich zugegeben, dieser Ort existiert, und sie kennen ihn"!

Leo Thaler erblasste, Schweißperlen rannen langsam an seinem Nacken entlang in den Kragen.

Wie eine Schlange seine Beute fixiert, so fixierten die unangenehmen Augen Schlömers sein Gegenüber.

„Egal, das hat sie nicht zu interessieren"!

„Wenn nicht am Montag, dann Dienstag, keine Ausflüchte, ich werde am Dienstagmorgen um 5 Uhr in ihrem Büro sein. Da dürfte es noch sehr ruhig sein, nicht viele beginnen den Arbeitstag um 5 Uhr, wir werden ungestört sein."

Leo suchte nach Entgegnungen, nach überzeugenden Ausreden, diese Begegnung zu verhindern, aber er wusste, es war aussichtslos. Schloemer würde sich nicht mehr aufhalten lassen.

Mehrere Wochen hat er Schloemer erfolgreich hingehalten, jetzt spürte er, musste er aufgeben.

„Also gut, pünktlich am Dienstag um 5 Uhr treffen wir uns in meinem Büro"!

„Warum nicht gleich so Thaler!

Keine Tricks! Lassen sie uns darauf anstoßen!"

Tom hörte das Gläserklingen. Jedes Wort hatte er verstanden, konnte sich darauf aber keinen Reim machen.

Dann ein schreckliches Schnauben und Krächzen.

„Schlömer holen sie langsam und tief Luft, jetzt geht es ja schon besser." „Ja, ja hören sie auf mich zu beklopfen"!

Tom vernahm Schlömers Stimme, als säße er neben ihm, und sie tat ihm nicht gut diese näselnde rauchig schwierige Stimmlage, sie verursachte ihm Übelkeit. Aber er war neugierig, was geht da vor? Welche Bewohner befinden sich in diesem Haus?

Langsam fasste sich Schloemer, und gewann zunehmend an Haltung. Der letzten Tropfen Cognac aus seinem Glas rann dann auch wieder geräuschvoll durch die Speiseröhre. Sein großes Talent, spinnengleiches einwickeln mit ungefährlichem Geschwafel wird sein Gegenüber wieder besänftigen und ihn langsam umstimmen. So begann er dann auch von früheren gemeinsamen Jahren zu sprechen.

Schließlich und endlich verabschiedete sich Schloemer mit den Worten: “bis Dienstag!“

Der Pakt

Nach endlos langer Zeit, huschten die beiden neuen Freunde Anne und Alex zurück ins Zimmer, neugierig und ungeduldig konnten sie es nicht erwarten, das Geheimnis um Tom Remo zu ergründen.

Sie fanden Tom neben Brick schweigsam und nachdenklich vor der Holzwand kniend, der ebenso seine Aufregung kaum bändigen konnte, als er endlich Anne und Alex vor sich sah. Seine Augen leuchteten vor Eifer, und er konnte es kaum erwarten, das Gespräch zu teilen, das er ungewollt belauscht hatte.

Tom begann, seine Stimme kaum unter Kontrolle haltend: "Ich war gerade eingeschlafen, als mir die Stimmen in mein Ohr drangen. Ich hörte zwei Männer, einer von ihnen hatte eine wirklich unangenehme Stimme, und schien den anderen zu drohen. Sie haben sich für Dienstag zu einem geheimen Treffen in die roten Katakomben verabredet!"

Anne und Alex sahen sich gegenseitig überrascht an, ihre Augen weit aufgerissen. "Die roten Katakomben? Das klingt ja mysteriös", bemerkte Anne, während Alex die Augenbrauen hochzog und fragte: "Was könnten sie dort vorhaben?"

Tom zuckte mit den Schultern, seine Gedanken wirbelten wild. "Genau das habe ich mich auch gefragt! Vielleicht irgendeine geheime Versammlung oder... ich weiß es nicht. Aber ich habe das Gefühl, dass wir Dienstag dort sein sollten, um herauszufinden, was los ist!"

Und wen hatte Tom belauscht? Alex meinte sein Vater und der unangenehme Gast in der Bibliothek unter ihnen, seien die beiden Stimmen. Was hatte sein Vater mit dem Gast vor? Oder umgekehrt der Gast Schloemer mit seinem Vater.

Die Aufregung war nun greifbar, und die drei Freunde begannen sofort zu spekulieren, was das geheime Treffen bedeuten könnte. Die Idee, ein Teil eines möglichen Geheimnisses zu sein, brachte ihre Vorstellungskraft zum Toben, und sie beschlossen einstimmig, sich Dienstag in den roten Katakomben umzusehen, um dem Rätsel auf den Grund zu gehen.

Jetzt berichtete Tom von seiner Entdeckung, und den Streifzug durch die Küche. Ann und Alex waren begeistert von Toms magischer Reise durch ihre Villa und fragten sich, wie er all diese Dinge gemacht hatte. Tom lächelte geheimnisvoll und sagte ihnen, dass er einfach ein paar Tricks drauf hatte.

„Wir sollten deine Fähigkeit nutzen, um ungesehen, meinen Vater und diesen Schloemer zu folgen."

Und so verbrachten sie den Rest des Abends damit, Toms Abenteuer zu feiern und sich darüber zu freuen, dass sie solch einen besonderen Freund hatten.

Die Entdeckung

Leo Thaler, der Leiter des pathologischen Archivs der Charité, war ein Mann mit einer schwer zu entwirrenden Vergangenheit.

Grübelnd und missmutig saß er schon seit einer Stunde an seinem Schreibtisch, düster dreinblickend.

Sein Vater, ein berühmter Arzt, soll eine düstere Schattenseite – haben, ein überzeugter Anhänger des Naziregimes gewesen sein. Das behauptete Schloemer, Papiere die er besitze sollen das belegen.

Leo erinnerte sich daran, wie sein Vater, von Schuld und einem dunklen Geheimnis geplagt, versucht hatte, ihm als Kind etwas anzuvertrauen. Doch bevor er es tun konnte, wurde er von einem mächtigen Gefühl der Angst überwältigt und schwieg. Das Geheimnis blieb unausgesprochen, aber es lastete schwer auf Leos Schultern und hinterließ tiefe Narben in seiner Seele.

In seinem Büro, sah man einen Schreibtisch, ein wahres Chaos aus Akten und Dokumenten. Stapel vergilbter Papiere ragten übereinander, einige fast bedrohlich nahe am Rand, als würden sie jeden Moment umkippen. Dazwischen lagen lose Notizzettel, die hastig mit kryptischen Anmerkungen beschrieben waren, sowie

Ordner, deren Etiketten längst verblasst oder teilweise abgerissen waren. Der Geruch von altem Papier und Tinte hing schwer in der Luft.

In der Mitte des Schreibtisches lag ein aufgeklappter Ordner, dessen Ecken abgenutzt und die Seiten mit handschriftlichen Anmerkungen vollgekritzelt waren. Rechts davon stand eine Kaffeetasse mit kaltem, halb leerem Kaffee, der einen dunklen Ring auf dem Holztisch hinterlassen hatte. Ein alter Kugelschreiber, der längst nicht mehr funktionierte, lag achtlos zwischen den Papierstapeln. Unter dem Licht einer alten Schreibtischlampe, deren Schirm leicht verbeult war, wirkte die Szene wie aus einer längst vergangenen Zeit – ein stilles Durcheinander, das von intensiver Suche und rastlosem Forschen zeugte.

Es war der Arbeitsplatz eines Mannes, der verzweifelt versuchte, die Puzzleteile der Vergangenheit zusammenzusetzen, während die Unordnung wuchs und sich der Raum mit dem Gewicht alter Geheimnisse füllte.

Als Leiter dieses Archivs hatte er Zugang zu Aufzeichnungen, die Jahrzehnte zurückreichten und die Schicksale unzähliger Menschen in sich bargen. Oft fühlte er sich wie ein Hüter verlorener Geschichten – einige tragisch, andere rätselhaft. Doch heute war etwas anders. Während er durch die brüchigen Papiere blätterte, stieß er auf ein altes, unscheinbares Dossier, das ihn sofort innehalten ließ.

Es war eine Akte aus den 1940er Jahren, gekennzeichnet mit dem Namen " Thaler." Leo hielt den Atem an. Sein Herz begann schneller zu schlagen, als er die Zeilen überflog. Der Name war derselbe wie seiner, aber das Datum und die Details passten nicht ganz zu seinem Vater – und dennoch schien alles auf ihn hinzudeuten. Die Aufzeichnungen beschrieben eine Person, die während der Nazizeit in verschiedenen medizinischen Experimenten verwickelt gewesen war, ein Wissenschaftler, der sich unter schwierigen Umständen entschieden hatte, im Untergrund zu arbeiten. Die Berichte waren lückenhaft, aber sie deuteten darauf hin, dass dieser Thaler an illegalen Forschungen beteiligt gewesen war, um den Menschen zu helfen, die unter dem Regime litten – heimlich, gefährlich und moralisch zwiespältig.

Leo spürte, wie ein schwerer Kloß in seinem Hals aufstieg. „War das mein Vater?" Die Zeiträume stimmten einigermaßen überein, und einige der persönlichen Details, die vage angedeutet wurden, erinnerten ihn stark an die wenigen Geschichten, die sein Vater ihm als Kind erzählt hatte – über Entbehrungen, Mut und ein Leben im Schatten des Krieges. Doch das meiste war damals unausgesprochen geblieben. Sein Vater war immer verschwiegen gewesen, besonders wenn es um die Zeit des Zweiten Weltkriegs ging. Er hatte immer eine Aura des Geheimnisses um sich getragen, als hätte er etwas zu verbergen.

Leo fühlte sich plötzlich schuldig. War sein Vater wirklich in solch heikle Machenschaften verstrickt gewesen? Oder hatte er unter Zwang gehandelt, um Leben zu retten? Seine Gedanken überschlugen sich. Das Bild seines Vaters, das er all die Jahre vor Augen gehabt hatte – ein stiller, aufrechter Mann, der sich nach dem Krieg nie an große Diskussionen beteiligte, und den Kopf gesenkt hielt – begann zu bröckeln. Diese Aufzeichnungen schienen eine ganz andere Geschichte zu erzählen, eine, die Leo nie geahnt hatte.

Mit zitternden Händen blätterte er weiter. Die Dokumente erwähnten geheime Treffen, riskante Operationen und ein Netzwerk von Wissenschaftlern, die gegen das Regime arbeiteten. Doch zwischen den Zeilen las Leo auch die Gefahr, dass einige dieser Aktionen nicht immer moralisch einwandfrei waren. Sein Vater könnte Dinge getan haben, die schwer zu erklären waren, die man mit den Augen der Nachkriegszeit kaum noch rechtfertigen konnte.

Leo begann zu zweifeln. War sein Vater ein Held, der gegen die Schrecken des Regimes ankämpfte, oder ein Mann, der in moralisch zweifelhafte Gebiete vordrang, um vielleicht seine eigene Haut zu retten? Die Vorstellung, dass sein Vater möglicherweise eine Rolle in der dunklen Vergangenheit gespielt haben könnte, lastete schwer auf ihn. Jede weitere Zeile, die er las, verstrickte ihn tiefer in einen Sumpf aus Unsicherheit und innerer Zerrissenheit.

Charité Büro Leo Thaler

Die Enthüllung dieses Geheimnisses war ein Wendepunkt im Leben von Leo Thaler. Es zwang ihn, sich mit der dunklen Vergangenheit seiner Familie auseinanderzusetzen und sich mit den Schrecken der Geschichte zu konfrontieren.

Die Andeutungen von Schloemer über seine Kenntnisse der dunklen Vergangenheit von Leos Familie waren wie ein eiskalter Schauer, der Leo durchfuhr. Ein Gefühl der Panik und der Verzweiflung ergriff ihn, als er erkannte, dass jemand von diesem Geheimnis wusste und bereit war, es gegen ihn zu verwenden.

Leo hatte nie jemandem von seiner Entdeckung im Archiv erzählt, nicht einmal seiner engsten Familie. Er wollte sie schützen, sie nicht mit den Schrecken der Vergangenheit belasten. Doch nun wurde er mit den Konsequenzen dieser Entscheidung konfrontiert, als Schloemer ihn mit Drohungen erpresste, alles an die Öffentlichkeit zu bringen.

Die Gedanken rasten durch Leos Kopf, während er versuchte, einen Ausweg aus dieser Situation zu finden. Er konnte nicht zulassen, dass Schloemer seine Familie der Schande aussetzte, aber er konnte auch nicht zulassen, dass seine eigene Vergangenheit ihn zu Fall brachte.

Entschlossenheit brannte in Leos Augen, als er sich entschied, gegen Schloemers Erpressung anzukämpfen. Er würde kämpfen, um seine Familie zu schützen und die Wahrheit zu bewahren, koste es, was es wolle.

Mit einem festen Entschluss trat Leo Schloemer entgegen, bereit, sich der Bedrohung zu stellen und für das einzustehen, was richtig war. Es würde ein harter Kampf werden, aber Leo war bereit, alles zu tun, um die Dunkelheit der Vergangenheit aufzuhalten und das Licht der Wahrheit leuchten zu lassen.

Das Versteck

Es war eine klare Vollmondnacht, als Tom, Alex und Ann sich auf den Weg machten. Sie wollten noch vor 5 Uhr den Treffpunkt erreichen.

Als sie das ehrwürdige Gebäude der Charité erreichten, fühlten sie eine unheimliche Atmosphäre um sich herum. Die alten Bäume flüsterten geheimnisvolle Geschichten, während der Wind durch die verlassenen Fenster pfiff.

Tom erinnerte an seine Gabe, mit einem leisen Flüstern konzentrierte er sich, nahm seine Freunde an die Hand und sie verschwanden ins Unsichtbare.

Die 3 nun mutig, drangen durch die knarrenden Türen, betraten das dunkle Innere des Hauses und durchsuchten die verlassenen Räume, jedes Knarren des Bodens ließ ihre Herzen schneller schlagen.

Da sind die „Katakomben" raunte Anne ehrfürchtig, aber auch ein bisschen ängstlich. Ein **uraltes**, verborgenes Labyrinth unter der Erde, in dem die Vergangenheit atmet. Die Wände rau, aus unregelmäßigen Steinen geformt und von der Zeit gezeichnet. Zwischen den rissigen Steinen sahen sie Schädel und Knochen sorgfältig gestapelt, wie stumme Wächter vergangener Leben. Der enge, schwach beleuchtete Gang führt tiefer in die Dunkelheit, die Stille nur durch das gelegentliche Tropfen von Wasser unterbrochen.

Plötzlich fiel ihnen eine geheime Tür auf, die hinter einem verstaubten Vorhang verborgen war.

Aus altem, dunklem Holz gefertigt, das durch die Jahre hinweg verwittert und mit feinen Rissen durchzogen war. Doch was sie besonders machte, waren die kunstvollen Ornamente, die ihre Oberfläche zierten. Diese Verzierungen schienen sich wie lebendig über das Holz zu schlängeln.

Die Ornamente waren in das Holz eingraviert, als wären sie von einem Meisterhandwerker erschaffen worden. Die Linien liefen in elegant fließenden Kreisen und Spiralen, die an geheimnisvolle Symbole erinnerten. Manche der Muster schimmerten leicht, als ob sie im Licht des Raumes von einem unsichtbaren Glanz erfasst wurden – ein Hauch von Magie.

Am oberen Rand der Tür prangte ein sternförmiges Symbol. Die Tür selbst war schwer und schien jahrzehntelang unberührt geblieben zu sein, als ob niemand sich getraut hätte, sie zu öffnen. Doch nun, da die Freunde sie entdeckt hatten, wirkten die Ornamente wie ein stiller Ruf, der sie einlud, das Geheimnis dahinter zu lüften –

Mit einem Blick voller Neugier beschlossen sie, der Tür zu folgen und betraten einen schmalen, versteckten Gang.

Als sie tiefer in den geheimen Keller vordrangen, spürten sie eine unheimliche Präsenz um sich herum.

Sie standen in einem verborgenen Raum, der mit alten Truhen und verstaubten Büchern gefüllt war, und entschieden, sich dort zu verstecken und abzuwarten, was geschehen würde.

Bald hörten sie schwere Schritte und gedämpfte Stimmen von oben. Es schien, als ob jemand das Haus durchsuchte. Sie hielten den Atem an, unsichtbar für die Welt, beobachteten sie still die Szene. Alex erkannte die Stimme seines Vaters und die des unangenehmen Gastes.

5 Uhr, ein energisches Klopfen holte ihn aus seinen Gedanken. Schloemer mit seinem ständig zynischen Lächeln stand vor ihm.

Es ließ sich wohl erst einmal nicht verhindern, machte seinem Gegenüber ein unmissverständliches Zeichen ihm zu folgen.

Die geheimnisvollen Gänge und Kellerräume der Charité waren wie ein Labyrinth aus vergessenen Zeiten und verborgenen Geheimnissen. Leo Thaler bewegte sich mit entschlossenen Schritten durch die düsteren Korridore, das schwache Licht seiner Taschenlampe warf gespenstische Schatten an die Wände. Der Geruch von altem Staub und feuchtem Mauerwerk hing in der Luft, während Leo tiefer und tiefer in das Herz des mächtigen Hauses vordrang.

Die Gänge waren eng und verwinkelt, oft von dicken Schichten Staub und Spinnweben bedeckt. Hin und wieder hörte er das Echo ihrer Schritte, das in den leeren Fluren widerhallte und eine unheimliche Atmosphäre schuf. Doch beide Männer ließen sich nicht von der düsteren Umgebung einschüchtern.

Schließlich erreichten sie die alten Kellerräume, die seit Jahren ungenutzt und vergessen waren. Das Licht seiner Taschenlampe fiel auf verrostete Metalltüren und verwitterte Steinmauern, die von der Last der Zeit gezeichnet waren. Es war, als ob er in eine andere Welt eingetaucht wäre, eine Welt voller Geheimnisse und verborgener Schätze.

Leo atmete tief durch und drückte eine schwere Tür auf, die mit einem quietschenden Knarren nachgab. Vor ihm erstreckte sich ein düsterer Gang, dessen Ende im Dunkeln verschwand.

Mit einer ausschweifenden Geste hörte man ihn sagen:" Hier sind die Räume, die sie sehen wollen"!

„Ok, Leo, jetzt können sie mich allein lassen!"

Leo, war unschlüssig, zögerte:" Ok bis 11 Uhr kann ich sie hier allein lassen! Dann treffen wir uns genau hier!".

Schloemer nickte mit seiner gewissen Eigenart, die sich in seiner ausgeprägten, gebogenen Nase manifestierte. Diese Nase schien wie ein Kompass zu wirken, der ihn stets zu den gewünschten Zielen führte. An diesem frühen Morgen begab er sich nun in die labyrinthartigen Räume, die roten Katakomben, dass schon so viele Geheimnisse verborgen hatte.

Mit einem fahlen Lichtstrahl aus seiner Taschenlampe bahnte sich Schloemer seinen Weg durch die düsteren Gänge, während sein Herz vor ungeduldiger Aufregung schneller schlug. Er wusste, dass irgendwo hier unten die Flasche mit der Tinktur verborgen war - eine geheimnisvolle Substanz, von der ihm berichtet worden, dass sie demjenigen, der sie fand, ungeahnte Fähigkeiten verleihen könnte.

Die Luft roch nach feuchtem Mauerwerk und altem Staub, während Schloemer immer tiefer in die Dunkelheit vordrang.

Seine Nase zuckte in Vorfreude, als er das leise Gluckern von Flüssigkeit hörte. Seine Augen leuchteten vor Erregung, als er endlich vor einem verstaubten Regal stand. Türen mit mattem Glas schützten den Inhalt. Schemenhaft erkannte man unzählige Flaschen mit seltsamem Inhalt.

Als er die schwere Glastür des Regales öffnete, wurde er von einem Hauch von Formaldehyd und Geschichte empfangen. Mit einer Vielzahl von anatomischen Präparaten gefüllt, die die verschiedenen Facetten menschlicher Anomalien zeigten.

Schloemer begann beharrlich die Regale zu durchsuchen, die mit Gläsern und Flaschen gefüllt waren, und studierte jede Etikette sorgfältig.

Dann griff er vorsichtig nach einer bauchigen größeren Flasche, seltsam verschlossen, und hielt sie gegen das Licht, um ihren Inhalt zu betrachten. Ein menschliches Gehirn umhüllt von einem glitzernden Elixier schimmerte darin, er spürte eine eigenartige Kraft, die von ihr auszugehen schien.

Dies war die Tinktur, nach der er gesucht hatte - das Geheimnis, das er so hartnäckig verfolgt hatte. Er war sich sicher!

Ein triumphierendes Lächeln huschte über sein Gesicht, er wusste, dass sein Leben von diesem Moment an nie wieder dasselbe sein würde.

Doch als er sie in seine Tasche packen wollte, geschah etwas Unerwartetes. Plötzlich wurde der Raum von einem düsteren Schatten durchdrungen, der sich aus den dunklen Ecken des Kellers zu materialisieren schien. Schloemer erstarrte, als er die bedrohliche Präsenz spürte, die sich um ihn herum manifestierte.

Die Flasche rutschte bedrohlich hin und her, glitt fast aus seinen Fingern. Eine fein gearbeitete Kette aus Metall, an der Zahlenschlösser hingen, schlang sich um sein Handgelenk.

Ein kalter Schauer lief Schloemer über den Rücken, als er erkannte, dass er nicht allein im Keller war. Ein schwacher, aber unheimlicher Atemhauch streifte sein Gesicht, und er konnte das dumpfe Grollen eines unheimlichen Lachens hören.

Eine flüsternde Stimme befahl ihm die Flasche sofort wieder an ihren Platz zu stellen, oder er würde es bereuen.

In einem Augenblick der Panik setzte Schloemer die Flasche unsanft zurück ins Regal.

Seine Hände zitterten vor Aufregung und Angst, als er spürte, wie das Glas unter seinen Fingern zu vibrieren begann.

Das Wackeln der Flasche wurde intensiver, als ob sie verzweifelt versuchte, aus Schloemers Griff zu entkommen. Wieder dieses unheimliche Kichern, es schien, als ob jemand sich über seine Furcht amüsierte.

Schloemer kannte das Geheimnis der Flasche, und wusste genau, dass sie etwas Dunkles und Mächtiges beherbergte - etwas, das nicht in die Hände eines sterblichen Menschen gehörte. Mit einem hastigen Schritt zurück von dem Regal versuchte er, sich von der bedrohlichen Präsenz zu distanzieren, die von der Flasche auszugehen schien.

Die Flasche hörte auf zu wackeln, als Schloemer sie losließ, aber das unheimliche Glühen ihrer schimmernden Tinktur schien noch intensiver zu werden. Es war, als ob sie ihn anstarrte, als ob sie auf eine Gelegenheit wartete, sich zu befreien und Chaos über die Welt zu bringen.

Er sah sich um, doch er stand allein in der Dunkelheit, umgeben von der unheilvollen Präsenz, die ihn bedrohlich umschloss.

Mit einem plötzlichen Entschluss wandte sich Schloemer um und rannte so schnell er konnte, den düsteren Schatten hinter sich lassend. Sein Herz pochte wild in seiner Brust, während er die kalten, steinernen Treppen hinaufstürmte, dem Ausgang entgegen.

Als er endlich das Tageslicht erreichte und sich draußen auf dem Boden zu Füßen Leo Thalers wiederfand, keuchte Schloemer erschöpft.

Seine darreichende Hand schlug Schloemer energisch zurück, „wir werden uns wiedersehen, schnellstens!" Damit verschwand er.

Leo einerseits froh, aber auch ratlos. Was hatte diesen Mann so aus dem Konzept gebracht? Kann es neuen Ärger bedeuten?

Geheimes Wissen

Die drei Freund fanden sich wieder in Alex Zimmer, atemlos und voller Aufregung über das, was sie soeben im Keller erlebt hatten. Die Flammen einer Kerze tanzten wild, als ob sie die unruhigen Gemüter der Freunde widerspiegeln würden.

Anne brach das Schweigen „habt ihr das auch gesehen?“ und begann aufgeregt zu erzählen, wie sie sich in den dunklen Gängen des Kellers versteckt hatten, während Schloemer die

geheimnisvolle Flasche fand. Sie beschrieb das unheimliche Vibrieren der Flasche und das Glühen ihrer Tinktur, als ob sie ein Eigenleben hätte.

Kopfnickend hörten Tom und Alex zu, ihre Augen weit aufgerissen vor Faszination. Tom erzählte dann von seinem Unsichtbarkeitszauber und wie er sich angeschlichen hatte, um Schloemer zu erschrecken. Er beschrieb, dass sein Erscheinen einen bedrohlichen düsteren Schattens zeigte, und das flüsternde Lachen, das Schloemers Furcht gefrieren ließ.

Alex, der normalerweise der ruhigste der Gruppe war, konnte seine Aufregung nicht länger zurückhalten und sprudelte heraus, wie sie zusammen den Keller durchsucht hatten, voller Neugier und Abenteuerlust. Sie erzählten sich gegenseitig, wie sie den Atem anhielten, als Schloemer die Flasche fand, und wie sie sich dann blitzschnell in den Schatten des Raums zurückzogen, als sie die unheilvolle Präsenz spürten.

Die Freunde lachten nervös und schüttelten den Kopf über die Unwirklichkeit ihres Abenteuers. Doch trotz ihrer Furcht und Aufregung fühlten sie auch ein Gefühl der Zusammengehörigkeit und des Triumphs darüber, dass sie gemeinsam das Geheimnis der roten Katakomben erkundet hatten.

Als die Nacht langsam verstrich und der Morgen dämmerte, beschlossen die drei Freunde, jetzt doch noch ein wenig zu schlafen, um mit frischen Kräften alles weitere zu beraten.

Anne zog sich leise auf ihr Zimmer zurück. Tom und Alex legten sich neben Brick auf den weichen Teppich, und schliefen auch schon bald ein.

Die Nacht hatte die Villa in ein stilles Dunkel gehüllt, als ob sie die Geheimnisse, die in ihren Mauern lauerten, verschleiern wollte. Doch mit den ersten zarten Strahlen der Morgendämmerung begann das Leben langsam zurückzukehren.

Tännchen die Haushälterin erwachte als erste, ihre neugierigen Augen schnellten auf, als sie das Gefühl hatte, dass etwas Ungewöhnliches in der Luft lag. Mit einem schnellen Ruck sprang sie aus ihrem Bett und zog sich rasch an, während sie bereits Pläne schmiedete, wie sie den Tag mit ihren Aufgaben am besten meistern würde.

Mutter Hanny Thaler, die Dame des Hauses, folgte Tännchen bald darauf, mit ihrem kunstvoll geknoteten Haar Dutt. Ihre müden

Augen öffneten sich langsam, als sie sich streckte und gähnte, bevor sie entschloss, sich auf den Weg in die Küche zu machen, um den Tag mit einer Tasse dampfenden Tees zu begrüßen.

In der Zwischenzeit hatten alle Wände der Villa, Aufwachrufe vernommen. Mit einem leisen, aber bestimmten Ruf drangen Stimmen durch die Wände und weckten die Räume zum Leben. Die alten Dielen knarrten unter den schlaftrunkenen Schritten der Bewohner, als sie sich auf den Weg in den neuen Tag machten.

Das Aroma von frischem Kaffee und warmen Brötchen füllte bald die Küche, es begann ein neuer Tag in der Villa –

Und während die Sonne langsam über den Horizont stieg, stand Tom nachdenklich vor dem Spiegel und betrachtete seine seltsame Gestalt, seine schwarzen Haare, seine schwarze Hose übersät mit silbernen Klammern und Reißverschlüssen. Er dachte an seinen Erzeuger, seinen Vater, an Hansen-Schmidt den Puppenmacher.

Alex-Oliver beobachtete ihn dabei: „musst du zurück? "

„Ja, ich denke schon, aber ich weiß nicht genau wie, und wohin!"

„Beschreibe mir doch alles an das du dich erinnern kannst."

„Ja ich befand mich in einem alten blauen Holzhaus, das von Birken umrahmt, war. In einem Raum, das viele Gerüche atmete. Es umfing mich der süße Duft von Holz und Lack, der von den kunstvoll geschnitzten Möbeln und den kunterbunten Puppen in allen Größen und Formen ausging. Er beschrieb an was er sich erinnern konnte. Schmidt - Hansens gütiges Gesicht.

Alex-Oliver hatte ihm genau zugehört, und während er der Beschreibung lauschte, kam ihm eine Idee, denn alles das kam ihm vertraut vor. „Oh ich kenne diesen Ort! Dass ist Schmidt-Hansens Datscha! Er wohnt am Ende der Straße, und ist somit fast unser Nachbar."

Tom lächelte bei Alex s Erkenntnis. "Warum begleite ich dich nicht nach Hause? Ich kenne den Weg zur Datscha gut und kann dich unbemerkt führen." Tom stimmte begeistert zu.

Ann Thaler mit ihrem roten Pferdeschwanz schien schon auf sie zu warten:“ Da seid ihr ja endlich, habe mir schon gedacht, euch bald zu treffen!“

Der Himmel war in ein prächtiges Farbenspiel getaucht, das die Welt um sie herum in ein warmes, goldenes Licht tauchte, als sie die Villa verließen, um sich auf den Weg zu machen.

Als sie sich der Datscha näherten, konnte Alex ein glimmendes Licht durch die Fenster sehen und hörte ein leises Murmeln einer alten Melodie. Ein Gefühl der Neugier ergriff ihn, und er fragte sich, welche Geheimnisse wohl in dem Haus verborgen waren.

Doch bevor er sich weiter mit seinen Gedanken beschäftigen konnte, erreichten sie bereits eine Haustür. Alex winkte ihm leise zu, Tom lächelte dankbar und betrat sein noch unbekanntes Zuhause, erfüllt von dem Gefühl der Freundschaft und des Abenteuers, das er mit seinen Freunden geteilt hatte.

In einer Ecke des Ateliers am großen Arbeitstisch, bedeckt mit Werkzeugen und Materialien, saß Hansen- Schmidt. Seine Augen glänzten, als er Tom Remo, seine neueste Kreation, endlich wieder entdeckte.

Der Puppenmacher betrachtete Tom Remo mit stolzen Augen und einem warmen Lächeln auf den Lippen. Es war, als ob er in dieser Figur einen Freund gefunden hatte, der ihm in all seinen Abenteuern und Träumen folgen würde.

Als er die Figur behutsam in die Arme schloss, spürte der Puppenmacher eine tiefe Verbindung zu Tom Remo, eine Verbindung, die über die Grenzen von Holz und Porzellan hinausging und das Herz berührte. Es war, als ob diese Figur eine lebendige Seele besaß, die auf seine Berührung reagierte und ihm dankbar für die Liebe und Sorgfalt war, die er ihr geschenkt hatte.

Auch Alex und Ann bekamen eine herzliche Begrüßung. Sie spürten eine warme, einladende Atmosphäre, die sie sofort in den Bann zog. Das Innere der Datscha war wie ein lebendiges Märchenbuch zum Leben erweckt worden, mit jedem Detail sorgfältig ausgewählt, um eine Welt der Fantasie und des Wunders zu erschaffen.

Hansen -Schmidt, ein freundlicher älterer Herr mit einem fröhlichen Lächeln und lebhaften Augen, trat aus dem Schatten des Ateliers: "Willkommen in meinem bescheidenen Heim," sagte er mit einer Stimme, die von jahrzehntelanger Weisheit und Erfahrung sprach.

Die kleine Gruppe fühlte sich sofort wohl in der Gegenwart des Puppenmachers und spürten, dass sie einen Freund gefunden hatten, der ihnen zuhörte und sie verstand. Die Atmosphäre war so vertraut und einladend, dass sie beinahe vergaßen, warum sie eigentlich hier waren.

Doch dann erinnerte sie der Puppenmacher mit einem warmen Lächeln daran, dass sie und Tom sicherlich eine Geschichte zu erzählen hatten. "Nun, meine jungen Freunde", sagte er mit einem Augenzwinkern, "ich kann sehen, dass Abenteuer in euren Augen geschrieben steht. Warum erzählt ihr mir nicht, woher ihr kommt und was euch geschehen ist, wie ihr hierhergekommen seid.?"

Alex, Ann und Tom tauschten einen geheimnisvollen Blick aus, bevor sie begannen, dem Puppenmacher von ihrem nächtlichen Abenteuer in der Villa und der Charité zu erzählen. Sie berichteten von den geheimnisvollen Ereignissen, die sie erlebt hatten, von den versteckten Gängen und verborgenen Flaschen, die sie entdeckt hatten, und von der Freundschaft und Zusammenhalt, die sie durch ihre gemeinsamen Erlebnisse gestärkt hatten.

Hansen Schmidt hörte aufmerksam zu, während sie sprachen, seine Augen leuchteten vor Sorge und Interesse. Als sie geendet hatten, nickte er zustimmend. "Das klingt nach einem wahrhaftigen Abenteuer, meine jungen Freunde", sagte er, "aber ich bin sicher, dass dies nur der Anfang eurer aufregenden Reise ist. Die Welt ist voller Geheimnisse und Wunder, die darauf warten, entdeckt zu werden, und ich bin zuversichtlich, dass ihr euch den Herausforderungen stellen werdet, die euch begegnen."

Als die Atmosphäre in der Datscha sich langsam wieder normalisierte und die Freunde sich um den kleinen Tisch im Wohnzimmer versammelten, begann sich eine neugierige Spannung in der Luft zu regen. Sie konnten kaum den Drang unterdrücken, die Frage nach der geheimnisvollen Flasche zu stellen, die Schloemer im Keller gefunden hatte.

Mit einem nervösen Klopfen in der Brust sahen sie den Puppenmacher an und wagten es schließlich, die Frage zu stellen, die ihnen auf der Seele brannte. "Herr Puppenmacher", begann Alex zögerlich, "wir haben eine Flasche mit seltsamem Inhalt, eine glitzernde Flüssigkeit, in den Katakomben der Charité gefunden.

Ann beschrieb weiter: “Diese Flasche, ist in der Tat ein ungewöhnliches Artefakt. Sie besteht aus schwerem, dunklem Glas, das bei näherer Betrachtung leicht durchsichtig ist. Durch dieses Glas schimmerte die seltsame, glitzernde Flüssigkeit, die sie enthielt, in einer Weise, die das Licht zu reflektieren schien, als ob sie einen eigenen inneren Glanz hätte.

Um die Flasche herum schien eine außergewöhnliche Aura zu schweben. Es war, als ob die Luft in ihrer unmittelbaren Umgebung leicht vibrierte, fast unmerklich, aber doch spürbar. Diese Aura schien den Raum mit einer geheimnisvollen Energie zu erfüllen, die gleichzeitig faszinierend und beunruhigend war. Jeder, der sich der Flasche näherte, konnte eine subtile Veränderung in der Atmosphäre spüren, als ob die Flasche selbst lebendig war und eine eigene Präsenz hatte.

Diese glitzernde Flüssigkeit pulsierte sanft, wie das Schlagen eines winzigen, leuchtenden Herzens. Farben wirbelten und tanzten darin, wechselten von tiefem Smaragdgrün zu strahlendem Gold und schimmerten in einem unnatürlichen, fast hypnotischen Rhythmus. Es war, als ob die Flüssigkeit ein eigenes Bewusstsein besäße und sich ihrer Umgebung bewusst war.

„Ja stimmte Alex ein, ein leichter Duft, schwer zu definieren und dennoch intensiv, ging von der Flasche aus. Es war ein Geruch, der Erinnerungen hervorrief, die längst vergessen schienen, und gleichzeitig ein Gefühl von Abenteuer und Gefahr vermittelte. Der Duft war süß und würzig, mit einer dunklen, mysteriösen Note, die einen Hauch von Verlockung und Warnung zugleich in sich trug."

„In der Nähe der Flasche hörte man manchmal ein leises, melodisches Summen, wie das Flüstern eines alten, vergessenen Liedes, als würde das Gehirn in dieser Flüssigkeit erwachen. Dieses Summen schien direkt ins Herz zu dringen, es war beruhigend und doch zugleich beunruhigend, als ob es eine alte, mächtige Magie enthielt, die nur darauf wartete, entfesselt zu werden, ergänzte Tom Remo.

Die Freunden wussten nun während sie sie beschrieben, die Flasche war zweifellos kein gewöhnlicher Gegenstand. Sie strahlte eine uralte, mächtige Energie aus, die sowohl Respekt als auch Vorsicht erforderte. Ihre geheimnisvolle Aura zog die Menschen an und warnte sie gleichzeitig vor den unermesslichen Kräften, die sie in sich barg. Es war klar, dass diese Flasche ein Schlüssel zu etwas Großem und Unbekanntem war, und ihre Entdeckung war nur der Beginn eines neuen, spannenden Abenteuers.

„Lieber Hansen-Schmidt, kennen Sie sie vielleicht?"

Der Puppenmacher betrachtete die beiden jungen Knaben und Ann mit einem nachdenklichen Blick, als ob er ihre Frage sorgfältig abwägen würde. Schließlich senkte er den Blick und strich bedächtig über seinen Bart, bevor er antwortete: "Ja, meine jungen Freunde, ich kenne die Flüssigkeit, von der ihr sprecht. Es ist eine Tinktur von besonderer Macht und Magie, es ist eine lange Geschichte. Er wurde still und nachdenklich und fing dann an zu berichten:

Altes Wissen

„Vor vielen Jahrzehnten wurde das pathologische Archiv der Charité von einem Vorfahren ein engagierter Pathologe gegründet.

Dieser war bekannt für seine Leidenschaft für die Erforschung von Krankheiten und seine Hingabe zur Bewahrung von medizinischem Wissen. Über die Jahre hinweg sammelte er eine beeindruckende Anzahl von Gewebeproben, Krankenakten und anderen medizinischen Aufzeichnungen.

Selbst der Kaiser hörte davon, war neugierig und, war Gast in diesen geheimen Hallen.

Es ist das Jahr 1908, und die Atmosphäre ist gespannt, als sich zwei der mächtigsten Männer ihrer Zeit treffen - Kaiser Wilhelm II. von Deutschland und Zar Nikolaus II. von Russland. Sie sind zu einem Treffen gekommen, das nicht nur politische Bedeutung hat, sondern auch eine ungewöhnliche Bereicherung in der medizinischen Welt bringen wird.

In einem Raum, der speziell für diesen Anlass vorbereitet wurde, stehen zwei große Glasbehälter auf einem mit Samt ausgekleideten Tisch. Jeder Behälter ist mit einer klaren Flüssigkeit gefüllt, die einen seltsamen, aber faszinierenden Anblick bietet. Darin sind präparierte menschliche Organe konserviert, jedes sorgfältig in Formalin eingelegt und für die wissenschaftliche Untersuchung aufbewahrt.

Kaiser Wilhelm und Zar Nikolaus traten zusammen mit ihren Gefolgsleuten ein und betrachteten neugierig die ungewöhnlichen Exponate. Eine der Flaschen war ein beeindruckendes und beunruhigendes Objekt zugleich. Aus klarem, altem Glas gefertigt,

wirkte sie, als sei sie von einer vergangenen Zeit durchdrungen. Ihre bauchige Form war leicht verzogen, als ob die Hitze eines handwerklichen Feuers sie sanft modelliert hätte. In ihrem Inneren schwebte ein menschliches Gehirn – ein erschreckendes Exponat, das in einer glitzernden, silbrig-blauen Flüssigkeit eingeschlossen war. Diese Flüssigkeit schimmerte in einem schwachen, fast magischen Licht, das die Umgebung der Flasche in geheimnisvolle Schatten tauchte.

Um den Hals der Flasche legte sich eine rostige, aber fein gearbeitete Kette aus Metall, die das ganze Gefäß in einen Hauch von Rätselhaftigkeit hüllte. Daran hingen drei uralte Zahlenschlösser, kunstvoll verziert mit filigranen Ornamenten, als wären sie mit der Hand eines Meisters gefertigt. Jedes Schloss trug eine eigene, sorgfältig gravierte Zahlenreihe, die in einem unbekannten Muster angeordnet war. Die Kette wirkte wie eine Wächterin, die das Geheimnis der Flasche sicher verschloss, und die Schlösser signalisierten, dass nur jemand mit dem richtigen Wissen den Inhalt enthüllen konnte.

Im anderen Behälter schwamm ein menschliches Herz, still und regungslos in seiner konservierenden Flüssigkeit, die Flasche unauffällig.

Der deutsche Kaiser und der russische Zar, beide Männer betrachten die Exponate mit Interesse.

Plötzlich schlugen sie einen ungewöhnlichen Pakt vor - einen Austausch der Exponate.

Kaiser Wilhelm II. bot das präparierte Herz als Geschenk an den russischen Zaren an, während Zar Nikolaus II. großzügig das präparierte Gehirn als Geste der Freundschaft und des Respekts für den deutschen Kaiser vorsah.

Der Austausch wurde schließlich vollzogen, und die präparierten Organe wechselten ihre Besitzer. Es wurde beschlossen, dass die Exponate als Zeichen der Verbundenheit in den königlichen Sammlungen der beiden Länder aufbewahrt werden sollten, als Erinnerung an dieses bemerkenswerte Treffen und als Symbol für die enge Verbindung zwischen Wissenschaft und Diplomatie.

Und so endet diese ungewöhnliche Begegnung zwischen Kaiser Wilhelm II. und Zar Nikolaus II., die nicht nur politische, sondern auch medizinische Geschichte geschrieben haben.

Doch etwas blieb ihnen verborgen.

Die Freunde tauschten einen überraschten Blick aus, während sie gespannt darauf warteten, dass der Puppenmacher noch mehr über die geheimnisvolle Flüssigkeit offenbarte. "Diese Tinktur", fuhr der Puppenmacher fort, "wurde einst von einem weisen Alchemisten geschaffen, der die Geheimnisse des Lebens und der Unsterblichkeit zu ergründen suchte

Ein Hauch von Ehrfurcht lag in der Luft, als die Worte des Puppenmachers langsam auf die drei Freunde wirkten.

„Bringt die Flasche zu mir," riet Hansen schließlich, wir werden gemeinsam herausfinden, womit wir es zu tun haben. Doch seid gewarnt, meine Freunde, denn die Macht dieser Tinktur ist nicht ohne Gefahren. Sie kann sowohl Gutes als auch Böses bewirken, je nachdem, wie sie verwendet wird. Behandelt sie mit Respekt und Bedacht, und möge das Licht der Weisheit euch auf eurem Weg leiten."

So verabredeten sie sich sehr früh am nächsten Tag, die Katakomben erneut aufzusuchen

Niemand ahnte, dass diese Entscheidung der Beginn eines Abenteuers war, das sie für immer verändern würde.

Und während Alex und Ann sich auf den Heimweg machten, erfüllt von neuem Wissen und neuen Möglichkeiten, wussten sie, dass sie spätestens morgen Tom Remo wiedersehen würden - bereit, die Geheimnisse der Welt zu erkunden und die Macht der Magie zu entdecken.

Leo Thaler

Leo Thaler stand noch einige Momente regungslos da, seine Augen fixierten den Punkt, an dem Schloemer so plötzlich verschwunden war. Die Worte hallten in seinem Kopf wider, und ein kaltes Schaudern lief ihm über den Rücken. „Wir werden uns wiedersehen, schnellstens!" Was immer Schloemer in den dunklen Katakomben gefunden hatte, es hatte ihn tief erschüttert. Und Leo konnte sich des Gefühls nicht erwehren, dass es bald auch ihn betreffen würde.

Er atmete tief durch und schüttelte den Kopf, als wolle er die düsteren Gedanken vertreiben. Mit einem entschlossenen Schritt wandte er sich ab und ging in sein kleines Büro, das sich im hinteren Teil der alten Bibliothek befand. Das Licht der tiefstehenden Sonne warf lange Schatten durch die hohen Fenster, und das leise Rascheln von Papier und das Knarren der alten Regale verliehen dem Raum eine fast magische Atmosphäre.

Leo setzte sich an seinen Schreibtisch und zog ein altes, ledergebundenes Notizbuch hervor. Er blätterte durch die vergilbten Seiten, bis er bei den jüngsten Einträgen ankam.

Schloemer hatte in letzter Zeit oft mit seinen Drohungen, Wissen über die Familiengeheimnisse zu haben, geprahlt, doch die Einzelheiten waren immer vage geblieben. Und was suchte dieser in den Katakomben, oder was hatte dieser gefunden. Irgendetwas hatte ihn erschreckt

Sein Blick fiel auf eine kleine, unscheinbare Notiz am Rande einer Seite: „Uralte Macht, verborgen im Glas. Nicht für sterbliche Hände." Leo runzelte die Stirn. Diese Worte schienen plötzlich eine tiefere Bedeutung zu haben. Er spürte, dass er der Sache auf den Grund gehen musste.

Ein weiterer kleiner, unscheinbarer Vermerk am Rand eines Dokuments – eine Notiz, die offenbar später hinzugefügt worden war, erregte erneut seine Aufmerksamkeit.

Es war ein anderer Vorname, kaum zu entziffern, aber nicht der seines Vaters. Leo blinzelte, seine Augen huschten über das Papier. Der Thaler in den Aufzeichnungen war möglicherweise gar nicht sein Vater, sondern jemand anderes aus der weiteren Familie. Ein Verwandter, von dem er nichts wusste, ein Mann, dessen Handlungen während des Krieges im Verborgenen geblieben waren.

Er fühlte sich wie vom Blitz getroffen. Seine Gedanken hatten sich in eine Richtung verfestigt, die ihn fast zu einer falschen Schlussfolgerung geführt hätte. Die Erkenntnis, dass es nicht sein Vater gewesen war, ließ ihn erschauern. Die Angst und die Schuld, die sich in ihm aufgestaut hatten, lösten sich langsam auf, aber nicht ohne einen bitteren Nachgeschmack. Hatte er zu schnell verurteilt? Hatte er den Schatten der Vergangenheit auf seinen Vater projiziert, ohne wirklich zu wissen, was geschehen war?

Leo lehnte sich zurück, atmete tief durch. Die Erleichterung war spürbar, aber der Schmerz blieb – der Schmerz, überhaupt daran gezweifelt zu haben, dass sein Vater unschuldig war. Doch gleichzeitig spürte er, dass die Wahrheit über die Vergangenheit seiner Familie noch lange nicht vollständig ans Licht gekommen war. Irgendwo, zwischen den vergilbten Seiten und den verborgenen Geheimnissen der Charité, warteten weitere Antworten – und Leo war entschlossen, sie zu finden.

Der Plan

Der Morgen dämmerte früh, als sich Tom, Ann und Alex erneut vor der Hansensche Datscha trafen.

Tom Remo mit seiner faszinierenden Persönlichkeit, die auf den ersten Blick ebenso eigenwillig wie charismatisch wirkte. Seine Haare borstig und schwarz, standen zu Hunderten kleiner Büsche ungeordneter als sonst auf seinem Kopf. Diese wilden Strähnen verliehen ihm ein leicht anarchisches Aussehen, als würde sein Geist ebenso sprudeln wie seine Frisur.

Seine Augen waren grün und strahlten einen seltsamen Glanz aus. Wenn man in diese Augen sah, konnte man sich ihrer intensiven, magnetischen Wirkung kaum entziehen. Es war, als würden sie eine eigene Geschichte erzählen, voller Geheimnisse und Abenteuer, die noch entdeckt werden wollten.

Tom sprach alle Sprachen, was ihn zu einem wahren Kommunikationsgenie machte. Doch seine Muttersprache war nicht etwa Englisch oder eine andere menschliche Sprache, sondern eine Sammlung von Computersprachen: Basic, C, C++, Java, HTML und PostScript. Er liebte die Zahlen und die Logik, die sie mit sich brachten. Seine Gedanken konnten komplexe Algorithmen und Programme mit einer Leichtigkeit durchdringen, die für andere unvorstellbar war.

Sein Outfit war genauso ungewöhnlich wie er selbst: Er trug eine Sonnenbrille mit verspiegelten Gläsern, die nicht nur seine Augen schützte, sondern ihm auch eine geheimnisvolle Aura verlieh. Seine Hose war mit unzähligen Taschen versehen, in denen er allerlei nützliche Dinge unterbringen konnte.

Tom mit seiner außergewöhnlichen Fähigkeit, sich in bestimmten Situationen unsichtbar zu machen, verlieh ihm eine zusätzliche geheimnisvolle Aura. Diese Gabe wollte er nutzten, um seine Freunde zu beschützen und in gefährlichen Momenten zu entkommen. Seine Unsichtbarkeit war ein wertvolles Werkzeug, Tom konnte seine Unsichtbarkeit auch nutzen, um schwierige Passagen zu überwinden oder geheime Informationen zu sammeln. Seine neuen Freunde vertrauten ihm blind, denn sie wussten, dass er sie immer im Blick hatte, selbst wenn sie ihn nicht sehen konnten, das machte ihn zu einem unverzichtbaren Mitglied ihrer kleinen Gruppe.

Als Tom, Ann und Alex sich erneut trafen, um erneut den Ort mit der unheimlichen Flasche auf zu suchen, spielte seine Unsichtbarkeit eine entscheidende Rolle. Während sie durch die verlassenen Straßen gingen, blieb Tom oft zurück, um sicherzustellen, dass niemand ihnen folgte. Mit einem leisen Flüstern und einem verschmitzten Lächeln verschwand er aus dem Sichtfeld, nur um kurze Zeit später wieder aufzutauchen und zu verkünden, dass die Luft rein sei.

Ann, das quirlige Mädchen, war mit ihren superglatten, langen roten Haaren, die frech nach außen standen, ohne eine Welle zu bilden, ein echter Hingucker. Ihre Sommersprossen tanzten über ihre Nase und Wangen und verliehen ihrem Gesicht einen charmanten, lebhaften Ausdruck. Mit ihren strahlend blauen Augen, die stets neugierig funkelten, nahm sie ihre Umgebung aufmerksam wahr.

Ann war äußerst klug und redegewandt. Sie konnte sich blitzschnell in die kompliziertesten Themen einarbeiten und hatte immer eine passende Antwort parat. Ihre Freunde staunten oft über ihr umfangreiches Wissen und ihre Fähigkeit, selbst die schwierigsten Sachverhalte verständlich zu erklären. Mit einem fröhlichen Lachen und einem immer präsenten, verschmitzten Lächeln verbreitete Ann stets gute Laune und steckte alle mit ihrer Begeisterung an.

Alex-Oliver Thaler, lebhaft mit schulterlangem, mittelblondem, leicht gelocktem Haar, das aber meist ungebändigt ins Gesicht fiel und ihm ein lässiges Aussehen verlieh. Seine klugen, braunen Augen strahlten stets eine Mischung aus Neugier und Freundlichkeit aus, und sie funkelten besonders hell, wenn er von seinen Lieblingshobbys sprach, Skateboard und sein Computer. Auf seinem Skateboard war er ein wahrer Künstler, der mühelos die wildesten Tricks hinlegte und dabei immer ein breites Grinsen im Gesicht hatte. Am Computer war er genauso geschickt und versank oft stundenlang in komplexen Programmen oder spannenden Spielen.

Sein Outfit bestand meistens aus abgetragenen Jeans, die von seinen vielen Skate-Abenteuern zeugten, und einem lässigen T-Shirt, das zu seiner entspannten Art passte. Alex war bekannt für seinen Humor und seine Fähigkeit, jede Situation mit einem witzigen Kommentar aufzulockern. Gleichzeitig war er äußerst ehrlich, was ihn zu einem Freund machte, dem man stets vertrauen konnte. Seine offene und herzliche Art sorgte dafür, dass sich jeder in seiner Gegenwart wohlfühlte.

Leise und vorsichtig machten sie sich auf den Weg, zur Charité, sie spürten es war Eile geboten.

„Haltet euch bereit“, flüsterte Tom, seine grünen Augen funkelten im schwachen Licht. „Ich werde uns für eine Weile unsichtbar machen, aber wir müssen eng zusammenbleiben. Sobald wir losgehen, darf keiner von euch sich zu weit entfernen.“

Tom atmete tief ein, schloss die Augen, und für einen Moment schien es, als würde die Luft um sie herum vibrieren. Die Umgebung um sie herum verzerrte sich leicht, als ein Schimmer über ihre Körper lief, bevor sie in einem leichten Flackern vollständig verschwanden.

„Es funktioniert", flüsterte Alex, konnte aber seine eigenen Hände nicht mehr sehen.

Die drei bewegten sich leise und vorsichtig durch die verlassenen Flure. Toms Fähigkeit, sie unsichtbar zu machen, war erstaunlich, aber sie mussten aufpassen. Jede Bewegung war kritisch, jeder Schritt musste überlegt sein. Wenn jemand zu weit weg von Tom geriet, würde die Unsichtbarkeit für diesen brechen.

Ann hielt die Luft an, als sie Schritte hörte – Wachleute waren in der Nähe. Doch sie schlichen vorsichtig an den Wachen vorbei, die nichts von ihrer Anwesenheit ahnten. Selbst als die Wachen ganz nah kamen, konnte die Gruppe sich unbemerkt an ihnen vorbeidrücken. Die Spannung wuchs mit jedem Schritt, aber Tom hielt die Illusion aufrecht, sein Gesicht konzentriert, als er seine Kraft einsetzte.

Endlich in den stillen dunklen Gewölben der Charité angekommen, schlichen Tom, Ann und Alex vorsichtig voran. Jeder Schritt war gut durchdacht.

Tom, mit seiner Sonnenbrille, und den silbrig glänzenden Schuhen, die in der Dunkelheit leise schimmerten, ging voran.

Im flüsternden Ton gab er Anweisungen, während sie sich endlich langsam und vorsichtig der Flasche näherten. Ann hielt die Taschenlampe, deren Licht sie mit der Hand abschirmte, damit es nur einen schwachen Schein warf. Alex, war bereit, sofort zu helfen, falls nötig.

Sie spürten, wie sich der Luftzug veränderte, als sie durch die schwere Tür glitten, die zu dem Raum führte, in dem die Flasche aufbewahrt wurde.

Ein dämmriges Halbdunkel, ließ die flackernden Strahlen ihrer Taschenlampen noch unheimlicher wirken. Die Luft war feucht und kühl, ein unangenehmer, muffiger Geruch von altem Stein und Moder lag schwer in ihren Nasen. Alex, Ann und Tom hatten sich durch ein Labyrinth aus schmalen Gängen und niedrigen Gewölben gekämpft, bis sie endlich den Raum erreicht hatten, in dem die Flasche versteckt war.

Dort stand sie, auf einem Podest aus schwarzem Marmor, das in das Zentrum des kleinen Raumes eingelassen war. Die Flasche schien zu schimmern, selbst in der Dunkelheit. Ihr Glas war von einem schwachen, grünlichen Licht durchzogen, das zu pulsieren schien –

„Da ist sie," flüsterte Ann, ihre Stimme zitterte leicht. „Das ist sie wirklich."

„Wir sollten uns beeilen," drängte Tom, der nervös den Eingang im Blick behielt. „Ich mag diesen Ort nicht."

Alex nickte und trat entschlossen vor. Doch je näher er der Flasche kam, desto schwerer wurde die Luft. Es fühlte sich an, als ob der Raum selbst ihn zurückstoßen wollte. Ein leises Summen begann, kaum wahrnehmbar, doch es wurde lauter, je näher seine Hand der Flasche kam.

Als Alex die Flasche berührte, geschah es: Ein plötzliches Zucken durchfuhr das Glas, als ob die Flasche lebendig geworden wäre. Eine unsichtbare Kraft schleuderte ihn einen Schritt zurück, seine Hand kribbelte, als hätte er einen elektrischen Schlag erhalten.

„Was war das?" rief Ann alarmiert, ihre Augen weit aufgerissen.

Ein unheimliches Geräusch erfüllte den Raum – ein tiefer, grollender Ton, der sich wie das Knurren eines wütenden Tieres anhörte. Das grüne Licht wurde heller, pulsierte in rasendem Takt.

„Es wehrt sich," keuchte Alex, seine Stimme klang rau vor Anstrengung.

Tom zog die Taschenlampe aus seiner Tasche und leuchtete direkt auf die Flasche, als ob das Licht die Situation entschärfen könnte. Doch es schien das Gegenteil zu bewirken: Die Flasche begann, sich schneller zu bewegen, als ob sie ausbrechen wollte.

„Was machen wir jetzt?“ fragte Ann, ihre Stimme überschlug sich fast vor Panik.

Alex biss die Zähne zusammen, streckte die Hand erneut aus und umschloss die Flasche fest. Diesmal war die Kraft stärker, versuchte, sich ihm zu entziehen, doch er hielt stand. Ein tiefes, schmerzerfülltes Stöhnen erfüllte die Katakomben, und für einen Moment schien der Raum zu beben.

Dann, plötzlich, ließ das Vibrieren nach. Die Flasche wurde still, das grüne Licht erlosch fast vollständig, und das Grollen verstummte. Alex hielt sie fest, seine Finger weiß vor Anspannung.

„Ich habe sie,“ sagte er, außer Atem.

Endlich die Flasche sicher in den Händen haltend, atmeten sie erleichtert auf. „Los, jetzt schnell raus hier“, sagte Ann mit leiser Stimme. Ihre Herzen pochten vor Aufregung, doch sie blieben konzentriert und leise.

Sie spürten alle, dass die Flasche noch nicht völlig besiegt war. Es war, als ob sie in ihren Händen lauerte, abwartend, bis der richtige Moment kommen würde, um sich wieder zu wehren.

Als sie schließlich das Gebäude verließen und die frische Nachtluft einatmeten, ließ Tom seine Unsichtbarkeit fallen und erschien wieder vor ihnen. Atmete erleichtert auf: „Geschafft“, sagte er mit einem Lächeln, und sie machten sich auf den Weg zur Datscha.

Der Weg schien unendlich lang und führte sie durch einen dichten Wald und über schmale Pfade. Sie mussten äußerst vorsichtig sein, um die Flasche nicht zu beschädigen. Alex trug sie abwechselnd mit Tom, während Ann den Weg mit der Taschenlampe beleuchtete. Jeder Schritt war vorsichtig, um die kostbare Fracht zu schützen.

Die schon begonnene Abenddämmerung hatte den Himmel in ein tiefes Blau getaucht, und die Bäume entlang des Weges wirkten seltsam still, fast wie stumme Zeugen dessen, was geschehen sollte. Ann, Alex und Tom gingen schweigend nebeneinander, das Gewicht der geheimnisvollen Flasche, die sie bei sich trugen, lastete schwer auf ihnen.

Plötzlich blieb Ann stehen. „Es beginnt wieder sich zu wehren!“ flüsterte sie. Wieder dieses seltsame Glitzern, als würde die Flüssigkeit im Inneren auf ihre Nähe reagieren.

„Was passiert da?“ fragte Alex, sein Gesicht voller Neugier und Unruhe. Die glitzernde Flüssigkeit darin wirbelte auf unerklärliche Weise, als ob sie ein Eigenleben hätte.

Tom beugte sich näher und seine grün schimmernden Augen funkelten im Dämmerlicht. „Es ist, als ob sie uns spürt...“ Er sprach leise, fast ehrfürchtig. „Die Flasche reagiert auf uns.“

Kaum hatte er das gesagt, begann die Luft um die Flasche herum erneut zu vibrieren. Kleine Funken von Licht stoben aus der Flasche, tanzten in der Luft wie Glühwürmchen. Das Glitzern der Flüssigkeit wurde intensiver, als ob es die Energie der Gruppe anzog. Die Temperatur schien plötzlich zu schwanken – mal wurde es eisig kalt, dann wieder unheimlich warm.

„Das fühlt sich seltsam an“, murmelte Ann, während sie ihre Hand ausstreckte, als würde sie die Luft um die Flasche ertasten wollen. „Es ist, als ob sie... lebt.“

Plötzlich schoss ein leiser Windhauch durch die Bäume, und das Glitzern verstärkte sich noch mehr. Es war fast, als würde die Flasche auf ihre Emotionen reagieren – je mehr Spannung und Aufregung in der Gruppe aufstieg, desto stärker leuchtete die mysteriöse Flüssigkeit. Ein leises Summen erklang.

„Das wird zu viel," sagte Alex und packte die Flasche fester, „wir müssen sie sicher zur Datscha bringen, bevor sie... explodiert oder was auch immer passiert!"

Mit erhöhter Wachsamkeit setzten sie ihren Weg fort, die Augen immer auf die glitzernde Flasche gerichtet, die in ihren Händen zu pulsieren schien. Es war, als ob die Macht der Flasche mit ihnen kommunizieren wollte, sie warnen oder ihnen etwas mitteilen wollte.

Die Phänomene wurden immer intensiver, je näher sie der Datscha kamen. Blitze von Licht durchzuckten die Flüssigkeit, und der Boden unter ihren Füßen vibrierte leicht. Irgendetwas Großes, Mächtiges ging von der Flasche aus – und es schien, als wäre ihre Anwesenheit der Schlüssel zu einem Geheimnis, das sie noch nicht ganz verstanden.

Endlich erreichten sie die Datscha, das blau bunte Haus, versteckt hinter einer großen Linde. Sie öffneten die Tür und traten erleichtert ein.

Tom, Ann und Alex setzten sich erschöpft, aber zufrieden auf das Sofa und sahen sich an. Sie wussten, dass dies nur der Anfang eines großen Abenteuers war, aber sie waren bereit, sich allen Herausforderungen zu stellen, die ihnen begegnen würden.

Das Versteck

„Wir müssen ein neues, sicheres Versteck für die Flasche finden", begann Tom und schaute seine Freunde an. „Diese Tinktur ist mächtig, und in den falschen Händen könnte sie großes Unheil anrichten."

Ann nickte zustimmend. „Ich habe überlegt, vielleicht könnten wir sie in dem alten Kirchengemäuer verstecken. Sie sind labyrinthartig und schwer zugänglich."

Alex schüttelte den Kopf. „Zu riskant. Zu viele Leute kennen diese Stätte, und wer weiß, wer dort noch herumschleicht. Wir brauchen einen Ort, der weniger offensichtlich ist."

Ein plötzliches Geräusch ließ sie aufschrecken. Es war Hansen Schmid, der hatte eine alte, hölzerne Truhe gebracht.

„Ich glaube, ich kann euch helfen", sagte er mit einem freundlichen Lächeln.

Hansens Truhe war mehr als nur ein einfacher Behälter. Das Holz, aus dem sie gefertigt war, schien eine lange Zeitreise hinter sich zu haben. Über 1000 Jahre alt, dunkel und von der Zeit gegerbt, strahlte es eine unheimliche, aber gleichzeitig beruhigende Präsenz aus. Die Oberfläche war fein mit mystischen

Symbolen und Ornamenten verziert, die das Alter und die geheimnisvolle Herkunft der Truhe nur noch deutlicher machten.

Die Schnitzereien schienen nicht zufällig, sondern von einer längst vergessenen Kultur mit tiefem Verständnis für die spirituelle Welt gefertigt. Jedes Muster, jeder Strich hatte eine Bedeutung, eine Geschichte, die man spüren konnte, selbst wenn man sie nicht verstand. An den Ecken der Truhe befanden sich kleine, verblasste Metallbeschläge, die ihre schützende Kraft verstärkten, als ob sie böse Einflüsse fernhalten würden.

Ein leichtes, fast unsichtbares Leuchten schimmerte in den Rillen der Holzschnitzereien, besonders wenn das Mondlicht darauf fiel. Dieses Leuchten verlieh der Truhe eine mystische Aura, als würde sie nicht nur ihren Inhalt schützen, sondern auch diejenigen, die sie berührten. Es war, als ob das Holz selbst lebendig war und eine uralte Macht in sich trug, die nur jene wahrnehmen konnten, die ein tiefes Gespür für das Okkulte hatten.

Tom, Ann und Alex sahen sich an und nickten. Sie traten näher und halfen dem Puppenmacher, die Flasche vorsichtig in die Truhe zu legen. Sobald der Deckel geschlossen war, spürten sie eine seltsame Ruhe, als ob die dunkle Präsenz der Tinktur plötzlich gedämpft worden wäre.

„Aber wir müssen trotzdem einen sicheren Ort für die Truhe finden“, sagte Tom nachdenklich. „Sie kann nicht einfach hierbleiben.“

Der Puppenmacher dachte einen Moment nach, dann sprach er: „Es gibt einen Ort, den nur ich kenne:

Ein Versteck, das so unscheinbar war, dass es selbst den aufmerksamen Blicken seiner neugierigen Besucher entging. Dieser verborgene Ort befand sich hinter einem alten, massiven Bücherregal, das die Rückwand des Arbeitszimmers schmückte.

Das Regal sah auf den ersten Blick aus wie ein schweres, unbewegliches Möbelstück, vollgestellt mit vergilbten Büchern und verstaubten Antiquitäten. Doch Hansen hatte das Regal vor

Jahren auf Schienen montiert, sodass es mit einem leisen, kaum hörbaren Klicken zur Seite gleiten konnte, wenn man einen bestimmten Buchrücken – ein unscheinbares Lexikon – leicht nach vorne zog.

Dahinter verbarg sich eine schmale, dunkle Treppe, die tief in den Boden führte. Der Zugang war so versteckt, dass man ihn nur durch das Öffnen des Regals entdecken konnte. Die Treppenstufen knarrten leicht, als würde man in eine längst vergessene Zeit hinabsteigen. Unten, in einer kleinen, unterirdischen Kammer, war der geheime Raum, den sonst niemand kannte. Die Wände waren aus grob behauenem Stein, kühl und feucht, aber stabil. In der Mitte des Raumes stand ein alter Holztisch, der von einem einzigen schwachen Lichtschein einer verborgenen Glühbirne beleuchtet wurde.

An den Wänden hingen metallene Regale, bestückt mit alten Kisten, geheimnisvollen Büchern und verschlossenen Behältern, die mit Siegeln und Zeichen versehen waren, die längst vergessen schienen. Der Raum war geräumig genug, um als perfektes Versteck für alles zu dienen, was Hansen schützen wollte.

Niemand vermutete, dass hinter dem verstaubten Bücherregal solch ein geheimer Rückzugsort lag.

Dank der dicken Mauern und der verborgenen Lage war der Raum unentdeckt und nahezu unzugänglich. Kein Geräusch drang nach außen, und selbst der hellhörigste Besucher der Datscha würde nie ahnen, dass es tief unter ihren Füßen einen Ort gab, der vor neugierigen Blicken und Gefahren sicher war – ein Versteck, das so abgeschieden und geheim war, dass es sich perfekt eignete, um die mysteriöse Flasche sicher zu lagern.

Die drei Freunde sahen sich an und wussten, dass dies ihre beste Option war, und platzierten die Kiste sicher in der hinteren Ecke des Raumes.

„Möge die Flasche hier in Frieden ruhen und niemals wieder Unheil anrichten", sagte Ann leise.

Schmidt Hansens, nickte lächelnd: „Ihr habt weise gehandelt. Nun liegt es an euch, das Wissen um diesen Ort und die Macht der Tinktur zu bewahren. Seid wachsam, meine Freunde, und möge das Licht der Weisheit euch immer begleiten."

Mit diesen Worten verabschiedeten sie sich vom Puppenmacher und machten sich auf den Heimweg. Sie wussten, dass dies nicht das Ende ihres Abenteuers war, sondern nur der Anfang. Die Geheimnisse der Welt und die Macht der Magie würden sie weiterhin begleiten, und sie waren bereit, sich jeder Herausforderung zu stellen, die ihnen begegnete.

Die Beobachtung

Schloemer saß in seinem düsteren Arbeitszimmer, seine Gedanken wirbelten chaotisch umher. Das schwache Licht der Lampe reichte kaum aus, um die Schatten an den Wänden zu vertreiben, und das Ticken der alten Standuhr verstärkte nur seine Rastlosigkeit. Er wippte unruhig auf seinem Stuhl hin und her, unfähig, stillzusitzen.

Sein Gesicht war von innerem Konflikt gezeichnet, die Augen zeugten von schlaflosen Nächten und ständigen Grübeleien. Er spürte, wie die Macht der Flasche, die er in den Katakomben entdeckt hatte, in seinem Geist nachhallte. Eine dunkle, bedrohliche Präsenz, die ihn nicht losließ und ihn ständig daran erinnerte, dass etwas Mächtiges und Gefährliches dort unten verborgen ist.

Die Erinnerung an das Glühen der Tinktur und das Gefühl einer unheilvollen Energie ließen ihn nicht zur Ruhe kommen. Angst kroch wie eine kalte Hand über seinen Nacken, jedes Mal, wenn er an den Keller dachte. Was war das für eine unheimliche Kraft, die in dieser Flasche gefangen war? Und warum hatte sie ihn so tief erschüttert? Er hatte viele Artefakte und Geheimnisse in seinem Leben entdeckt, aber nichts Vergleichbares.

Gleichzeitig nagte der Gedanke an Rache in ihm. Wer hatte ihn vertrieben?

Die Demütigung, dass er es nicht geschafft hatte, sie zu sichern, fraß an ihm. Er fühlte sich hintergangen und beraubt von etwas, das ihm gehören sollte, etwas, das ihm Macht verleihen könnte, wenn er es nur in die Finger bekäme.

Schloemer ballte die Fäuste, seine Nägel bohrten sich schmerzhaft in die Handflächen. Die Wut und die Angst kämpften in ihm um die Vorherrschaft. Er musste die Flasche aus ihrem Versteck bergen, musste verstehen, was sie war und wie er ihre Macht nutzen konnte.

Er musste sie haben – die Flasche gehörte ihm.

Die Rastlosigkeit trieb ihn auf die Beine, und er begann, im Zimmer auf und ab zu gehen. Die Unruhe nagte an ihm, aber sie schärfte auch seinen Verstand. Es gab Hinweise, die er finden musste.

Schloemer spürte, wie die Angst langsam von einer kalten, berechnenden Entschlossenheit abgelöst wurde. Er würde die Flasche besitzen, koste es, was es wolle. Und wenn er sie hatte, würde er die Geheimnisse, die sie barg, entschlüsseln. Niemand würde ihn aufhalten können. Weder Leo noch die unheimliche Macht der Tinktur.

Mit einem letzten Blick auf die Uhr, deren Ticken ihn weiterhin antrieb, verließ Schloemer sein Arbeitszimmer. Die Jagd hatte begonnen.

Mit zusammengekniffenen Augen und finsterem Gesicht machte er sich erneut auf den Weg. Es war eine mondlose Nacht, und die kühle Luft schnitt ihm ins Gesicht, als er sich durch die stillen Straßen zur Charité schlich. Schloemer bewegte sich hastig und geduckt, der Mantel um seinen mageren Körper flatterte wie die Flügel eines Raubvogels. Er fühlte die Dunkelheit um sich herum, aber er spürte auch, dass er diesmal erfolgreich sein würde. Diesmal würde niemand ihn aufhalten.

Doch gerade als er um eine Ecke bog, die in die Nähe des alten Krankenhauses führte, verharrte er plötzlich. Da waren sie. Drei Jugendliche – zwei Jungen und ein Mädchen – die sich mit einem schweren Gegenstand abmühten. Schloemer trat instinktiv in den Schatten einer Hausecke, und seine Augen weiteten sich, als er erkannte, was sie trugen.

Es war die Flasche.

Sie schimmerte schwach im Mondlicht, das zwischen den Wolken hervorbrach. Ihre seltsame, glitzernde Flüssigkeit war selbst aus dieser Entfernung zu erkennen. Die Jugendlichen schienen sich mit der Last zu quälen, doch sie bewegten sich zielstrebig, als hätten sie einen genauen Plan. Der größere Junge – mit unruhig aufragenden, mittelblonden Locken – trug die Flasche sicher in seinen Armen, während das rothaarige Mädchen mit funkelnden Augen die Führung übernahm und den Weg prüfte. Der dritte Junge, mit wild abstehenden schwarzen Haaren und einer Sonnenbrille, schlich hinter ihnen her, aufmerksam, als erwarte er jederzeit eine Gefahr.

Schloemer spürte, wie Wut in ihm aufstieg. Diese Kinder hatten es gewagt, ihm zuvorzukommen! Er ballte die Fäuste, das Adrenalin schoss durch seinen Körper. Doch dann hielt er inne. Es wäre töricht, sich jetzt zu zeigen. Sie waren zu dritt, und er war allein. Außerdem – etwas an ihnen war seltsam, besonders der mit der Sonnenbrille. War er nicht gerade noch da gewesen, und nun… war er verschwunden?

Schloemer blinzelte. Hatte er sich getäuscht? Nein, da war er wieder – direkt neben dem Mädchen, als wäre er aus der Luft aufgetaucht.

Sein Blick huschte über die Straße. Die Jugendlichen waren auf dem Weg in die Wälder, weg von der Charité.

Schloemer folgte immer bedacht nicht entdeckt zu werden, schlich durch die dunklen Straßen, seine Schritte fast unhörbar, während er die drei Jugendlichen im Auge behielt. Sein zynisches Lächeln zuckte immer wieder über seine Lippen, aber seine kalten Augen verrieten, dass er tief konzentriert war. Er wusste, was sie trugen – die Flasche.

Er hielt sich im Schatten der Bäume, immer darauf bedacht, nicht entdeckt zu werden. Jedes Mal, wenn einer von ihnen stehen blieb oder sich umsah, verharrte Schloemer augenblicklich. Er verschmolz fast mit der Dunkelheit, seine grauen Geheimratsecken schimmerten im fahlen Mondlicht, während seine gebogene Nase leicht nach vorn wippte, als er den Kopf neigte, um besser sehen zu können.

Schloemer wusste, dass er Geduld brauchte. Er durfte keinen Fehler machen. Er folgte ihnen über die engen Gassen, durch kleine Parkanlagen und über stillgelegte Bahngleise. Die Jugendlichen wirkten angespannt, als ob sie spürten, dass etwas nicht stimmte, aber Schloemer war gut darin, sich unsichtbar zu machen – nicht durch Magie, sondern durch Kalkül und Erfahrung.

Nach einer Weile bemerkte er, wohin sie gingen. Die Richtung war eindeutig: die Datscha. Ein Lächeln breitete sich auf seinem Gesicht aus, als er es erkannte. Diese Datscha gehörte jemandem, den er kannte – Schmidt Hansen. Der Ort war abgelegen, versteckt im Wald, und bot die perfekte Deckung für das, was sie vorhatten.

„Natürlich“, murmelte Schloemer leise zu sich selbst, während er sich weiter im Schatten bewegte. „Die Datscha... Ein idealer Ort, um etwas so Mächtiges zu verstecken.“

Sein Herzschlag beschleunigte sich leicht, nicht aus Angst, sondern aus Vorfreude. Er wusste, dass er kurz davorstand, die Flasche endlich in seine Hände zu bekommen. Es gab keinen besseren Ort, um zuzuschlagen, als die Abgeschiedenheit der Datscha.

Diese Kinder hatten keine Ahnung, mit wem sie sich anlegten. Sie mochten jetzt die Flasche in Händen halten, aber er würde sie sich holen. Auf seine Art. Raffiniert, im Schatten lauernd. Wie die Macht, die in der Flasche schlummerte. Er konnte es spüren – und mit ihr würde auch die Macht ihm gehören.

Er wusste, dass er vorsichtig sein musste. Schloemer schloss die Augen und atmete tief durch, versuchte, seine Gedanken zu ordnen. Er brauchte einen Plan.

Zunächst würde er den Alten Thaler aufsuchen, ihn sollte er im Auge behalten.

Das Blatt wendet sich

Schloemers zynisches Lächeln begleitete jeden Schritt, und seine kalten Augen blickten mit einem klaren Ziel vor sich: Er musste herausfinden, was Thaler wusste – und ihn weiter unter Druck setzen, bis er brach.

Er konnte sich vorstellen, wie Leo drinnen in seinem düsteren Büro saß, inmitten von Akten und verstaubten Büchern, die Geheimnisse enthielten, die er unbedingt lüften wollte.

Schloemer trat durch die schwere Holztür, ohne sich anzumelden.

Thalers Wächter schienen ihn längst zu fürchten, denn keiner wagte es, ihn aufzuhalten. In den langen, kühlen Gängen hallten seine Schritte leise wider, und sein Herz pochte ruhig und kontrolliert, als er Thalers Büro näherkam.

Drinnen saß Leo Thaler, den Kopf leicht gesenkt, über ein altes Schriftstück gebeugt, als Schloemer ohne Vorwarnung eintrat. Der alte Mann blickte auf, überrascht, aber nicht erschrocken. Schloemers zynisches Lächeln erwiderte den ernsten, fragenden Blick des Alten.

„Schloemer...", sagte Leo mit schwacher Stimme, „was willst du hier?"

„Was ich will?", entgegnete Schloemer leise und trat näher, während er die Hände hinter dem Rücken verschränkte. „Ich will nur wissen, was du über diese Flasche weißt. Du erinnerst dich doch an die Flasche, oder?"

Leo wich dem intensiven Blick aus und schwieg für einen Moment. Schloemer ließ sich in einen Stuhl vor dem alten Thaler sinken, legte die Beine übereinander und beugte sich leicht nach vorne, seine Augen blitzten kalt.

„Du kannst mir alles erzählen, Leo", fuhr er fort, während er das vergilbte Schriftstück auf Leos Schreibtisch betrachtete. „Ich weiß, dass du mehr weißt, als du vorgibst. Und ich werde es herausfinden. Je schneller du mitspielst, desto besser für dich."

Thaler schüttelte leicht den Kopf, spürte den Druck, den Schloemer aufbaute, aber sein Gesicht blieb undurchdringlich. „Du setzt mich seit Jahren unter Druck, Schloemer. Aber was du suchst, sollte nicht in deine Hände geraten."

„Ach, Leo", sagte Schloemer und lehnte sich zurück, sein Lächeln wurde breiter. „Ich glaube an Kontrolle. An Macht." Seine Stimme wurde leiser, bedrohlicher. „Und ich werde bekommen was ich will!"

Leo Thaler saß einen Moment still, während Schloemers Worte wie ein schwerer Schleier auf ihn niedersanken. Der Raum schien enger zu werden, und die kalten Augen des Mannes, der vor ihm saß, bohrten sich in seine Seele. Doch etwas in Thaler begann sich zu regen. Es war nicht mehr die Furcht, die er über Jahre hinweg gespürt hatte, nicht mehr die erdrückende Last der Erpressung, unter der er so lange gelitten hatte. Nein, dieses Mal war es anders. Es war der Hauch von Mut, der sich in ihm formte – ein Funke, der immer heller brannte.

Schloemer erwartete eine Antwort. Sein zynisches Lächeln hing in der Luft, doch Thaler spürte, dass er einen Fehler gemacht hatte. Der Mann glaubte immer noch, er hätte die Kontrolle. Aber

Thaler wusste es jetzt besser. Langsam hob er den Kopf und sah Schloemer in die Augen, fest entschlossen, das Blatt zu wenden.

„Schloemer“, begann Thaler mit ruhiger, aber fester Stimme, „ich glaube, du verstehst die Situation nicht mehr so gut, wie du denkst.“

Ein Hauch von Verwirrung blitzte in Schloemers Augen auf, und das Lächeln auf seinen Lippen wurde schmaler. „Ach ja?“ fragte er herablassend. „Und warum sollte das so sein, Leo?“

„Weil ich Beweise habe“, sagte Thaler, und seine Worte trugen ein neues Gewicht. „Beweise, die deine Erpressung gegen mich bedeutungslos machen. Dinge, die ans Licht gekommen sind. Dinge, die du besser nicht verbergen solltest.“

Schloemers Gesicht versteinerte. „Beweise?“ fragte er, doch seine Stimme war etwas weniger selbstsicher. Er lehnte sich leicht nach vorne, seine Augen verengten sich zu schmalen Schlitzen. „Wovon sprichst du, alter Mann?“

Thaler stand langsam auf, seine Hand ruhte fest auf dem Tisch, und seine Stimme gewann an Stärke. „Ich habe Dokumente entdeckt. Alte Akten, die deine Familie betreffen. Verbindungen zu einer dunklen Vergangenheit, von der du vielleicht hofftest, dass sie für immer begraben bleibt.“ Er griff nach einem Stapel alter Papiere auf seinem Schreibtisch und hielt sie hoch. „Es gibt Verwicklungen, Schloemer. Verwicklungen in Verbrechen, die weit in die Nazizeit zurückreichen. Deine Familie ist tief darin verstrickt – und ich habe den Beweis in Händen.“

Schloemer blinzelte, und für einen kurzen Moment verschwand sein zynisches Lächeln gänzlich. Sein Gesicht wirkte kalt und leer, als er Thalers Worte verarbeitete. Er hatte nicht erwartet, dass der alte Mann so mutig sein würde – geschweige denn, dass er etwas gegen ihn in der Hand hätte. Doch Thaler fuhr unbeirrt fort.

„Du hast mich jahrelang erpresst, Schloemer. Du dachtest, du könntest mich kontrollieren. Aber jetzt, da ich diese Beweise habe, ist es vorbei. Du kannst mir nichts mehr antun. Ganz im Gegenteil – wenn ich diese Papiere veröffentliche, wird es deine Familie sein, die untergeht. Nicht meine.“

Ein Schatten der Unsicherheit schlich sich in Schloemers Blick, und er richtete sich langsam auf. Sein Versuch, seine Dominanz aufrechtzuerhalten, wurde brüchig. „Du... bluffst“, stieß er schließlich hervor, doch seine Stimme klang weniger sicher als zuvor.

Thaler ließ die Papiere auf den Tisch fallen, als wäre es der letzte Zug in einem Schachspiel. „Bluffe ich?“ fragte er kühl. „Du weißt genau, dass ich die Wahrheit sage. Deine Familie wird von diesen Enthüllungen zerstört, und du wirst nichts mehr haben, um mich zu kontrollieren.“

Eine angespannte Stille legte sich über den Raum, und Schloemer spürte zum ersten Mal in all den Jahren die Unsicherheit. Die Karten hatten sich gewendet – und Leo Thaler hielt sie nun in der Hand.

Schloemer starrte Thaler an, und für einen Moment schien die Zeit stillzustehen. Die Worte des alten Mannes hingen wie ein schwerer Nebel im Raum, und Schloemers kaltes, zynisches Lächeln war verschwunden. Sein Gesicht war eine Maske der Unsicherheit, und in seinen Augen blitzte für einen kurzen Moment nackte Angst auf. Thalers Enthüllung hatte ihn aus der Bahn geworfen, und er konnte spüren, wie die Kontrolle, die er jahrelang über diesen Mann gehabt hatte, ihm entglitt.

Dann kam die Wut.

Sein Atem wurde schneller, und sein Gesicht verfärbte sich leicht, während er die Kiefer aufeinanderpresste. Er schritt ein paar

Schritte hin und her, versuchte die Fassung zu bewahren, aber seine Hände zitterten leicht. Die Kälte, die er so meisterhaft ausgestrahlt hatte, wich einer brodelnden Hitze in ihm, und er konnte spüren, wie ihm die Fäden der Situation entglitten. Schloemer hasste es, keine Kontrolle zu haben. Er hasste es, schwach zu wirken. Und in diesem Moment, vor Leo Thaler, fühlte er sich schwächer denn je.

„Das... das wirst du bereuen, Thaler“, zischte er schließlich, doch seine Stimme war nicht so fest, wie er es gewollt hatte. Er spürte die Panik, die sich in ihm ausbreitete, und er wusste, dass er diesen Raum verlassen musste, bevor er vollständig die Nerven verlor.

„Bereuen?“ Thaler blieb ruhig, fast gelassen. „Ich bereue es nicht, endlich die Wahrheit zu kennen. Die Wahrheit über deine Familie.“

Diese Worte trafen Schloemer wie ein Schlag ins Gesicht. Er drehte sich abrupt zu Thaler um, die Augen weit aufgerissen, und für einen Moment schien es, als würde er gleich auf ihn losgehen. Die Wut in seinem Inneren stieg an wie ein heißer Sturm, und seine Hände ballten sich zu Fäusten. Die Nerven lagen blank. Sein zynisches Lächeln war nun ein verkniffener Ausdruck purer Wut und Hilflosigkeit. Doch tief in ihm nagte die Angst – die Angst vor der Wahrheit, die Thaler aufgedeckt hatte.

„Du hast keine Ahnung, womit du dich anlegst“, fauchte Schloemer, seine Stimme bebend vor unterdrücktem Zorn. „Aber das hier ist noch nicht vorbei. Du denkst, du hast die Oberhand, aber...“ Er hielt inne, unfähig, den Satz zu beenden. Seine Wut nahm ihm den klaren Gedanken. Die Kontrolle, die er immer gehabt hatte, war in diesem Moment unrettbar verloren.

Schloemer konnte es nicht ertragen. Die Wut und die Angst tobten in ihm wie ein wilder Sturm, und er wusste, dass er gehen musste, bevor er sich völlig blamierte. Ohne ein weiteres Wort wirbelte er herum und stürmte aus dem Büro, die Tür mit einem lauten Krachen hinter sich zuschlagend.

Er stolperte fast in den dunklen Flur hinaus, seine Gedanken jagten durcheinander, seine Schritte waren unkontrolliert und hektisch. Die Kälte der Fliesen unter seinen Schuhen schien ihn nicht mehr zu beruhigen – er fühlte nur noch die Hitze seiner aufgestauten Wut, die ihn von innen heraus zu verbrennen drohte.

Als er die Eingangstür erreichte und sie mit einem heftigen Ruck aufstieß, stürmte er hinaus in die kühle Nachtluft. Doch die Frische beruhigte ihn nicht. Sie fühlte sich kalt und leer an, genau wie der Gedanke daran, dass er die Kontrolle verloren hatte. Dass er nicht mehr die Oberhand hatte. Er hatte es nicht geschafft, Thaler zu brechen – im Gegenteil: Es war Schloemer, der jetzt gebrochen war.

Mit zitternden Händen fuhr er sich durch das graue Haar und starrte in die Dunkelheit. Die Angst kroch wieder in ihm hoch, doch die Wut war noch nicht abgeklungen. Er musste einen neuen Plan schmieden.

Die kühle Nachtluft biss ihm ins Gesicht. Die Sterne über ihm funkelten still und unbeteiligt, während in seinem Inneren ein Sturm tobte. Sein Atem ging hastig, und seine Gedanken jagten einander, durcheinander wie zerbrochene Puzzleteile, die sich nicht mehr fügen wollten.

Er hatte es nicht geschafft. Thaler hatte sich gewehrt, hatte ihm etwas entgegengesetzt. Und jetzt... jetzt war er es, der verloren war. Ein Gefühl des Versagens breitete sich in ihm aus, schwer wie ein Stein in seiner Brust. Er ballte die Fäuste, seine Nägel bohrten sich tief in seine Handflächen, doch der Schmerz brachte keine Erleichterung.

Dann schoss es ihm plötzlich durch den Kopf wie ein Blitz, der die Dunkelheit durchdrang: „Er braucht Thaler nicht mehr“.

Schloemers Herzschlag stockte, als die Erkenntnis in ihm Gestalt annahm. Thaler war nicht mehr der Schlüssel.

Thaler war jetzt eher eine Bedrohung. Der Mann wusste zu viel. Er hatte etwas gegen ihn in der Hand.

Er konnte Schloemer jederzeit zu Fall bringen, wenn er wollte. Die Macht, die er geglaubt hatte, über ihn zu besitzen, war nichts mehr als eine Illusion, die sich in Luft aufgelöst hatte. Er konnte Thaler nicht länger unter Druck setzen. Aber... das war auch nicht nötig.

Ein kaltes Lächeln stahl sich auf Schloemers Gesicht.

„Die Kinder.“ Die Kinder waren der wahre Weg. Sie waren der Schwachpunkt. Er musste an die Kinder herankommen.

Ein Plan begann sich in seinem Kopf zu formen. Ein dunkler, perfider Plan, der sich in ihm festsetzte wie eine giftige Pflanze, deren Wurzeln sich immer tiefer gruben.

Schloemer wusste nun, was zu tun war. Er würde Thaler auf die Knie zwingen, aber nicht durch Gewalt, nicht durch direkte Bedrohungen. „dann würde er wieder die Oberhand haben.“

Mit einem letzten Blick auf den sternenklaren Himmel drehte er sich um und ging zurück ins Haus. Die Kälte der Nacht folgte ihm, doch in seinem Inneren brannte bereits das Feuer eines neuen Plans.

Die Datscha

Während die Tage nach der ersten Entdeckung der Flasche vergingen, lastete ein unsichtbares Gewicht auf den Gedanken von Ann, Alex und Tom. Jeder von ihnen trug dieselbe stille Frage in sich: War es wirklich klug gewesen, Hansen allein in der Datscha zu lassen – allein mit der Flasche, die sie in den tiefen Katakomben gefunden hatten?

Ann war die Erste, die sich unruhig dabei ertappte, wie ihre Gedanken immer wieder zu Hansen zurückkehrten. Sie spürte es tief in ihrem Bauch – ein leises Ziehen, ein ungutes Gefühl. Während sie lächelnd mit Alex oder Tom sprach, glitten ihre Augen unbewusst ins Leere, als versuche sie die Stille zwischen den Worten zu durchbrechen. Doch sie sprach es nie aus. Es war, als würde das bloße Aussprechen der Sorge das fragile Band des Vertrauens zerschneiden, das sie zu Hansen hielt.

Alex wiederum schob die Gedanken energisch zur Seite. Es war nicht seine Art, an Entscheidungen zu zweifeln, die bereits gefallen waren. Aber in den stillen Momenten, wenn die Schatten länger wurden und der Wind durch die Bäume strich, nagte etwas an ihm. Ein Bild formte sich in seinem Kopf – Hansen allein in der Datscha, die Flasche unter seinem Dach, lauernd und schweigend. *Was, wenn etwas passierte?* Doch wie Ann blieb auch Alex still. Sie alle wollten stark wirken, als könnten sie das Ungreifbare kontrollieren.

Tom, der Jüngste von ihnen, fühlte die Unruhe auf andere Weise. Er spürte es in seinen Fingerspitzen, wenn er nervös kleine Dinge zwischen ihnen drehte. In den Nächten lag er wach, hörte die Geräusche des Hauses und dachte an Hansen. Er mochte ihn – der alte Mann mit seinen Geschichten und seiner geheimnisvollen

Truhe hatte etwas Verlässliches an sich. Wie konnte er seine Sorge aussprechen, ohne dass sie alle ihn belächelten? Also schwieg er.

So gingen die Tage weiter, und jeder von ihnen trug das Schweigen wie eine Last. Sie umkreisten das Thema, ohne es je zu berühren. Es blieb ungesagt, aber allgegenwärtig – wie ein unsichtbarer Riss in der Oberfläche ihrer Zuversicht.

Doch die unausgesprochene Sorge um Hansen, Tom und die Flasche wuchs in den Gedanken von Ann, Alex wie ein Schatten, der nicht weichen wollte. Es war ein stilles Einverständnis, das zwischen ihnen entstand, ein Gefühl, das sich ohne Worte verbreitete.

Und so wurde es, Alex und Ann zu einer unausgesprochenen Gewohnheit, sich nach der Schule in dem kleinen Wäldchen am Rand des Dorfes mit Tom zu treffen. Der Waldweg, der sich durch die Bäume schlängelte, war nun ihr geheimer Pfad, der sie zu Schmidt-Hansens Datscha führte.

Der Wald wurde zu ihrem Zufluchtsort, zu einem Ort, an dem sie freisprechen und ihre Pläne schmieden konnten, ohne Angst vor neugierigen Blicken. Die Blätter raschelten im Wind, die Vögel zwitscherten, und während sie sich durch das dichte Unterholz bewegten, wuchsen ihre Schritte in stiller Einigkeit.

Langsam bekamen sie das Gefühl, dass Hansen-Schmidt, der freundliche Puppenmacher, mehr über die geheimnisvolle Flüssigkeit und die damit verbundene Geschichte wusste, als er bisher preisgegeben hatte.

Die drei Freunde spürten, dass die wahre Gefahr erst noch vor ihnen lag. Aber sie waren entschlossen – gemeinsam würden sie das Geheimnis entschlüsseln und den Puppenmacher schützen, was auch kommen mochte.

Die Datscha, in der der alte Puppenmacher lebte, wirkte wie aus einem Märchenbuch entsprungen. Sie stand versteckt am Rand des Waldes, halb von hohen Tannen umgeben, und hob sich doch mit ihrer einzigartigen Erscheinung deutlich von der Natur ab.

Der erste Blick, der den Besuchern auffiel, war der leuchtend blaue Anstrich der Datscha. Das Holz schien fast zu schimmern, als ob es mit einem Hauch von Magie überzogen worden war. Das Blau wechselte je nach Lichteinfall seine Nuancen – manchmal schien es tief wie die Nacht zu sein, manchmal so hell wie der klare Sommerhimmel. Doch am faszinierendsten war der Dachgiebel: Er schwang sich in einer eleganten Kurve nach oben, als ob das Dach selbst lebendig wäre, ein Wesen, das sich nach dem Himmel streckte.

Das Dach war von einem intensiven Rot, das wie eine Flamme in der grünen Umgebung des Waldes leuchtete. Es war nicht einfach flach oder kantig wie bei gewöhnlichen Häusern – nein, dieser Giebel war in geschwungenen Linien gefertigt, die an die Wellen eines sanften Meeres erinnerten. Die Kanten rollten sich leicht nach außen, wie bei einer alten russischen Kirche oder einem verwunschenen Schloss, das von Geschichten und Legenden umwoben war. Das Dach wirkte lebendig, als ob es selbst Teil eines großen, uralten Geheimnisses war, das nur darauf wartete, entdeckt zu werden.

Die Fensterrahmen der Datscha waren filigran verziert. Weiße Holzschnitzereien umrahmten jedes Fenster, mit kunstvollen Mustern aus Ranken und Blüten, die fast so aussahen, als hätten sie sich von der Natur selbst inspirieren lassen. Über den Fenstern saßen kleine, gebogene Dächer, die dem Ganzen etwas Spielerisches gaben – als würde das Haus den vorbeigehenden Menschen verschmitzt zublinzeln.

Vor dem Haus führte ein schmaler, gepflasterter Weg zu einer alten, mit Moos bewachsenen Veranda, deren Geländer ebenfalls kunstvoll geschnitzt war. Am Rand der Veranda wuchsen wilde Blumen, die in bunten Farben leuchteten, und ein kleiner, von Bäumen umsäumter Garten verstärkte den Eindruck, dass die Datscha ein Teil einer vergessenen, verwunschenen Welt war.

Die Datscha war ein Ort, der Geschichten in sich trug. Ein Ort, an dem man erwartete, dass Feen hinter den Fenstern tanzten oder kleine, magische Wesen in den Schatten des Gartens huschten. Hier schien die Zeit anders zu fließen, langsamer, bedeutsamer, als ob jeder Moment Teil eines uralten Mysteriums wäre, das nur darauf wartete, von den Richtigen entdeckt zu werden.

Und dort, auf der Veranda, saß Schmidt-Hansen oft und schnitzte an einer neuen Puppe, während der Rauch seines kleinen Kamins wie ein stilles Zeichen der Wärme und Ruhe in den Himmel stieg.

„Ihr seid wieder da“, sagte er lächelnd, als die Freunde auf ihn zukamen. Doch in seinen Augen lag eine Spur von Erschöpfung, die sie bisher nicht bemerkt hatten. Er wirkte, als ob er in den letzten Tagen schwerere Gedanken mit sich herumtrug als sonst. Die drei Freunde warfen sich vielsagende Blicke zu. Sie mussten vorsichtig sein – ihn nicht bedrängen, aber auch nicht nachlassen.

Wir wollten sehen, wie es dir geht“, begann Alex zögerlich. „Und... vielleicht noch etwas mehr über das Geheimnis erfahren.“

Schmidt-Hansen hielt einen Moment inne, die Schnitzarbeit in seinen Händen erstarrt. Dann hob er den Kopf und betrachtete

die Kinder mit ernsten Augen. „Ich schätze eure Tapferkeit. Aber manche Geheimnisse..." Er hielt inne, als ob er die richtigen Worte suchte, „... sind schwerer zu tragen, als ihr vielleicht denkt."

Ein Schatten huschte über das Gesicht des alten Mannes. Er nickte langsam, als ob er sich innerlich zu einer Entscheidung durchrang. „Ihr seid mutig", sagte er schließlich, „und vielleicht... vielleicht könnt ihr wirklich helfen."

Die Treffen in der Datscha wurden fortan zu einer Routine, aber jedes Mal war die Spannung in der Luft spürbar. Sie sprachen über die Puppen, über alte Legenden und Geschichten, doch immer wieder kehrten sie zu der geheimnisvollen Flüssigkeit und den damit verbundenen Gefahren zurück. Die Kinder merkten, dass Schmidt-Hansen sie brauchte – nicht nur, um ihn zu beschützen, sondern um das Rätsel, das ihn seit Jahren verfolgte, zu lösen.

Eines Abends, als die Sonne gerade unterging und der Himmel in einem tiefen Orange leuchtete, beugte sich Schmidt-Hansen zu ihnen und flüsterte: „Es gibt mehr, als ihr euch vorstellen könnt. Seid vorsichtig, wem ihr vertraut. Manche Dinge sind nicht das, was sie zu sein scheinen."

Die drei Freunde spürten, als würde die wahre Gefahr erst noch vor ihnen liegen. Aber sie waren entschlossen – gemeinsam würden sie das Geheimnis entschlüsseln und Hansen schützen, was auch kommen mochte.

Die Beobachtung

Schloemers Ungeduld wuchs, er war nicht der Typ, der dem Zufall etwas überließ. Nachdem seine Pläne mit Thaler ins Wanken geraten waren, spürte er, dass etwas Ungewöhnliches im Spiel war – etwas, das er noch nicht vollständig durchschaut hatte. Und so begann er, die drei Freunde heimlich zu beobachten. Er hielt sich im Hintergrund, versteckte sich in den Schatten der Bäume oder mischte sich unauffällig unter die Passanten. Es dauerte nicht lange, bis er ihre täglichen Treffen entdeckte, wie sie regelmäßig den Waldweg zur Datscha des Puppenmachers entlanggingen.

Er folgte ihnen – immer im Verborgenen, ein Raubtier, das auf den perfekten Moment wartete, um zuzuschlagen. Doch bald bemerkte er etwas, das ihn zutiefst irritierte. Anfangs glaubte er, seine Augen würden ihm einen Streich spielen. Einmal, als er Tom im Blick hatte, schien der Junge plötzlich – zu verschwinden.

Es geschah so schnell, dass Schloemer sich fast selbst dafür ausgelacht hätte, es für möglich zu halten. Tom stand auf dem Pfad, und im nächsten Augenblick war er weg. Kein Rascheln, kein Flüstern – einfach verschwunden. Schloemer blieb stehen, sein Atem stockte, und sein Blick suchte hektisch die Umgebung ab. Wie konnte das sein? Doch bevor er seine Gedanken ordnen konnte, tauchte Tom plötzlich ein paar Meter weiter wieder auf, als wäre nichts geschehen. Schloemer spürte ein Schaudern über seinen Rücken kriechen.

In den folgenden Tagen wiederholte sich das Schauspiel immer wieder. Schloemer folgte den Kindern aus sicherer Entfernung, doch immer, wenn Tom in Gefahr geriet, entdeckt zu werden – sei es durch ihn oder durch jemand anderen – verschwand er. Es war, als ob er sich in Luft auflösen würde, um kurz darauf an einem völlig anderen Ort aufzutauchen. Schloemer war schockiert und fasziniert zugleich.

Je länger er die drei beobachtete, desto mehr wurde ihm klar: Dies war keine Illusion, kein Trick des Lichts oder eine List der Augen. Tom Remo besaß eine Gabe. Eine Macht, die jenseits des Normalen lag. Eine Fähigkeit, die ihn unsichtbar machen konnte – nicht nur für Schloemers Augen, sondern für die gesamte Welt. Das war keine gewöhnliche Versteckspielerei. Es war echte, pure Magie.

Schloemer konnte spüren, wie sich seine Gedanken wie Zahnräder ineinander verhakten.

Während Schloemer die drei Freunde weiter heimlich verfolgte, begann sich eine düstere Vermutung in seinem Kopf festzusetzen. Die Unsichtbarkeit, die Tom offenbar beherrschte, war keine zufällige Gabe. Nein, Schloemer war sich sicher, dass dahinter mehr steckte. Mit jedem Mal, wenn Tom aus dem Nichts verschwand und an einem anderen Ort wieder auftauchte, wurde diese Ahnung stärker.

Hatte es etwas mit der Datscha zu tun?

Das Flüstern

Immer mehr erkannten die Freunde, dass Schmidt-Hansen sie brauchte – nicht nur, um ihn zu beschützen, sondern um das Rätsel, das ihn seit Jahren verfolgte, zu lösen. Der alte Puppenmacher, wirkte zunehmend verletzlicher. Seine sonst so scharfen braunen Augen waren von dunklen Schatten umgeben, und die Linien auf seiner Stirn schienen tiefer als je zuvor.

„Ihr wisst es wahrscheinlich nicht, aber ich glaube, ihr seid nicht zufällig hier", sagte Schmidt-Hansen leise, während er die Brille, die er sich in die Haare geschoben hatte, wieder zurechtrückte. „Es gibt Dinge, die selbst ich nicht verstehen kann, Geheimnisse, die nur durch... unkonventionelle Mittel gelöst werden können. Ihr habt diese Mittel."

Ann und Tom tauschten einen besorgten Blick. Hansen Schmidt war normalerweise nicht der Typ, der Hilfe akzeptierte, geschweige denn von Kindern.

Hansen Schmidt hob ein altes, zerknittertes Pergament aus seiner Jackentasche. Darauf waren seltsame Symbole, verworrene Linien und ein merkwürdiger Stern. „Dies ist das Rätsel, das meine Familie seit Generationen verfolgt", erklärte er. „Es ist der Schlüssel zu einem uralten Geheimnis, das Macht über Dinge gibt, die wir nicht verstehen – oder kontrollieren sollten."

Ann trat näher und musterte das Pergament. „Es sieht aus wie ein altes Kochrezept?"

Der Alte sah sie ernst an. „Ihr seid die Einzigen, die das hören können." In diesem Moment begann ein leises Flüstern den Raum zu füllen, kaum wahrnehmbar, wie ein sanfter Windhauch. Doch als die Kinder genauer hinhörten, erkannten sie Worte – eine

Sprache, die sie nie zuvor gehört hatten, aber trotzdem verstanden.

„Das Rätsel kann nur gelöst werden, wenn man die Stimme des Geheimnisses hören kann“, sagte Schmidt-Hansen. „Ich bin taub für diese Stimme. Aber ihr... ihr könnt sie hören, nicht wahr?“

Die Kinder nickten stumm, ihre Herzen schlugen schneller. Das Flüstern, das sie umgab, wurde lauter, eindringlicher – etwas Dunkles, Mächtiges lauerte hinter den Schatten, und sie standen kurz davor, es zu wecken.

„Ihr müsst mir helfen, bevor es zu spät ist“, sagte Schmidt-Hansen eindringlich. „Denn wenn das Rätsel gelöst wird, wird nicht nur mein Schicksal besiegelt, sondern auch eures.“

Die Kinder spürten eine eigentümliche Schwere im Raum, als Schmidt-Hansen sprach. Die Worte des Puppenmachers hallten in ihren Köpfen nach, und das Flüstern schien mit jeder Sekunde lauter zu werden, wie ein unsichtbarer Strom, der sie erfasste und tiefer zog. Ann, Tom und Alex waren verunsichert –

„Was meinst du mit ‚unserem Schicksal‘?“ fragte Alex schließlich und brach das Schweigen. Seine Stimme war angespannt, aber fest. Er wollte die Dinge verstehen, bevor sie zu weit gingen.

Schmidt-Hansen nahm einen tiefen Atemzug und setzte sich schwerfällig auf einen alten Holzstuhl, dessen Beine unter seinem Gewicht knarrten. „Die Flüssigkeit, die ihr in der Flasche gesehen habt… sie ist kein bloßes Elixier. Sie ist ein Relikt, eine Essenz, die seit Jahrzehnten von Generation zu Generation weitergegeben wurde. Niemand hat es gewagt, sie zu nutzen. Bis jetzt.“

Tom zuckte zusammen. „Die Flüssigkeit“… Seine Gedanken rasten zurück zu dem Moment, als sie in der versteckten Kammer der Charité vor dieser geheimnisvollen, schimmernden Substanz standen. Er erinnerte sich an das seltsame Gefühl, das ihn damals überkommen hatte, als er die Flasche betrachtete. Es war, als hätte etwas tief in ihm darauf reagiert.

„Ich habe schon lange vermutet, dass es nicht nur Zufall war, dass ich euch gefunden habe“, fuhr Schmidt-Hansen fort. „Ihr seid mit dieser Flüssigkeit verbunden – besonders du, Tom. Deine Gabe… die Unsichtbarkeit…, sie hat ihren Ursprung in dieser alten Essenz.“

Tom schluckte schwer. „Aber… ich habe die Flüssigkeit nie berührt. Wie kann das sein?“

Der alte Mann schüttelte langsam den Kopf. „Es geht nicht darum, sie zu berühren. Es geht darum, was sie repräsentiert. Die Magie, die in ihr schlummert, ist uralt und mächtig. Sie sucht nach denen, die empfänglich sind, und verbindet sich mit ihnen ob sie es wollen oder nicht.“

Ann schaute zwischen Tom und Schmidt-Hansen hin und her. „Du willst sagen, dass Tom diese Magie durch die Luft aufgenommen hat? Dass sie sich irgendwie in ihn hineingewoben hat?“

Schmidt-Hansen nickte ernst. „Genau das vermute ich. Und deshalb bist du hier, Tom. Nicht nur, weil du mich beschützen sollst, sondern weil die Flüssigkeit in dir lebt. Sie hat dich gewählt.“

Tom spürte, wie ihm ein kalter Schauer über den Rücken lief. Das Gefühl, dass er von dieser unsichtbaren Kraft geführt wurde, machte ihn unruhig. „Und was hat das mit dem Rätsel zu tun?“ fragte er leise.

Schmidt-Hansen hob das Pergament erneut an und zeigte auf die verworrenen Symbole.

„Es gibt drei Rätsel,“ murmelte er mit belegter Stimme, drei Herausforderungen, die uns gestellt werden, um die volle Macht der Flüssigkeit in die richtigen Bahnen zu lenken.“

„Die Flüssigkeit hat das Potenzial, unvorstellbare Macht zu entfalten – doch wenn wir die falschen Entscheidungen treffen... könnte sie das Böse freisetzen, das in ihr schlummert.“

„Was genau müssen wir tun?“ Alex trat unruhig von einem Bein aufs andere, seine Stirn in Sorgenfalten gelegt.

„Die Pergamentrollen geben uns Hinweise,“ antwortete Hansen,

„Diese Rätsel sind der Schlüssel, aber ich konnte sie nicht lösen – ich kann das Flüstern, die Stimmen nicht hören, die ihr vernehmt. Ihr seid die Letzten, die dazu in der Lage sind.“

Alex runzelte die Stirn und trat näher an den alten Mann heran. „Und was passiert, wenn wir die Rätsel lösen? Was wird dann geschehen?“

Der Puppenmacher schwieg einen Moment, bevor er in einem ernsten Ton antwortete. „Das weiß niemand. Vielleicht wird die Magie stärker. Vielleicht wird sie euch verschlingen. Doch eines ist sicher: Wenn wir es nicht versuchen, wird jemand anderes kommen, der sie kontrollieren will. Jemand, der viel gefährlicher ist als ich. Ihr habt schon Bekanntschaft mit Schloemer gemacht.“

Die Kinder nickten ernst. Schloemer war immer noch irgendwo da draußen – ein Mann, der bereit war, alles zu tun, um die Kontrolle zu erlangen. Sie hatten bereits gespürt, wie weit er bereit war zu gehen, um seine Ziele zu erreichen. Das Gefühl der Bedrohung war plötzlich greifbar.

Ann warf einen entschlossenen Blick in die Runde. „Wir haben keine Wahl. Wenn die Rätsel gelöst werden müssen, dann müssen wir es tun. Wir dürfen nicht zulassen, dass diese Macht in die falschen Hände gerät."

Schmidt-Hansen lächelte müde, als er die Entschlossenheit in den Gesichtern der Kinder sah. „Es wird gefährlich. Ihr müsst stark sein – und zusammenhalten. Die Flüssigkeit hat euch alle bereits berührt, ob ihr es wisst oder nicht. Und nun liegt es an euch, das Geheimnis zu bewahren."

Das Flüstern um sie herum wurde lauter, und die Kinder wussten: Das Abenteuer, war nicht nur ein gewöhnliches Rätsel, es war eine Reise in die Tiefen der Magie – und vielleicht auch in die Dunkelheit, die sie nicht mehr ignorieren konnten.

Dann war es wieder still, außergewöhnlich still, selbst die Uhr stellte ihr ticken ein.

Auch das Flüstern war verstummt, und die Rätsel, die vor ihnen lagen, schienen immer dichter und verworrener.

Während Schmidt-Hansen in Gedanken versunken seine Brille zurechtrückte, fiel Ann plötzlich seufzend etwas ein – „Tännchen...", begann Ann, während ihre Gedanken sich sortierten. „Tännchen hat mich vor ein paar Tagen eingeladen. Sie wollte, dass ich eine Torte koste, die sie neu kreiert hat. Ich habe es ihr versprochen, und ich möchte sie nicht enttäuschen, lasst uns gehen, und beraten was zu tun ist.

Schmidt-Hansen legte das Pergament zur Seite und sah Ann mit seinen tiefen, durchdringenden Augen an. „Tännchen, sagst du?" fragte er mit einer leisen Stimme, in der etwas wie Erkennen mitschwang. „Die Haushälterin eurer Familie?"

Ann nickte. „Ja, sie ist schon seit Jahren bei uns, manchmal habe ich das Gefühl, sie wird nicht älter, und ist ein sehr lieber Mensch.

Schmidt-Hansen schüttelte langsam den Kopf, aber ein nachdenkliches Lächeln spielte um seine Lippen. „Tännchen...", wiederholte er den Namen, als würde er tief in seiner Erinnerung graben. „Ich erinnere mich…".

Schmidt-Hansen lehnte sich in seinem Sessel zurück und verschränkte die Hände auf seinem Bauch. „geht nur, aber bleibt auf der Hut.".

Die grüne Torte

In der heimischen Villa saßen Ann, Tom und Alex um den großen Esstisch, der aus dunklem Holz gefertigt war und schon viele Geschichten gehört hatte. Die Atmosphäre war zwar warm, doch die Ereignisse des Tages lasteten schwer auf ihnen. Auf dem Tisch stand eine ungewöhnlich aussehende Torte, die von Tännchen, der dünnen und immer etwas geheimnisvollen Haushälterin, serviert worden war. Es war eine grüne Torte, fast smaragdgrün, mit feinen Zuckerglasurmustern, die wie zarte Ranken auf ihrer Oberfläche lagen. Sie sah verlockend aus,

„Das ist eine spezielle Pistazientorte, meine Lieben", sagte Tännchen in ihrem gewohnten, etwas schrillen Tonfall, während sie stolz die Torte auf den Tisch stellte. Ihre schmalen Hände, die

trotz ihres Alters noch flink waren, glitten über das Messer, das sie griff, um die Torte zu schneiden. Ihre Augen funkelten leicht, als sie jedem der Kinder ein Stück auf den Teller legte. „Genau das Richtige, um euch ein wenig zu beruhigen."

Tännchen verschwand wieder in der Küche, um Tee zu holen, und ließ die Kinder allein. Alex schob seinen Teller hin und her und musterte die grüne Torte skeptisch.

Ann starrte ungläubig auf die grüne Torte vor ihr. Ihr Blick war zuerst abwesend, ihre Gedanken noch bei Schmidt-Hansen und dem geheimnisvollen Rätsel. Doch dann verengten sich ihre Augen plötzlich, als ein Detail ihr ins Auge sprang – ein Ornament, das sich über die glänzende Oberfläche der Torte schlängelte. Es war geschwungen, elegant und komplex, und je länger sie es ansah, desto bekannter kam es ihr vor.

Ihr Herz begann schneller zu schlagen. Ohne es wirklich zu begreifen, ließ sie ihre Hand über die Torte schweben, als ob sie sicherstellen wollte, dass es echt war. Und dann, wie ein Blitzschlag, erkannte sie es. Dieses Muster hatte sie schon einmal gesehen.

„Oh mein Gott…“, flüsterte Ann plötzlich, ihre Stimme kaum mehr als ein Hauch.

Tom und Alex sahen sie verwirrt an, doch Ann konnte ihren Blick nicht von der Torte lösen. „Das Ornament“, sagte sie langsam, ihre Stimme nun lauter. „Das ist dasselbe wie auf der Tür in den Katakomben!“

Alex runzelte die Stirn, und Tom zog die Augenbrauen hoch. „Was meinst du?“ fragte Tom. „Welche Tür?“

Ann atmete tief ein, ihre Gedanken rasten. „Die Tür, die wir in den Katakomben gesehen haben! Erinnerst du dich? Diese alte Holztür, die mit den seltsamen Symbolen... dieses Muster hier auf der Torte ist genau dasselbe!“

Tom und Alex sahen plötzlich starr auf die Torte, als ob sie sie nun mit völlig neuen Augen betrachteten. Die verschnörkelten Ornamente, die zuvor harmlos und dekorativ erschienen waren, hatten plötzlich eine viel tiefere Bedeutung. Die Linien und

Spiralen, die sich über die Oberfläche der Torte zogen, waren nicht nur zufällige Verzierungen – sie waren Teil eines größeren, dunkleren Geheimnisses.

„Das kann nicht sein“, murmelte Alex, während er sich vorlehnte, um das Muster genauer zu betrachten. „Du meinst, Tännchen… wusste davon? Oder hat sie es absichtlich nachgebildet?“

Ann schüttelte den Kopf. „Ich weiß es nicht“, sagte sie leise. „Aber das ist kein Zufall. Dieses Muster hat etwas mit dem Geheimnis zu tun. Vielleicht ist das ein Hinweis – vielleicht führt uns das zu etwas, das wir vorher übersehen haben.“

Tom stand plötzlich auf, als hätte ihn ein Schock durchfahren. „Also ist die Torte nicht nur eine Torte…“ Seine Stimme klang hektisch, als er die Torte anstarrte, als wäre sie ein Relikt aus einer alten, verlorenen Zeit.

„Ja“, sagte Ann. „Sie ist ein Schlüssel. Ein weiterer Teil des Puzzles, das wir noch lösen müssen.“

„Essen, wird unser Problem nicht lösen“, sagte Tom leise, während er auf sein Stück Torte starrte, das wie ein stiller Wächter auf seinem Teller lag. „Aber… wir müssen uns beruhigen.

Alex nickte langsam, nahm aber doch einen kleinen Bissen der Torte. „Das ist wirklich gut“, sagte er, fast überrascht, und für einen Moment blitzte ein Lächeln über sein Gesicht. „Vielleicht brauchen wir doch einen Moment der Ruhe, um klar denken zu können.“

Ann ließ schließlich ebenfalls die Gabel in die Torte sinken und nahm einen Bissen. Die süße, cremige Pistazienfüllung vermischte sich mit der leichten Schärfe der Zuckerglasur und bot einen Moment des Trostes inmitten des Durcheinanders. „Also… was machen wir jetzt?“

„Wir müssen einen Plan haben“, sagte Tom.

Ann rieb sich nachdenklich die Stirn. „Und wir wissen immer noch nicht, was diese Flüssigkeit wirklich ist. Schmidt-Hansen hat uns nur gesagt, dass sie mit Magie verbunden ist, aber was, wenn es noch mehr gibt, was wir nicht verstehen?“

„Er hat gesagt, das Rätsel ist der Schlüssel“, fügte Alex hinzu. „Aber was bedeutet das?“

Tom stützte den Kopf in die Hände und starrte auf die Torte, als würde sie ihm die Antwort verraten. „Das Rätsel… die Symbole auf dem Pergament… es muss mehr dahinterstecken. Und dann das Flüstern. Was, wenn es uns Hinweise geben kann? Was, wenn es uns hilft, das Rätsel zu lösen?“

Ann nickte langsam, während sie in Gedanken versunken war. „Das Flüstern… ich hatte das Gefühl, es versucht, uns etwas zu sagen. Aber wir müssen lernen, es zu verstehen.“

Die Torte, die vor ihnen lag, wurde plötzlich zu einem Symbol ihrer eigenen Ungewissheit. So süß und friedlich wie sie auch wirkte, war sie doch nur ein weiters Rätsel, und was hatte Tännchen damit zu tun?

In diesem Moment trat Tännchen wieder in den Raum, mit einem Tablett voller dampfender Teetassen. „Hier, trinkt das, Kinder. Es wird euch guttun“, sagte sie, während sie jedem eine Tasse hinstellte. Ihre Augen glitzerten vor Freude, den Kindern etwas Gutes zu tun, und verschwand wieder in ihre Küche.

Tännchen

Ann, Tom und Alex saßen um die grüne Torte, während die Erkenntnis langsam sickerte: Tännchen musste mehr über das Geheimnis wissen, als sie ahnten. Ann versuchte die Ereignisse zu ordnen, während sie immer wieder auf die geschwungenen Ornamente der Torte starrte. Diese alte, scheinbar harmlose Haushälterin hatte auf einmal eine ganz neue Bedeutung. Aber was hatte sie mit dem Rätsel zu tun?

„Tännchen...“, flüsterte Ann, „sie ist seit Jahren in unserem Haus. Fast unsichtbar, immer da, aber nie wirklich auffällig.“ Ihre Gedanken überschlugen sich. „Sie wusste immer, was wir vorhaben, ohne dass wir es ihr jemals gesagt hätten. Aber warum hat sie uns zu dieser Torte eingeladen?“

Tom runzelte die Stirn. „Du meinst, sie ist nicht nur eine normale Haushälterin?

Alex lehnte sich zurück und blickte nachdenklich zur Decke. „Vielleicht... ist sie nicht, wer sie vorgibt zu sein“, sagte er leise.

Tännchen war vielleicht nicht nur eine gewöhnliche Haushälterin. In ihrem unscheinbaren Dasein schien sie eine Frau zu sein, die vielleicht über uralte Geheimnisse wachte, von denen die Kinder nur einen winzigen Bruchteil verstanden hatten. Hatte sie sie auf diesen Weg geführt, um sie zu prüfen, oder stand sie selbst unter einem unsichtbaren Druck, das Geheimnis endlich zu offenbaren?

Eines war sicher: Tännchen wusste viel mehr, als sie jemals gezeigt hatte, und die Kinder standen kurz davor, herauszufinden, wie tief dieses Geheimnis wirklich ging.

Der ungewöhnliche, Tom Remo, betrachtete mit seltsamem Lächeln die Reste der grünen Torte. Mit nervösem Lächeln fuhr er sich durch sein zerzaustes Haar, die widerspenstigen Haarbüschel sprangen in alle Richtungen, als ob sie genauso aufgeregt waren wie er. Seine klugen grünen Augen huschten unruhig umher, voller Gedanken, die in seinem Kopf wirbelten.

Immer wieder griff er nach seiner Sonnenbrille, als wollte er sich daran festhalten. Er konnte kaum stillsitzen, während ihm etwas Unfassbares durch den Kopf ging: „Was bin ich eigentlich?"

Sein Atem ging schnell, die Erinnerung an den Moment seiner Entstehung drängte sich in den Vordergrund. Es war während eines heftigen Gewitters gewesen, bei dem Blitze wie Funken durch das Zimmer von Alex gejagt waren. Mitten in diesem Chaos war Tom – der einst nur eine Puppe gewesen war – zum Leben erwacht. Schmidt-Hansen, der alte Puppenmacher, hatte ihn geschaffen, doch Tom wusste, dass es nicht einfach nur Magie war, die ihn lebendig gemacht hatte.

Ein mathematischer Code. Irgendwie hatte dieser Code oder war es eine Formel? während des Sturms die Barriere zwischen dem Leblosen und dem Lebendigen durchbrochen. Tom erinnerte sich an die seltsamen Zahlen und Symbole, die er aufblitzen sah, als er in Alex' Zimmer „landete". Es war, als hätte der Blitz selbst den Code entschlüsselt und ihn mit Leben erfüllt.

Tom raufte sich erneut durchs Haar und schüttelte den Kopf, als ob er die Gedanken abwehren wollte, die ihn übermannten. „Bin ich nur eine Puppe? Oder etwas mehr?" Die Ungewissheit ließ seine Aufregung nur noch weiter anschwellen.

Er sah zu Alex hinüber, der nichts von diesen inneren Kämpfen ahnte.

„Wir brauchen einen Plan", sagte Tom.

Ann rieb sich nachdenklich die Stirn. „Und wir wissen immer noch nicht, was sich genau in dieser Flasche befindet. Schmidt-Hansen hat uns nur gesagt, dass sie mit Magie verbunden ist, aber was, wenn es noch mehr gibt, was wir nicht verstehen?"

„Er hat gesagt, die Rätsel sind der Schlüssel", fügte Alex hinzu. „Aber was bedeutet das?"

Tom stützte den Kopf in die Hände und starrte auf die letzten Tortenstückchen, als würden sie ihm die Antwort verraten. „Die Rätsel… die Symbole auf dem Pergament… auf der Holztüre…es muss mehr dahinterstecken. Und dann das Flüstern. Was, wenn es uns Hinweise geben kann? Was, wenn es uns hilft, das Rätsel zu lösen?"

Ann nickte langsam, während sie in Gedanken versunken war.

„Wir können das nicht alleine tun", sagte Alex plötzlich. „Wir brauchen mehr Informationen, mehr Wissen über die Flasche. Und ich glaube, Schmidt-Hansen weiß auch mehr, als er uns erzählt hat."

Tom nickte. „Wir sollten zu ihm zurückgehen. Vielleicht… können wir die Rätsel mit ihm zusammen lösen.

Ann schob ihren Teller beiseite und schaute die beiden ernst an. „Aber zuerst müssen wir herausfinden, was Tännchen weiß?"

Tännchen stand still an der alten Holztür und lauschte. Ihre schmalen Finger, von den Jahren der Arbeit gezeichnet, umklammerten den Türrahmen, während sie die Stimmen der Kinder im Raum dahinter hörte. Ihr Herz klopfte unruhig in ihrer Brust. Sie spürte den inneren Kampf in sich toben – sollte sie hineingehen und ihnen die Wahrheit sagen? Die Wahrheit, die sie so lange verborgen gehalten hatte?

Sie holte tief Luft und starrte auf den dunklen Boden unter ihren Füßen. Ihre Großmutter hatte ihr einst erzählt, dass manche Geheimnisse schwerer wogen als andere. Und dieses, dass sie seit Jahren mit sich trug, war eines der schwersten.

Tännchen war nicht immer die unscheinbare Haushälterin gewesen, die sie den Kindern vorgab zu sein. Ihre Vergangenheit war tief mit einem alten Geheimnis verwoben, das nur wenige kannten. „Das Geheimnis der Flasche“, dachte sie mit einem Schauder. Das seltsame Elixier, dessen Ursprung weit zurück in die Zarenzeit reichte.

Mit einer letzten, leisen Bewegung öffnete sie die Tür und trat in den Raum. Die Kinder verstummten und sahen überrascht auf, als Tännchen, die immer so still und zurückhaltend gewesen war, sich plötzlich entschlossen in den Raum stellte.

„Es gibt Dinge, die ihr wissen müsst,“ sagte sie leise und setzte sich auf den Stuhl am Kamin. Ihre sonst so scharfen Augen schienen in die Vergangenheit zu blicken, und die Falten um ihren Mund vertieften sich. „Ich habe euch lange beobachtet. Aber nicht aus Neugier oder Misstrauen – sondern, weil ich euch beschützen wollte.“

Ann, Tom und Alex tauschten einen fragenden Blick, sagten jedoch nichts, während Tännchen weitersprach. „Meine Großmutter", begann sie, „war nicht irgendjemand. Sie war eine enge Vertraute der russischen Zarin Alexandra Fjodorowna.

Diese barg ein Geheimnis. Ein Elixier, das seltsam glitzerte und eine Macht hatte, die über das hinausging, was wir verstehen können."

„Die geheimnisvolle Flüssigkeit?" fragte Alex mit weit aufgerissenen Augen. „Davon hat uns auch Schmidt Hansen erzählt."

Tännchen nickte langsam. „Ja. Diese Flüssigkeit, die euch heute so neugierig macht, hat ihren Ursprung in jener Zeit. Meine Großmutter erzählte mir, dass die Zarin das Elixier für besondere Menschen aufbewahrte – Menschen, die es wagten, das Unmögliche zu suchen. Und sie vertraute meiner Großmutter das Geheimnis an, das Wissen darum zu bewahren, sollte je die Zeit kommen, in der es erneut gebraucht würde."

Die Kinder hielten den Atem an, während Tännchen fortfuhr: „Ich wuchs mit diesem Wissen auf, ohne zu verstehen, wie mächtig es wirklich war. Bis ich auf Schmidt-Hansen traf. Er war anders als die meisten Menschen, die ich gekannt hatte. Ein Sucher, getrieben von Rätseln, Geheimnissen und einer tiefen Neugier. Er wusste von dem Elixier."

„Also kennst du Hansen-Schmidt schon lange?“ fragte Tom.

Tännchen nickte. „Sehr lange. Wir waren Freunde – sind es noch. Er hat viel auf sich genommen, um das Rätsel zu lösen, und ich habe ihm geholfen, so gut ich konnte. Doch je näher wir dem Geheimnis kamen, desto größer wurde die Gefahr.“

Sie sah die Kinder an, ihre Augen ernster als je zuvor. „Deshalb habe ich euch immer im Auge behalten. Ihr seid in dieses Netz der Geheimnisse geraten, ohne es zu wissen. Und jetzt habt ihr vielleicht mehr Macht über das Schicksal, als euch lieb ist.“

Die Kinder saßen regungslos, als Tännchen ihre Geschichte zu Ende erzählte. Sie fühlten, dass sich etwas Großes und Unbekanntes vor ihnen auftat – eine Verbindung zwischen der Zarenzeit, dem Puppenmacher und der geheimnisvollen Flüssigkeit, die sich über Jahrhunderte erstreckte.

Tännchen sah Alex mit einem wissenden Blick an. „Vertraut auf euer Bauchgefühl, Alex. Ihr werdet spüren, wer auf eurer Seite ist – und wer nicht. Aber bedenkt: Nicht jeder, der euch freundlich erscheint, ist ein Freund. Und nicht jeder, der euch misstrauisch macht, ist euer Feind.“

Sie stand langsam auf und trat ans Fenster, wo das Mondlicht die zerbrechlichen Muster auf der Torte widerspiegelte, die auf dem Tisch stand. „Wenn ihr zusammenhaltet, werdet ihr Antworten finden. Antworten, die vielleicht sogar das Schicksal von Schmidt-Hansen und meiner Familie besiegeln können.“

Dann drehte sie sich wieder zu den Kindern um. „Und noch eines: Ihr müsst schnell handeln. Die Rätsel werden sich nicht von selbst lösen. Und die Zeit, die uns bleibt, ist kürzer, als ihr denkt.“

Tännchen sah die Kinder lange an, bevor sie leise weitersprach. Ihre Stimme war weich, doch von einer Dringlichkeit durchdrungen, die den Kindern einen kalten Schauer über den Rücken jagte. „Hört gut zu, was ich euch jetzt sage," begann sie. „Ihr habt einen Weg betreten, der voller Geheimnisse und Gefahren ist. Und es gibt keine Möglichkeit, umzukehren, ohne die Wahrheit zu erkennen."

Sie lehnte sich vor, ihre schmalen Hände auf den Knien ruhend, während sie die Kinder einzeln ansah. „Es gibt drei Dinge, die ihr stets im Kopf behalten müsst, wenn ihr das Rätsel lösen wollt – und wenn ihr euch selbst schützen wollt."

„Erstens," sagte sie mit Nachdruck, „vertraut einander. Nur gemeinsam könnt ihr dieses Geheimnis lüften. Es gibt Mächte, die versuchen werden, euch zu trennen, euch gegeneinander auszuspielen. Aber ihr müsst stark bleiben. Sobald einer von euch schwankt, verliert ihr alle."

Die Kinder nickten, fasziniert von der Intensität ihrer Worte.

„Zweitens," fuhr sie fort, „habt keine Angst vor dem, was ihr nicht versteht. Diese Welt ist voller Dinge, die wir nicht begreifen können – und oft reagieren wir mit Furcht. Doch die Furcht wird euch nur hindern. Ihr müsst lernen, mit den Unbekannten umzugehen, ohne euch von der Dunkelheit vereinnahmen zu lassen."

Ann runzelte die Stirn. „Aber wie sollen wir keine Angst haben? Das alles ist so... überwältigend."

Tännchen lächelte sanft, beinahe traurig. „Angst zu haben ist normal, Ann. Aber sie darf euch nicht kontrollieren. Nutzt sie als Antrieb, weiterzumachen, statt zu fliehen."

Dann verstummte sie kurz, als ob sie ihre nächsten Worte sorgfältig wählte. „Drittens," sagte sie schließlich, „lasst euch nicht täuschen. Das Geheimnis, das ihr zu entschlüsseln versucht, birgt auch eine Gefahr, die nicht nur in der Flasche oder in den Symbolen liegt. Es gibt Menschen – Wesen –, die von der Macht dieser alten Geheimnisse angezogen werden. Sie werden versuchen, euch in die Irre zu führen, euch zu verführen oder euch glauben zu lassen, dass das, was ihr sucht, sicher sei."

Tännchens Augen verengten sich. „Die Flüssigkeit... sie ist kein einfacher Schlüssel. Sie ist ein Teil von etwas Größerem, und Schmidt-Hansen und ich haben nicht alles darüber verstanden. Aber ihr werdet auf Dinge stoßen, die so verlockend erscheinen, dass ihr euch fragt, ob ihr sie nutzen solltet. Tut das nicht, bevor ihr wisst, was wirklich dahintersteckt."

Tom, Alex und Ann saßen still, das Gewicht von Tännchens Worten lag schwer auf ihren Schultern.

„Was sollen wir dann tun?" fragte Alex schließlich leise. „Wie finden wir heraus, wem wir vertrauen können?"

Tännchen trat näher an Alex heran, ihre Augen dunkel und ernst. „Alex," sagte sie leise, fast flüsternd, „es gibt noch etwas, das du wissen musst. Etwas, das euch allen eine Warnung sein sollte." Sie hielt einen Moment inne, als ob die Worte schwer über ihre Lippen kämen. Dann atmete sie tief durch und sprach weiter: „Schloemer – ist euer größter Feind."

„Wie... wie meinst du das?"

Tännchen setzte sich und blickte Alex tief in die Augen. „Schloemer hat ein Netz aus Lügen und Intrigen gesponnen. Ich habe es selbst beobachtet. Er hat deinen Vater, Leo Thaler, erpresst. Ich weiß nicht genau, womit. Er nutzte deinen Vater, um an die Flasche zu gelangen.!"

Alex fühlte, wie ihm das Blut in den Ohren rauschte.

Tännchen presste ihre Lippen zusammen und sprach mit harter Stimme weiter: „Schloemer verfolgt euch schon eine ganze Weile. Ich habe ihn gesehen, Alex. Jedes Mal, wenn ihr euch auf den Weg zu Schmidt-Hansen gemacht habt, war er in der Nähe. Er hat euch beobachtet, ist euch gefolgt.

Schloemer ist sehr gut darin, sich im Schatten zu verbergen, er ist clever und skrupellos. Euer Vater war in seiner Falle gefangen. Und Schloemer weiß jetzt, dass ihr Kinder die Schlüssel zu etwas seid, das er verzweifelt will."

Alex fühlte, wie sein Magen sich zusammenzog. Sein Vater? In den Händen dieses Mannes? „Was will er?" fragte Alex schließlich, seine Stimme klang rau.

Tännchen schüttelte den Kopf. „Er will Macht, Alex. Die Flasche, die Symbole – sie sind Teil eines größeren Plans, den Schloemer seit Jahren verfolgt. Er glaubt nun, dass ihr der Schlüssel seid, um diese Macht zu entfesseln. Deshalb folgt er euch, deshalb beobachtet er jeden eurer Schritte. Er weiß, dass ihr dabei seid, das Rätsel zu lösen."

Tom, der bis dahin still geblieben war, trat einen Schritt nach vorn. „Und was ist mit Hansen Schmidt? Ist er in Gefahr?"

Tännchen nickte ernst. „Ja. Schloemer glaubt, dass Schmidt-Hansen das Geheimnis der Flüssigkeit kennt. Er wird nicht zögern, ihn zu verletzen oder schlimmeres, wenn er glaubt, dadurch an die Informationen zu kommen, die er will."

Alex stand auf und raufte sich verzweifelt durch sein zerzaustes Haar. Alles fühlte sich plötzlich viel komplizierter an, als er es sich je hätte vorstellen können. „Also was sollen wir tun?" fragte er, seine Augen voller Unruhe.

Tännchen legte ihm eine Hand auf die Schulter. „Ihr müsst vorsichtig sein. Schloemer darf nicht wissen, dass ihr von seinen Plänen wisst. Aber ihr müsst stärker und klüger sein als er. Ihr müsst weiter nach den Antworten suchen – nur gemeinsam könnt ihr das Rätsel lösen.“

Tännchens Blick wurde sanft, doch in ihren Augen flackerte ein Funken Entschlossenheit. „Ihr seid stärker, als ihr glaubt. Und ihr habt Euch – Freunde, die bereit sind, sich untereinander zu helfen. Vertraut einander. Und vertraut auf eure Fähigkeiten. Nur so könnt ihr Schloemer aufhalten und das Geheimnis entschlüsseln, bevor er es tut.“

Ihre hageren Hände hielten eine alte Pergamentrolle fest, die sie langsam aus den Falten ihrer Schürze zog. Die drei Kinder, Ann, Tom und Alex, sahen sie neugierig an, ihre Augen voller Fragen.

"Diese Rolle", ist nur eine von 3, begann Tännchen mit leiser, fast ehrfürchtiger Stimme, "gehört nun euch, wenn ihr sie lesen könnt, wisst ihr mehr." Sie reichte ihnen die Pergamentrolle, ihre Hände zitterten leicht. Das Pergament fühlte sich kühl und leicht rau an, als Tom es ergriff. Er rollte es vorsichtig auf, und darunter kamen mystische Zeichen zum Vorschein, die in dunkler Tinte auf das vergilbte Papier gemalt waren.

"Nur wer die Wahrheit kennt, wird die verborgene Macht finden, die sich in diesen Zeichen versteckt. Ihr müsst es lösen, bevor Schloemer euch zuvorkommt."

Ann, Tom und Alex starrten auf die alten, geheimnisvollen Buchstaben.

Ein sanftes Rascheln schien aus der Rolle zu kommen, als ob die Worte aus einer längst vergangenen Zeit zu ihnen sprachen.

Tännchen seufzte schwer, als die Kinder das Pergament betrachteten. Ihre Augen wanderten nervös zur Tür, als würde sie befürchten, jemand könnte zuhören. „Die 2. Rolle, sagte sie leise, ihre Stimme kaum mehr als ein Flüstern, Hansen Schmidt... er besitzt sie“, fuhr Tännchen fort, ihre Augen blitzten kurz auf. „Diese zweite Pergamentrolle ist genauso alt wie diese hier.

Tom, Ann und Alex schauten sich fragend an. „Was steht auf der zweiten Rolle?“ fragte Ann neugierig.

Tännchen schüttelte den Kopf. „Ich weiß es nicht“, gestand sie. „Hansen und ich konnten auch dieses Rätsel nicht entziffern. Ich weiß nur, dass die beiden Rollen miteinander verbunden sind. Doch wie sie zur Lösung des Geheimnisses führen... das bleibt ein Rätsel, es könnte etwas so Mächtiges sein, dass es besser ist, wenn es niemals gelöst wird.“ Hörte man sie flüstern.

Ein nervöser Schauder durchlief die Kinder, während Tännchen weitersprach: „Ihr müsst vorsichtig sein. Hansen Schmidt ist mein Freund, aber selbst er weiß nicht, wie gefährlich diese Geheimnisse sind.

„Vielleicht“, hörte man Alex, der seine Stirn in tiefen Falten legte, „liegt der Schlüssel nicht in den Rätseln selbst, sondern in dem, was sie symbolisieren.

Tännchen nickte ernst. Es ist eine Prüfung. Eine Prüfung des Herzens.“

Doch was, wenn die Lösung das Unheil nur beschleunigte?

„Wie kamen denn die Pergamentrollen in deine Hände?“ Hörte man Ann fragen.

„Ich sehe, ihr solltet noch den Rest erfahren.

Tännchen holte erneut tief Luft. „Meine Großmutter kannte die Zarin persönlich," begann sie mit leiser Stimme, als würde sie ein altes Familiengeheimnis preisgeben.

„Die Zarin Alexandra Fjodorowna war eine Frau von komplexem Charakter, geprägt von tiefen Emotionen und starker Überzeugung. Ihre äußere Erscheinung war oft von kühler Zurückhaltung und Würde geprägt, doch hinter dieser Fassade verbarg sich ein leidenschaftliches und tief spirituelles Wesen. Sie war hochsensibel, neigte zu Melancholie und zog sich oft in ihre inneren Welten zurück, wo sie nach Trost und Antworten suchte.

Trotz ihrer königlichen Position und dem Reichtum, der sie umgab, fühlte sich Alexandra oft isoliert und unverstanden. Ihre tiefe Frömmigkeit und der Glaube an das Übernatürliche trieben sie dazu, nach spiritueller Führung zu suchen, was sie schließlich zu Vera führte."

Vera

Tännchens Gesicht entspannte sich: "Alles was ich euch erzähle, habe ich von meiner Großmutter erfahren!

Vera lebte in den verschneiten Wäldern Russlands eine einsame Kräuterfrau, die für ihre ungewöhnlichen Fähigkeiten bekannt war. Unter den Bewohnern der umliegenden Dörfer wurde sie gefürchtet und gemieden, aber für die Zarin Alexandra, die in dem nahegelegenen Palast residierte, war Vera eine enge Vertraute und Freundin.

Vera hatte eine besondere Gabe für die Herstellung von Tränken und Elixieren, die über das normale Verständnis hinausgingen. Eines Tages, als die Zarin sie besuchte, offenbarte Vera ihr eine neue Entdeckung - eine geheimnisvolle Substanz, die sie in ihrem düsteren Hexenkessel nach einem Rezept eines befreundeten Alchemisten gebraut hatte. Diese Substanz versprach, demjenigen, der sie trank, eine unglaubliche Hellhörigkeit zu verleihen, die es ihm ermöglichen würde, durch Wände zu hören und die Gedanken anderer Menschen zu verstehen.

Die Zarin, fasziniert von dieser Idee, bat Vera, ihr diesen Trank zu geben. Doch Vera zögerte. Sie war sich der Gefahren bewusst, die mit einer solchen Gabe einhergehen könnten, und war besorgt über die möglichen Konsequenzen. Dennoch konnte sie der Zarin, ihrer Freundin, keinen Wunsch abschlagen.

Mit zitternden Händen reichte Vera der Zarin einen Kristallbecher, gefüllt mit der geheimnisvollen Substanz:" Wenn du achtsam damit umgehst, wird dieser Becher niemals leer!"

Die Zarin nahm einen kleinen Schluck und spürte sofort, wie sich eine Welle ungewohnter Empfindungen durch ihren Körper ausbreitete. Ihre Sinne wurden scharf wie nie zuvor, und sie spürte, wie eine neue Dimension der Wahrnehmung sich ihr öffnete.

In den folgenden Tagen experimentierte die Zarin mit ihrer neuen Fähigkeit, durch Wände zu hören und die Gedanken anderer zu erfassen. Sie lauschte den geheimen Gesprächen im Palast, hörte das Flüstern der Dienstboten und verstand selbst die stillsten Gedanken ihrer Berater.

Doch bald wurde die Zarin von der Last ihrer neu gewonnenen Fähigkeit überwältigt, und seltsam müde. Sie erkannte, dass das Eindringen in die Privatsphäre anderer Menschen ein Akt der Verletzung war, und fühlte sich seltsam verantwortlich für all die Sorgen und Gedanken die sie wahrgenommen hatte.

Die Zarin, zeigte nun deutliche Zeichen des Verfalls. Ihr einst glänzendes, tiefschwarzes Haar, das sich wie ein kostbarer Schleier über ihre Schultern ergossen hatte, war stumpf geworden, durchzogen von silbernen Strähnen, die in der Dämmerung wie Geisterschleier wirkten. Ihr Gesicht, einst von königlicher Schönheit und von unzähligen Porträts verewigt, war nun blass und eingefallen, die Haut fahl wie Porzellan, durchzogen von feinen, bläulichen Adern. Dunkle Schatten lagen unter ihren Augen, die einst voller Leben und Intelligenz geglänzt hatten, doch jetzt trüb und leer wirkten.

Ihre einst stolze Haltung war verschwunden, ihre Schultern hingen herab, und ihr Blick war leer, als wäre sie in eine andere Welt entrückt. Sie sprach kaum noch, und wenn sie es tat, war ihre Stimme ein heiseres Flüstern, kaum mehr als ein Hauch von dem, was sie einmal gewesen war. Es war, als hätte die Krankheit nicht nur ihren Körper, sondern auch ihre Seele ergriffen, und das einstige Feuer, das sie durchdrungen hatte, war nur noch eine schwache Glut.

Das Glitzern von Macht und Weisheit, dass sie einst ausstrahlte, war verschwunden. Nun schien sie eine leere Hülle zu sein, eine Königin, die von einem dunklen Geheimnis gezeichnet war, das sie ausgehöhlt hatte. Wie konnte es dazu kommen? Sie erinnerte sich an die Warnung, die Vera einst ausgesprochen hatte, die Tinktur nur wenige Male zu benutzen, nur dann, wenn sie glaubt in einer Notlage zu ein.

Die Zarin wusste, dass nur Vera ihr helfen konnte, die eine Antwort kannte – die einzige Person, die vielleicht noch die Macht hatte, das Schicksal zu wenden. So rief sie verzweifelt nach Vera!

Als die Zarin nach Tagen des Wartens in ihrem Palast endlich von Veras Ankunft erfuhr, durchfuhr sie ein seltsames Gefühl der Erleichterung, aber auch tiefer Furcht. Die alte Kräuterfrau, gebückt von der Last der Jahre, betrat das Gemach mit ihrem üblichen geheimnisvollen Schweigen. Ihr langer, dunkler Umhang war mit silbernen Fäden durchzogen, die wie schimmernde Spinnweben wirkten, und in ihren knochigen Händen hielt sie alte Pergamentrollen, sorgfältig verschnürt.

Vera blieb in einem respektvollen Abstand stehen, doch ihre scharfen, durchdringenden Augen nahmen jeden Atemzug der Zarin wahr. Ohne ein Wort überreichte sie drei Pergamentrollen, und legte eine vierte leicht rötlich gefärbte in ihre Hände: Diese beschreibt was du zu tun hast!"

Als die Zarin das Band dieser Rolle löste, schien der Raum plötzlich von einer unsichtbaren Schwere erfüllt.

„Lese langsam und sorgfältig, Zarin," sagte Vera mit ihrer heiseren, aber unendlich weisen Stimme. „Diese Schriften enthalten alte Wahrheiten, die von Generation zu Generation weitergegeben wurden. Sie werden dir helfen, den Fluch der Flüssigkeit zu verstehen – und ihn zu brechen."

Die Zarin, die kaum noch die Kraft hatte, das Pergament zu entfalten, blickte Vera mit verzweifelten Augen an. „Was soll ich tun, Vera? Dieses Elixier… zehrt an mir, es nimmt mir das Leben."

Vera nickte, als hätte sie es längst gewusst. „Die Flüssigkeit, die dir einst Stärke geben sollte, ist ein zweischneidiges Schwert. Sie hat ihre Macht aus den Tiefen uralter Magie, die nicht für sterbliche Hände gedacht ist." Sie nahm die Flüssigkeit aus dem Schoß der Zarin und hob sie ins Licht. „Du musst sie versiegeln, Zarin. Schütze sie vor jenen, die ihre dunkle Kraft missbrauchen würden. Nur dann wird dein Körper wieder genesen."

Vera deutete auf die Pergamentrollen in den Händen der Zarin. „Auf der ersten Rolle findest du das Ritual, um die Flüssigkeit zu versiegeln. Es ist nicht leicht, und du wirst jemanden brauchen, der dir dabei hilft – jemanden, der rein im Herzen ist."

Die Zarin begann zu zittern, während sie die alte Schrift betrachtete, aber Vera legte eine beruhigende Hand auf ihre Schulter. „Auf der zweiten Rolle ist der Ort beschrieben, an dem du die Flüssigkeit verstecken musst. Es ist ein geheimer Ort, fern von den neugierigen Augen der Welt. nur du wirst ihn kennen."

Die Zarin nickte langsam. Die Anweisungen klangen klar, aber die Dunkelheit in ihrem Herzen war noch nicht verflogen. „Und die dritte Rolle?" fragte sie mit schwacher Stimme.

Ein geheimnisvolles Lächeln umspielte Veras Lippen. „Die dritte Rolle enthält den letzten Schritt deines Heilungsprozesses. Wenn du die Flüssigkeit versiegelt und an den sicheren Ort gebracht hast, sollst du einen Ring an deinem Finger tragen." Sie hob 3 Ringe hervor, die sie aus einer tiefen Tasche ihres Gewandes zog. Es goldmetallene Ringe, doch die Edelsteine in der Mitte schimmerten in unergründlichen Farben.

„Einer dieser Edelsteine", erklärte Vera, „hat die Kraft, den letzten Fluch, der auf dir liegt, zu brechen. Trage ihn an deinem Finger, nachdem du das Ritual vollzogen hast, und du wirst deine alte Stärke zurückgewinnen. Aber sei gewarnt: Der Stein funktioniert nur, wenn du die Flüssigkeit sicher versiegelt und versteckt hast."

Alexandras Augen glitzerten in Erwartung. „Und danach… werde ich wieder gesund sein?"

Vera nickte langsam, aber ernst. „Du wirst genesen, doch die Flüssigkeit darf niemals wieder ans Licht kommen. Ihre Macht ist zu gefährlich. Vertraue niemandem außer dir selbst."

Mit einem letzten Blick auf die alte Frau spürte die Zarin, dass ihr Schicksal nun vollständig in ihren Händen lag. Sie wusste, dass sie den Anweisungen Veras folgen musste, denn nur so konnte sie sich von der unsichtbaren Last befreien.

Als die Zarin Alexandra Fjodorowna das alte Pergament nun vollends entrollte, bemerkte sie sofort die seltsam schimmernden

Schriftzeichen, die wie lebendig über das Papier tanzten. Ihre Augen wanderten über die Zeilen, und je weiter sie las, desto mehr ergriff sie ein Gefühl der Beklommenheit. Die Worte, so klar und präzise, enthüllten eine Aufgabe, die weit über das hinausging, was sie sich jemals vorgestellt hatte.

"Ein Exponat von **besonderer Natur**," stand dort.

Ein Exponat... Das bedeutete, dass sie etwas Totes – für die Flüssigkeit finden musste. Ein Schauer lief ihr über den Rücken. Ihre Finger zitterten. Sie würde ihren Leibarzt einschalten.

Aber wie sollte sie ihm diese mysteriöse Aufgabe erklären, ohne den wahren Grund zu enthüllen?

Ein kalter Schweiß brach ihr aus. Sie wusste, dass der Arzt loyal war, doch dies? Dies war keine einfache medizinische Angelegenheit. Es ging um Kräfte, die jenseits des Verstandes lagen – und um ein Geheimnis, das unter allen Umständen bewahrt werden musste. Sie presste das Pergament an ihre Brust und schloss für einen Moment die Augen. Sie musste stark bleiben. Aber der Weg vor ihr war gefährlich – und sie spürte, wie schwer es werden würde, den Plan zu erfüllen, und dass sie genau diese Anweisungen befolgen musste, um das drohende Unheil abzuwenden.

„Ein Exponat von besonderer Natur! Nur so kann die unheilvolle Kraft gebändigt werden“!

Ihre Kräfte waren fast aufgebraucht,

Sie rief ihren treuen Leibarzt, einen älteren Mann mit schneeweißem Haar und scharfen, wissenden Augen.

Die Zarin setzte sich schwerfällig in ihren Sessel und sah ihm mit einem ernsten Blick entgegen. „Ich benötige Eure Hilfe“, begann sie leise, doch ihre Stimme hatte den entschlossenen Unterton einer Kaiserin. „Ich brauche von Euch ein Exponat, etwas Einzigartiges und Wertvolles.“

Der treue Mann blickte sie skeptisch an, aber er kannte die Zarin gut genug, um zu wissen, dass sie nichts Unbedachtes tun würde. „Ihr fordert also von mir, ein besonderes Objekt zu beschaffen?“

Die Zarin nickte schwach. „Ja, ich verlange von Euch Vertrauen. Ich kann Euch nicht alles erklären, aber glaubt mir, es ist von größter Wichtigkeit.“

Der Leibarzt dachte einen Moment nach, dann neigte er den Kopf und sprach: „Sehr wohl, Eure Majestät. Ich werde Eurem Wunsch folgen und das Exponat beschaffen. Doch ich hoffe, dass Ihr mir eines Tages die Wahrheit darüber verratet.“

Die Zarin lächelte erschöpft, dankbar, dass er ihrem Wunsch nachkommen würde. Doch in ihrem Inneren tobte ein Sturm, denn sie wusste, dass sie nicht viel Zeit hatte.

Tännchens Stimme wurde immer dünner, aber sie fuhr fort:

“Ihre Helferin, war meine Großmutter!

Mit äußerster Vorsicht ging sie vor, versiegelte alles in einer eigens dafür hergestellten Kristallphiole, geschützt mit einer Kette aus schweren, dunklen antiken Metallgliedern gefertigt und wurde kunstvoll um den Hals der Flasche gewickelt und mit drei detailliert gearbeiteten Zahlenschlössern gesichert.

Die Zahlenschlösser sind in aufwendiger filigraner Metallarbeit gestaltet, mit Verzierungen und mystischen Mustern.

Jedes der drei Schlösser trägt eine drehbare Ziffernleiste, die wie eine Kombination aus altertümlichem Code und moderner Technik wirkt. Die Ziffernrollen sind in das Metallgehäuse integriert, das mit aufwendigen Gravuren von Symbolen versehen ist.

Die Schlösser wirken stark und unzerbrechlich, als wären sie die letzte Barriere vor dem Geheimnis, das sich in der Flasche befindet. Es scheint, als könnte nur die richtige Zahlenkombination die Kette lösen und den Inhalt freigeben, der ein sorgfältig konserviertes Gehirn in einer klaren Flüssigkeit zeigt. Die Schlösser und die Kette scheinen darauf hinzudeuten, dass der Inhalt etwas höchst Wertvolles oder Gefährliches ist, das mit äußerster Vorsicht behandelt werden muss.

Die wahre Identität des rätselhaften Exponats in der Flasche war ein Geheimnis, das nur eine einzige Person außerhalb der Zarin noch kannte: meine Großmutter," flüsterte Tännchen

„Nie sprach sie die ganze Wahrheit aus, sondern nur, dass „dieses Exponat ein Fluch und ein Segen zugleich" sei, ich wagte es nicht, Fragen zu stellen. Das Erbe der Verschwiegenheit lag nun auch auf meinen Schultern, und die Schatten der Vergangenheit schienen mit jeder neuen Entdeckung dunkler zu werden.

Die Zarin, deren Gesicht, von Sorge gezeichnet war seufzte tief, nun war es vollbracht. Die Flasche stand vor ihr und sie rief ihren treuen Leibarzt in ihre Gemächer. Das flackernde Licht der Kerzen verlieh dem Raum eine fast unheimliche Atmosphäre, als sie ihm die mit den drei Zahlenschlössern versiegelte Flasche überreichte. Ihr Blick war eindringlich, ihre Stimme fest, aber von einer tiefen Dringlichkeit durchzogen.

„mein lieber Freund," begann sie, „Sie sind der Einzige, dem ich diese Flasche anvertrauen kann. Sie darf niemals geöffnet werden, unter keinen Umständen. Die Folgen wären… katastrophal."

Der Arzt nickte langsam, die scharfen Falten auf seiner Stirn vertieften sich, als er die Bedeutung ihrer Worte erfasste. „Majestät, ich werde alles in meiner Macht Stehende tun, um Ihre Anweisung zu befolgen.

Die Zarin legte ihre Hand auf seine Schulter und sah ihn mit einer Mischung aus Dankbarkeit und Traurigkeit an. „Ich habe Ihnen immer vertraut, ihre Loyalität wird nicht vergessen werden."

Mit einem kaum wahrnehmbaren Kopfnicken rief sie einen Diener herbei, der ein prächtiges Kästchen aus dunklem Mahagoni brachte. Als sie es öffnete, glänzten Goldmünzen und Edelsteine in allen Farben des Regenbogens im Licht der Kerzen.

„Für Ihre Dienste, für Ihr Schweigen – und für Ihre Treue. Möge es Ihnen und Ihrer Familie für Generationen Wohlstand bringen."

Der Arzt, sichtbar bewegt, kniete nieder, um der Zarin seinen Dank auszusprechen. Doch sie hob ihn sanft wieder auf die Beine. „Ich brauche keine Worte, nur Ihre Tatkraft. Gehen Sie jetzt und sorgen Sie dafür, dass diese Flasche sicher bleibt. Ihre Mission ist von größter Bedeutung."

Mit einem letzten, tiefen Blick verabschiedete sich die Zarin, und der Arzt trat aus dem Raum, die Flasche fest in seinen Händen. Sein Herz war schwer vor Verantwortung, aber auch erfüllt von einem eisernen Willen, den Auftrag der Zarin zu erfüllen.

Die Macht der Flüssigkeit war vorerst gebannt, zumindest vorerst, und in die Hände der Wissenschaft gelegt, ohne dass die wahre Natur der Substanz offenbart wurde. Sie wusste, dass sie das Unheil abgewendet hatte, doch zugleich, dass das Geheimnis der Flüssigkeit für immer mit ihr verbunden bleiben würde.

So kam es, dass sich die äußerlich und inhaltlich auffällige Flasche, trotzdem unscheinbar fast unbemerkt unter einer Sammlung von weiteren Exponaten befand.

Dieses besondere Exponat, wurde auf diese Weise, nun ein Teil des reichen Erbes des pathologischen Archivs der Charité.

Dort ruhte sie unter sorgfältiger Aufsicht, bereit, von zukünftigen Generationen von Forschern und Wissenschaftlern erforscht zu werden, als ein seltenes Beispiel für die Verbindung zwischen Medizin, Mystik und Geschichte

Die Pergamentrollen

Ich erzählte Schmidt-Hansen davon, und gab ihm eine von den 2 Pergamentrollen.

Sie sind der Schlüssel, um zu verstehen, wie man diese Macht richtig nutzt. Aber wenn Schloemer sie zuerst in die Hände bekommt... dann wird er sie für seine eigenen dunklen Zwecke missbrauchen."

Alex ballte die Fäuste, ein entschlossener Ausdruck in seinen Augen. „Wir dürfen nicht zulassen, dass Schloemer die Rätselrollen bekommt. Wir müssen sie zuerst lösen und das Geheimnis der Flüssigkeit vor ihm schützen."

Tännchen nickte. „Ihr seid jetzt tiefer in diesem Mysterium, als ihr es vielleicht je wolltet. Aber ich glaube, ihr seid die Einzigen, die diese Rätsel lösen können. Meine Großmutter hat immer gesagt, dass es nicht nur Wissen ist, das zählt – sondern das Herz und die Absichten derjenigen, die nach der Macht suchen."

Ihre Hände zitterten leicht, während sie eine Tasse fest umklammerte. Ihre Gedanken und Sorgen galten auch Schmidt-Hansen, den alten Puppenmacherfreund. Sie wusste, dass er allein in seiner blauen Datscha war, weit weg von jeglicher Hilfe, und nun war er von dieser unheimlichen, unbekannten Kraft umgeben. Die Symbole auf der Pergamentrolle, sprachen von Macht, aber auch von Gefahr – und Tännchen spürte, dass er sich in großer Gefahr befand.

Die Datscha, einst ein Ort des Friedens und der Kreativität, war jetzt erfüllt von einer dunklen Energie.

Die Kinder sahen sich an, und spürten das Gewicht der Verantwortung schwer auf ihren Schultern.

„Schmidt-Hansen braucht euch," schloss Tännchen. „Aber seid auf der Hut. Schloemer ist euch dicht auf den Fersen – und er wird nicht aufgeben, bis er bekommt, was er will."

Das erste Rätsel

Schloemer bewegte sich lautlos durch das Abendlicht, als er sich der abgelegenen Datscha von Schmidt Hansen näherte. Sein Unmut darüber, dass er noch keinen Weg gefunden hatte, an die Flasche zu gelangen, wuchs von Tag zu Tag.

Die kühle Nachtluft trug das Knistern der Blätter und das ferne Heulen des Windes zu ihm heran, während er vorsichtig durch die Büsche schlich, die das Grundstück der blauen Datscha säumten. Das Licht in den Fenstern flackerte schwach, wie das Leuchten einer uralten Laterne, die gerade noch den Raum erhellte.

Er spähte durch ein kleines Fenster. In eine Nase kroch der Duft nach Holz, alten Büchern und einer leicht muffigen Feuchtigkeit. Er sah Hansen über einen Tisch gebeugt, seine Stirn gerunzelt, während er ein altes Pergament ausbreitete. Die geheimnisvollen Symbole und Ornamente darauf schienen unter den schwachen Lichtstrahlen zu glühen.

Schmidt Hansen schien in einer Art Trance, als würde er mit einer unsichtbaren Macht kommunizieren. Seine Finger fuhren über die seltsamen Zeichen auf dem Pergament, während er leise vor sich hinmurmelte.

Schloemers Herz raste. Jetzt war der Moment gekommen. Wenn er herausfinden konnte, was Hansen wusste, konnte er endlich die Kontrolle über die seltsame Macht erlangen. Doch genau in diesem Moment, als Schloemer weiter vorrücken wollte, blieb er wie erstarrt stehen. Tom Remo, tauchte plötzlich aus dem Nichts auf. Eine Sekunde zuvor war der Raum leer gewesen, und jetzt stand der Junge direkt neben dem alten Puppenmacher – als wäre er aus der Luft erschienen.

Nun sah er auch die anderen Beiden.

Schloemers Verstand arbeitete fieberhaft.

In Schmidt-Hansens Datscha herrschte eine angespannte Stille, nur das leise Knistern des alten Kamins und das entfernte Ticken einer Wanduhr durchbrachen die Atmosphäre. In der Mitte des Raumes, auf einem knarrenden Holztisch, lagen die Pergamentrollen, eine ausgebreitet, ihr vergilbtes Papier durchzogen von rätselhaften Zeichen, Symbolen und Ziffern, die wie eine uralte Sprache wirkten.

Schmidt-Hansen, der alte Puppenmacher, saß mit gebeugtem Rücken über die Rollen, seine Hände ruhten zitternd auf dem Rand des Papiers. Seine braunen Augen funkelten vor Konzentration, doch die Schatten darunter verrieten seine Erschöpfung. Neben ihm standen die drei Freunde – Alex, Ann und Tom Remo – genauso angespannt. Sie wechselten flüsternd Blicke, ihre Stirnen in Falten gelegt.

„Die Zeichen... sie scheinen eine alte Sprache zu sein, die ich nicht kenne“, murmelte Hansen, während er eine kleine, runde Brille aus der Brusttasche zog und sich sie auf die Nase setzte.

„Oh“ stöhnte Tom Remo laut und heiser

Tom starrte weiterhin auf die verworrenen Zeichen auf der Pergamentrolle, während die anderen weiter über mögliche

Bedeutungen und Lösungen debattierten. Er rieb sich erneut gedankenverloren durch sein zerzaustes, Haar, als ihm plötzlich etwas auffiel. Die Zeichen wirkten nicht völlig fremd, wie er zuerst angenommen hatte. Es war, als würde sich ein Schleier vor seinen Augen lichten.

„Moment mal...", murmelte Tom und beugte sich noch näher über die Schrift. Sein Herzschlag beschleunigte sich, als ihm langsam eine Erkenntnis dämmerte. „Das ist keine willkürliche Zeichenfolge. Es ist Spiegelschrift!"

Ann und Alex drehten sich zu ihm um, überrascht von seiner plötzlichen Entdeckung. „Was meinst du damit?" fragte Ann, neugierig und skeptisch zugleich.

„Schaut euch das an", sagte Tom aufgeregt und deutete auf die ersten Zeichen. „Wenn man sie von rechts nach links liest, ergibt das einen Sinn!"

Mit zitternden Händen begann er, die Buchstaben laut zu entziffern, während die anderen gespannt lauschten. Langsam formten sich Worte:

„Das Rätsel der drei Wächter..."

Tom hielt kurz inne, seine klugen braunen Augen weiteten sich.

Ann starrte ungläubig auf die Pergamentrolle, während Alex sich mit einem Ausdruck des Staunens durch das Gesicht fuhr. „Das klingt nach einem klassischen Logikrätsel", sagte Alex?"

„Es ist mehr als nur ein einfaches Rätsel", überlegte Tom weiter. „Es könnte eine verschlüsselte Nachricht oder ein Hinweis sein, der uns weiterführt."

Schmidt-Hansen, richtete sich langsam auf und sah Tom durch seine kleine, runde Brille an. „Wenn du recht hast, Tom, dann hast du gerade einen entscheidenden Schritt getan. Das Rätsel der drei Wächter ist alt – sehr alt. Es könnte der 1. Schlüssel sein, den wir brauchen."

Die Spannung im Raum war greifbar. Tom, der sonst eher zurückhaltend war, spürte, wie eine Welle des Stolzes durch ihn strömte. Doch zugleich wusste er, dass dies nur der Anfang war. Das Rätsel war noch nicht entschlüsselt, die wahre Herausforderung – die Lösung und der Weg zur Freiheit – lag noch vor ihnen.

Tom, voller Elan, las die ersten Zeilen vor, während die anderen gebannt lauschten. Ann und Alex beugten sich über die Pergamentrolle, fasziniert von Toms Entdeckung. Langsam und vorsichtig folgte sein Finger den Zeichen auf dem vergilbten Papier, während er den Text Satz für Satz entzifferte.

„Du siehst drei Schlösser...", begann er, seine Stimme leise und konzentriert. „Das jeweils von einem Wächter bewacht wird..."

Ann unterbrach ihn kurz: „Drei Wächter? Das klingt doch fast wie eine alte Geschichte." Doch Tom ließ sich nicht ablenken und fuhr fort.

„Öffne eines und du findest den Weg zur Freiheit, hinter den anderen beiden lauert das Verderben..."

„Das Verderben?" wiederholte Alex, und seine Augen wurden groß. „Das klingt nicht nach einem normalen Rätsel."

Tom nickte nur und las weiter. „Die Wächter kennen die Wahrheit über die Schlösser, doch sie haben ihre eigenen Regeln: **Wächter 1** sagt immer die Wahrheit. **Wächter 2** lügt immer. **Wächter 3** wechselt zufällig zwischen Lügen und Wahrheit."

Ann runzelte die Stirn. „Das klingt kompliziert. Wie sollen wir wissen, wem wir glauben können?"

Schmidt-Hansen, der bisher still dagesessen hatte, sprach nun: „Es geht nicht nur darum, die richtige Antwort zu finden. Es geht darum, zu erkennen, wer die Wahrheit spricht – und wer nicht.“

Tom ließ sich von der wachsenden Spannung nicht beirren und las den letzten Teil des Textes vor: „Du darfst den Wächtern nur eine Frage stellen, und zwar nur einem einzigen Wächter. Wie kannst du sicherstellen, dass du das Schloss zur Freiheit wählst?“

Ein Schweigen legte sich über den Raum. Der Raum war erfüllt von der Bedeutung dessen, was sie gerade entdeckt hatten. Ann und Alex tauschten einen besorgten Blick, während Schmidt-Hansen nachdenklich die Augenbrauen zusammenzog.

„Das ist nicht einfach nur ein Rätsel“, sagte Alex schließlich leise. „Es ist ein Test. Aber warum? Und was passiert, wenn wir es nicht lösen?“

Tom legte die Pergamentrolle beiseite und seufzte tief. „Wir müssen es lösen. Es ist die einzige Möglichkeit, den nächsten Schritt zu verstehen.“

Die Worte des Rätsels schienen in der Luft zu schweben, und es war klar, dass die Zeit drängte.

Tom murmelte:“ Du darfst den Wächtern nur eine Frage stellen, und zwar nur einem einzigen Wächter. Wie kannst du sicherstellen, dass du das richtige Schloss wählst?“

Ann rutschte auf ihrem Stuhl unruhig hin und her, ihre Stirn in tiefe Falten gelegt, während sie den Finger über die alten Buchstaben auf der Pergamentrolle gleiten ließ. Die Luft in der Datscha war schwer, erfüllt von der Spannung des Moments. Die anderen drei schauten sie aufmerksam an – Hansen Schmidt mit seinen müden Augen, Tom, der sich über seine zerzausten Haare raufte, und Alex, der unruhig auf seinem Stuhl hin und her rutschte.

„Wir wissen, es ist kein gewöhnliches Rätsel“, begann Ann leise, fast ehrfürchtig, als sie erneut die Zeichen musterte. „Wenn man den Wächtern nur eine Frage stellen darf, und einer lügt immer, der andere sagt immer die Wahrheit und der Dritte wechselt ständig...“ Sie hielt inne, die Bedeutung ihrer eigenen Worte langsam realisierend. „Dann muss man eine Frage stellen, die sicherstellt, dass man immer die Wahrheit erhält, unabhängig davon, wen man fragt.“

Tom blinzelte verwirrt. „Aber wie soll das funktionieren, wenn einer lügt?“

„Genau das ist der Schlüssel,“ sagte Ann, nun etwas fester. „Man muss die Wächter gegeneinander ausspielen. Man fragt einen der Wächter:

„Was würde der andere Wächter sagen, welches Schloss führt zur Freiheit?“

Wenn man dann das Gegenteil von dem wählt, was der Wächter sagt, hat man die richtige Antwort.“

Schmidt-Hansen hob überrascht eine Augenbraue, während Alex noch skeptisch den Kopf schüttelte. „Warum das Gegenteil?“

„Weil der Wächter, der die Wahrheit sagt, dir die Lüge des anderen Wächters mitteilen wird.

Und der Lügner wird dir die falsche Antwort auf die Wahrheit geben.

Egal, wen du fragst, sie beide werden dich auf das falsche Schloss hinweisen. Du musst nur das Gegenteil von dem nehmen, was sie sagen.“

Eine schwere Stille legte sich über den Raum. Tom, der normalerweise schnell im logischen Denken war, lehnte sich zurück, seine Stirn gerunzelt, während er das Rätsel in seinem Kopf drehte. „Das klingt... irgendwie richtig“, murmelte er.

Ann nickte langsam, das Herz schneller schlagend. „Es ist die einzige Möglichkeit. Wenn man nur eine Frage stellen darf, kann man auf diese Weise sicherstellen, dass man die Wahrheit erfährt.“

Schmidt-Hansen sah sie nun mit neuer Anerkennung an, seine Augen glänzten im fahlen Licht der Datscha. „Du hast recht, Ann“, flüsterte er. „Das ist der Weg zur Lösung.

Ann schluckte schwer. Sie wusste, dass das Lösen des Rätsels nur der erste Schritt war.

Alex lehnte sich auf seinem Stuhl zurück, seine Hände fuhren unruhig über den Stoff seiner Jacke. „Ich weiß nicht, Ann“, sagte er mit einem leichten Zittern in der Stimme. „Das klingt alles so kompliziert. Wie sollen wir das hinkriegen? Ich meine, was, wenn wir den falschen Wächter fragen?“

Seine braunen Augen wirkten fast schwarz. Er schaute zwischen Ann und den anderen hin und her, sichtlich überfordert von der scheinbar verworrenen Logik des Rätsels.

Ann, die merkte, dass Alex sich immer weiter in seine Zweifel hineinsteigerte, setzte sich näher zu ihm, ihre Miene ruhig und konzentriert. „Alex“, begann sie sanft, aber bestimmt, „hör mir zu. Es ist nicht so kompliziert, wie es aussieht. Stell dir vor, du fragst einen der Wächter: „Welches Schloss würde der andere Wächter wählen, um uns zur Freiheit zu bringen?“

Egal, wen du fragst – ob den, der lügt, oder den, der die Wahrheit sagt – beide zeigen auf das falsche Schloss.“

Alex schüttelte den Kopf, als ob er nicht ganz folgen könnte. „Aber warum?"

Ann atmete tief ein. „Weil derjenige, der die Wahrheit sagt, dir die Lüge des anderen Wächters mitteilt. Wenn du ihn fragst, sagt er dir, was der Lügner antworten würde – also eine falsche Antwort. Der Lügner hingegen würde dir eine Lüge über die Wahrheit sagen. Sie zeigen also beide auf das falsche Schloss, weil sie entweder die Lüge oder eine verdrehte Wahrheit erzählen. Das heißt, du musst nur das Gegenteil von dem wählen, was sie dir sagen."

Alex blickte immer noch skeptisch, aber die Erklärung schien ihm zu dämmern. „Also... egal wen ich frage, beide wollen mich in die Irre führen, aber das gibt mir die richtige Antwort, wenn ich das Gegenteil nehme?"

„Genau!" sagte Ann ermutigend. „Es ist, als ob sie sich gegenseitig entlarven, ohne es zu wollen. Du musst einfach nur erkennen, dass sie dir – auf ihre Weise – beide das falsche Schloss zeigen. Und indem du das Gegenteil tust, bekommst du die Freiheit."

Der dritte Wächter, der zufällig lügt oder die Wahrheit sagt, spielt hier keine Rolle, da du ihn nicht fragen wirst.

Alex sah nachdenklich auf den Boden, seine Hände immer noch nervös. Doch dann richtete er sich langsam auf, ein Funken Verständnis in seinen Augen. „Okay... ich denke, ich verstehe es jetzt. Wir fragen einen, und dann tun wir das Gegenteil."

Ann lächelte sanft und legte ihm die Hand auf die Schulter. Es ist alles nur eine Frage der Logik."

Sehr geduldig und ruhig wiederholte sie:

„Um dieses Rätsel zu lösen, müssen wir die Frage so formulieren, dass sie sowohl den Wahrheitsliebenden als auch den Lügner verwirrt, sodass wir unabhängig von der Antwort das richtige Schloss finden.

Nachdem Ann ihre Erklärung vollendet hatte und die Gruppe die Logik des Rätsels verstanden hatte, zögerten sie einen Moment. Alle drei Schlösser, bewacht von den stummen, unheimlichen Wächtern. Jeder von ihnen war sich bewusst, dass nur eine einzige Frage über ihr Schicksal entscheiden würde.

„Also gut“, sagte Tom mit entschlossener Stimme. „Wir fragen den ersten Wächter. Wenn er die Wahrheit sagt, wissen wir, dass wir das Gegenteil von dem, was er sagt, wählen müssen.“

Ann nickte zustimmend, während Alex immer noch ein wenig nervös war, aber schließlich zu einem Entschluss kam.

„Was können wir überhaupt mit dieser Lösung anfangen?“ hörte man Alex' Stimme erneut, leicht verzweifelt.

Schmidt Hansen stand etwas abseits und blickte nachdenklich, seine Augen, durch Jahre des Tüftelns und Rätselns geschärft:

„Denke an die Flasche, mit den geheimnisvollen Zahlenschlössern!“ das sind die Wächter,“ sagte er schließlich in ruhigem Ton. „Wir müssen noch weitere Rätsel lösen, so wie das Rätsel der drei Wächter.“

Der lange Tag voller Entdeckungen, Rätsel und Geheimnisse hatte an ihren Kräften gezehrt. Die Dunkelheit war bereits hereingebrochen, und die alten Wände der Datscha warfen lange, unheimliche Schatten, die im flackernden Licht von Hansen Schmidts alter Lampe tanzten.

Ann rieb sich die Augen und sah zu den anderen. „Ich glaube, es ist besser, wenn wir uns eine Pause gönnen. Wir haben heute viel erreicht, aber es wäre unklug, jetzt überstürzt weiterzumachen.

„Ja", murmelte Alex erschöpft. „Mein Kopf brummt von all den Rätseln. Vielleicht sehen wir morgen klarer."

Tom, der sich oft in Gedanken vertiefte, nickte langsam. „Wir müssen die Lösung gut durchdenken. Es bringt nichts, müde weiterzumachen. Wir könnten etwas übersehen."

Mit dieser Entscheidung gingen Ann und Alex hinaus in die dunkle Nacht, machten sich auf den Heimweg. Tom kuschelte sich an Hansens Schulter, und schlief augenblicklich ein.

Schloemers Erkenntnis

Schloemer draußen, verborgen beobachtete was in der Datscha vorging. Seine Hände, schweißnass, krallten sich in die Rinde des Baumes, hinter dem er sich versteckte. Er sah, wie die Vier um die Pergamentrolle herumsaßen, die Köpfe tief über das alte Papier gebeugt. Die Anspannung im Raum schien greifbar, auch wenn er die Worte nur bruchstückhaft wahrnahm.

Sein Herz schlug schneller. Einer sagte etwas über „Wächter", das

Mädchen sprach vom „Schloss zur Freiheit" – doch Schloemer konnte die Zusammenhänge nicht erkennen. Sein Frust wuchs. Er biss sich auf die Lippe, als er sah, wie die Kinder plötzlich aufgeregt schienen. Tom deutete auf die Pergamentrolle, als hätte er etwas Wichtiges entdeckt, während Schmidt-Hansen nickte.

„Was zur Hölle haben die gefunden?" murmelte Schloemer leise zu sich selbst, seine Augen verengt vor Misstrauen. Jede Faser seines Körpers drängte ihn, einzubrechen, die Datscha zu stürmen und zu erfahren, was sie wussten. Doch er wusste, dass er vorsichtig sein musste. Ein unbedachter Schritt, und sie würden misstrauisch werden.

Doch je länger er wartete, desto stärker nagte die Ungewissheit an ihm. Es war, als ob die Luft um ihn herum dicker wurde, ihn erdrückte. Die Bruchstücke der Unterhaltung – „Rätsel", „Lüge",

„Wahrheit“ – schienen wie Geister um ihn herumzutanzen, unvollständig und bedrohlich.

Ein Nervositätskrampf zog durch seine Finger, als er feststellte, dass die Kinder die Lösung vor Augen hatten. Sie waren einem Ergebnis nähergekommen, einer Entdeckung, die er nicht verstehen konnte. Und das machte ihn rasend. Sein Puls hämmerte in seinen Ohren. „Was, wenn sie die Antworten haben? Was, wenn sie dem Geheimnis näher sind als ich?“ Die Unruhe in ihm wuchs zu einem brodelnden Zorn.

Schloemer, verborgen hinter den Schatten, seine langen Finger spielten nervös an der Rinde des Baumes, hinter dem er sich versteckte.

„Drei Rätsel...“ flüsterte er für sich, und seine scharfen Augen verengten sich plötzlich zu schmalen Schlitzen. Die Idee, dass diese vier ahnungslosen Jugendlichen ihm die Lösungen auf einem silbernen Tablett servieren würden, wenn er geduldig bliebe, brachte ihn fast zum Schmunzeln. Er konnte es sich leisten, geduldig zu sein. Diese Kinder arbeiteten bereits daran, das Geheimnis zu entschlüsseln – und wenn sie es taten, würde er bereit sein, das Ergebnis für sich zu beanspruchen.

Mit einem letzten, verstohlenen Blick zog er sich langsam zurück. Leise wie ein Schatten schlich er durch das Dickicht des Waldes, sein langer Mantel raschelte kaum hörbar im Laub. Schloemer konnte auch geduldig sein, denn hier war Geduld der Schlüssel zur Macht.

„Lasst sie ruhig arbeiten,“ murmelte er zu sich selbst, ein listiges Lächeln auf seinen schmalen Lippen. „Wenn sie die letzte Antwort gefunden haben, werde ich zur richtigen Zeit zuschlagen.“ Der Plan formte sich klar in seinem Kopf. Er würde im Verborgenen bleiben, aus sicherer Entfernung beobachten –

und wenn der Moment gekommen war, würde er alle Geheimnisse in seine Hände reißen.

Schloemer war sich sicher: Diese Kinder würden ihm alles liefern, was er brauchte. Es war nur eine Frage der Zeit.

Das zweite Rätsel

Ann und Alex saßen entspannt in der kleinen, warmen Küche des Hauses, die voller Gemütlichkeit und nostalgischer Details steckte. Der Duft von frisch gebrühtem Kaffee und gebackenem Brot hing in der Luft, während die ersten Sonnenstrahlen des Tages durch die kleinen Fenster fielen und goldene Muster auf den Holzfußboden zeichneten. Die Wände waren mit alten Kupfertöpfen und gestickten Bildern geschmückt, die einen Hauch von ländlicher Tradition vermittelten, während ein leises Knistern vom Kamin eine behagliche Atmosphäre schuf.

Tännchen, mit ihren warmen Augen und fürsorglicher Ausstrahlung, schwebte fast durch die Küche, wie eine Mutter, die sich liebevoll um ihre Kinder kümmerte. Sie stellte zwei dampfende Teller mit frisch gebratenem Speck, Rührei und duftenden Kräutern vor Ann und Alex. Dazu reichte sie noch Marmeladen, die sie selbst im Sommer eingemacht hatte, und dicke Scheiben frisches Bauernbrot.

„Esst, Kinder, ihr seht aus, als hättet ihr eine lange Nacht hinter euch,“ sagte sie leise, während sie sich mit einem freundlichen Lächeln zu den beiden setzte. Ihre Hände ruhten sanft auf dem Tisch, bereit zuzuhören.

Ann und Alex schauten sich kurz an, und fingen dann an von den bizarren Ereignissen der letzten Nacht zu erzählen.

„Tännchen…“, begann Ann vorsichtig, während sie an ihrem Tee nippte. „Wir haben etwas herausgefunden. Es geht um die Pergamentrolle, die du einmal Schmidt Hansen gabst.“

Alex nickte und fügte hinzu: „Es ist alles so kompliziert. Aber wir sind auf etwas gestoßen, das irgendwie Sinn ergibt. Diese drei Schlösser an der Flasche… sie sind wie diese drei Wächter aus dem uralten Rätsel. Wir müssen nur die richtige Frage stellen, um das Richtige zu tun."

Tännchen legte ihre Hand beruhigend auf Anns Arm, ein stilles Zeichen, dass sie weiterreden sollte. Ann holte tief Luft und fuhr fort: „Es ist gefährlich. Wenn wir nicht die richtige Entscheidung treffen, könnte alles außer Kontrolle geraten. Aber wenn wir das Rätsel lösen… können wir die Kraft der Flüssigkeit zum Guten nutzen."

Tännchen sah sie mit tiefem Verständnis an. Ihre Augen leuchteten vor Stolz und Sorge gleichzeitig. „Ihr seid so tapfer, meine Lieben," sagte sie sanft, während sie ihnen etwas Honig in den Tee rührte. „Manchmal bringen solche Entscheidungen große Verantwortung mit sich. Aber ich bin sicher, ihr werdet den richtigen Weg finden."

Ann lehnte sich zurück und spürte, wie die Spannung langsam von ihr abfiel. Sie war froh, mit Tännchen sprechen zu können, und irgendwie gab ihr das Gefühl der Geborgenheit in dieser Küche die Kraft, weiterzumachen. Alex schaute schweigend auf seine Hände, aber das leichte Zucken in seinen Mundwinkeln verriet, dass auch er sich durch Tännchens Anwesenheit beruhigt fühlte.

„Danke, Tännchen", sagte er schließlich. „Wir wissen, dass es nicht einfach wird. Aber wir müssen es tun."

Tännchen lächelte nur und sagte ruhig: „Esst erst einmal, stärkt euch. Und denkt immer daran: Ihr habt Freunde, die auf euch aufpassen."

Mutter Hanny Thaler trat mit ihrer gewohnten Präsenz in die warme Küche. Ihr festgeknoteter Haar Dutt, der immer ordentlich und straff im Nacken saß, verlieh ihr eine gewisse

Autorität, doch die feinen Lachfalten um ihre Augen verrieten eine tiefe mütterliche Wärme. Sie war eine Frau, die den Haushalt stets im Griff hatte und doch immer Zeit fand, sich um ihre Kinder zu kümmern, besonders an schulfreien Tagen.

„Na, seid ihr wohlauf?“ fragte sie, während ihr Blick liebevoll auf Ann und Alex fiel, die am Küchentisch saßen und von Tännchen verwöhnt wurden. Ihre Stimme klang sanft, doch sie hatte eine Energie in sich, die sofort dafür sorgte, dass jeder sich bemüßigt fühlte, aufmerksam zuzuhören.

Ann und Alex blickten zu ihr auf, überrascht, dass sie so früh schon hereinschaute, doch beide lächelten sie an. „Ja, Mutter“, antwortete Ann schnell und schob ihren Teller ein wenig zur Seite. „Tännchen kümmert sich bestens um uns.“

Hanny Thaler nickte zufrieden, trat einen Schritt näher und musterte die beiden mit einem prüfenden Blick, der sicherstellen sollte, dass sie genug gegessen hatten und wirklich wohlauf waren. „Und? Was habt ihr heute vor, da ihr keinen Schulunterricht habt?“ fragte sie, während sie ihre Hände in die Hüften stemmte. Sie erwartete immer, dass ihre Kinder auch an freien Tagen etwas Sinnvolles vorhatten – sei es lernen, helfen oder irgendein kleines Abenteuer, das ihre Fähigkeiten fördern würde.

Ann warf einen schnellen Blick zu Alex, bevor sie antwortete. „Wir… äh, wir haben uns noch nicht entschieden, Mam,“ sagte sie vorsichtig, während sie überlegte, wie viel sie ihrer Mutter von ihren Plänen erzählen sollte. „Vielleicht gehen wir ein bisschen spazieren oder helfen im Garten.“

Hanny schien die Antwort zufriedenstellend zu finden, doch ihre Augen verengten sich einen Hauch, als sie bemerkte, dass ihre Kinder irgendetwas verschwiegen. „Gut,“ sagte sie schließlich, „aber denkt daran, es ist schön draußen. Ihr solltet etwas an der frischen Luft unternehmen.“

Sie blickte noch einmal prüfend auf Alex, der ein wenig verlegen wegschaute, und dann wieder zu Ann. „Ihr seid beide so klug, macht das Beste aus dem Tag, aber denkt daran, nichts Unüberlegtes zu tun," fügte sie mit leichtem Nachdruck hinzu. „Und lasst mich wissen, wenn ihr Hilfe braucht."

Mit diesen Worten nickte sie, als hätte sie genug gesehen, und drehte sich um, bereit, die Küche wieder zu verlassen. Der Duft von Brot und Kräutern folgte ihr, und das vertraute Klappern ihrer Hausschuhe auf dem Holzfußboden verhallte im Flur.

Ann und Alex sahen sich an, beide wissend, dass sie die wahren Abenteuer des Tages noch verschwiegen hatten.

Ann und Alex konnten kaum die Aufregung verbergen, als ihre Mutter die Küche verließ. Die gemütliche Wärme und der Duft von frischem Brot vermischten sich mit der stillen Spannung, die im Raum hing. Tännchen räumte in der Zwischenzeit die Teller ab, doch die beiden Geschwister hatten längst ihre Gedanken woanders. Es kribbelte in ihren Fingern, die Zeit schien sich zu dehnen, und der Wunsch, endlich zur Datscha aufzubrechen, brannte ihnen auf der Seele.

"Ich kann es kaum erwarten," flüsterte Alex, während er sich unruhig auf seinem Stuhl hin und her bewegte.

"Tom und Schmid -Hansen warten bestimmt schon auf uns."

Ann nickte zustimmend, ihre Augen leuchteten vor Neugierde und Vorfreude. "Heute sehen wir uns die zweite Pergamentrolle an," sagte sie leise, fast ehrfürchtig, als wäre diese Rolle der Schlüssel zu etwas Unermesslichem. Seitdem sie gestern die erste entschlüsselt hatten, brannte in ihnen der Drang, weiterzumachen, tiefer in das Geheimnis der Flasche einzutauchen.

"Und wer weiß, was darauf steht?" fügte sie hinzu, während ihre Gedanken um die mysteriösen Zeichen und Ziffern der ersten Rolle kreisten. Sie hoffte und wollte sich vorstellen, wie Tom mit seiner analytischen Denkweise die Symbole entziffern würde, während Schmid Hansen, mit seinem ruhigen und bedachten Wesen, die Zeichen mit seiner umfassenden Erfahrung betrachtete.

Tännchen, die das leise Gespräch belauschte, lächelte wissend. „Ihr könnt es ja kaum erwarten, was?“, sagte sie mit einem Augenzwinkern, während sie die Tücher auf der Arbeitsfläche ordnete. „Dann macht, dass ihr loskommt. Es wird ein spannender Tag.“

Ann und Alex sprangen fast gleichzeitig auf. Tännchen hatte keine weiteren Worte gebraucht – sie wussten, dass sie nun nichts mehr aufhalten konnte. Die Spannung lag förmlich in der Luft, als sie sich ihre Jacken überwarfen und zur Tür eilten.

Die kühle Herbstluft wehte ihnen ins Gesicht, als sie ins Freie traten. Die Bäume entlang des Weges zur Datscha wiegten sich sanft im Wind, und das Laub raschelte unter ihren Schritten. Beide konnten es kaum erwarten, Tom und Schmid Hansen zu sehen, die gestern noch voller Ideen und Tatendrang gewesen waren. Heute würden sie gemeinsam die zweite Pergamentrolle in Angriff nehmen – und sie waren sicher, dass sie dem Geheimnis der Flasche ein Stück näherkommen würden.

Die Vorstellung, dass sich auf der zweiten Rolle weitere Hinweise verbargen, ließ ihr Herz schneller schlagen. Welche Rätsel warteten noch auf sie? Welche Lösungen mussten sie finden? Sie spürten, dass jeder Schritt zur Datscha sie einer großen Entdeckung näherbrachte.

„Los geht's,“ sagte Ann entschlossen, während sie Alex einen vielsagenden Blick zuwarf. „Heute kommt der nächste Schritt.“

Und mit festem Entschluss eilten sie dem Treffen mit Tom und Hansen entgegen.

Als Ann und Alex die Datscha erreichten, öffnete sich die Tür schon, bevor sie klopfen konnten. Tom stand in der Tür, seine Augen leuchteten vor Freude. „Da seid ihr ja endlich!“, rief er begeistert, als er die beiden Geschwister sah. Er winkte sie herein, und sie traten in den behaglichen Wohnraum, der von der Wärme des Holzofens durchflutet wurde.

Schmid Hansen stand am Tisch, an dem schon alles für das nächste Kapitel ihres Abenteuers vorbereitet war. Neben der gut geschützten zweiten Pergamentrolle, die ordentlich aufgerollt auf einem hölzernen Tisch lag, erblickten Ann und Alex etwas Unerwartetes – einen saftigen, goldbraun gebackenen Kuchen, der von einem köstlichen Duft umgeben war.

„Schmid Hansen, du hast gebacken?“ Alex konnte die Überraschung nicht verbergen, und Hansen lachte leise, während er sich mit einem sauberen Handtuch die Hände abwischte.

„Ja, ich dachte, wir könnten eine kleine Stärkung brauchen, bevor wir uns wieder den Rätseln widmen. Und wer weiß, vielleicht gibt uns der Kuchen die nötige Energie, um die nächste Rolle zu entschlüsseln.“ Er zwinkerte den Geschwistern zu und deutete auf den Kuchen. „Zitronenkuchen – mein Spezialrezept.“

Dieser besondere Kuchen sieht aus wie eine riesige, aufgerollte Pergamentrolle. Die Ränder des Kuchens sind kunstvoll eingerollt und bilden die Enden der Rolle, als wäre sie gerade aufgefaltet worden. Um den antiken Schriftrollen-Look zu verstärken, sind entlang der Kanten kleine filigrane Zuckerdekorationen angebracht, die an alte Verzierungen erinnern.

Über den ganzen Kuchen hinweg sind verschiedene bunte Süßigkeiten verstreut. Von zarten Schokoladenspiralen über bunte Bonbons bis hin zu kleinen Zuckerperlen, die den Anschein von Edelsteinen erwecken. Diese Süßigkeiten verleihen dem Kuchen eine verspielte Note und setzen farbenfrohe Akzente, die sofort ins Auge fallen.

Auf der Oberseite des Kuchens gibt es auch dekorative Zuckerglasuren, die wie Schriftzeichen oder Symbole aussehen und das Pergamentthema perfekt unterstreichen. Das Zusammenspiel aus süßen Ornamenten und der skulpturalen Form macht diesen Kuchen zu einem wahren Kunstwerk – ein Dessert, das sowohl die Augen als auch den Gaumen verzaubern soll.

Der süße Duft des Kuchens füllte den Raum.

Hansens Kuchenrolle war ein wahrer Augenschmaus und lockte zusätzlich mit einem köstlichen Duft nach Vanille, Zimt und ein wenig Zitrone.

Tom und Ann konnten kaum ihre Augen davon abwenden, und Hansen strahlte über beide Ohren. „Na, wer wagt den ersten Bissen?“

Alex schnappte sich prompt die Kuchengabel, stach mitten ins Zentrum und riss sich das erste Stück heraus, noch warm und dampfend. „Ich riskiere mein Leben!“, rief er dramatisch und nahm einen riesigen Bissen. In dem Moment schien es, als würde seine Mimik alle Emotionen gleichzeitig ausdrücken: Staunen, Glück und reines Entzücken. „Das ist… das ist unglaublich!“, murmelte er mit vollem Mund, während Krümel wild in alle Richtungen spritzten.

Ann, die immer etwas skeptischer war, nahm sich vorsichtig ein kleines Stück und ließ es auf der Zunge zergehen. Sie seufzte vor Genuss und rutschte dann fast schon träumerisch vom Stuhl. „Hansen, du bist ein echtes Genie,“ flüsterte sie ehrfürchtig, bevor sie sich ein weiteres Stück nahm.

Tom hingegen stürzte sich auf den Kuchen wie ein ausgehungerter Wolf, seine Finger schnellten ständig nach den Erdbeeren und kleinen Schokoladenstücken, die Hansen kunstvoll verteilt hatte. „Das ist kein Kuchen“, verkündete er mit vollem Mund, „das ist ein Kunstwerk! Ein Meisterstück! Und es wird immer besser!“

Die Kuchengabeln arbeiteten so flink, dass sich die Stücke rasch dezimierten.

Am Ende lagen alle halb lächelnd, halb schnaufend und ziemlich zufrieden zurückgelehnt in ihren Stühlen.

Jeder hatte das Gefühl, dass auch heute ein besonderer Tag war. Tom rieb sich die Hände und sah erwartungsvoll von Ann zu Alex. „Also, wie geht's weiter? Seid ihr bereit?“

„Auf jeden Fall“, antwortete Ann. „Wir sind gespannt, was das 2. Rätsel uns verrät.“

Im Schatten der dichten Bäume, kaum sichtbar, verbarg sich Schloemer, der ihnen wieder lautlos gefolgt war. Er stand hinter einem knorrigen Stamm, sein langer Mantel verschmolz mit der Dunkelheit der Blätter, und seine Augen folgten jeder Bewegung der Jugendlichen.

Seine scharfe, lange Nase zuckte leicht, während er das Treiben beobachtete. Die Vorfreude in den Gesichtern der vier Freunde war unverkennbar, doch Schloemer kümmerte sich nicht um ihren Spaß oder den Duft des frischen Kuchens. Was ihn interessierte, war die Pergamentrolle. Die Art, wie sie sorgsam auf dem Tisch lag, bereit, neue Geheimnisse preiszugeben, ließ sein Herz schneller schlagen.

„Noch ein bisschen Geduld", flüsterte er zu sich selbst, seine Finger glitten nervös über die raue Rinde des Baumes. „Lasst sie die Rätsel lösen. Am Ende werde ich derjenige sein, der die Macht in den Händen hält."

Schloemer lehnte sich hinter dem knorrigen Stamm der alten Eiche zurück, seinen Rücken gegen die raue, moosige Rinde gedrückt. Er wusste, dass das Warten lange dauern konnte – diese Kinder schienen sich in ihren Entdeckungen und Diskussionen oft zu verlieren. Aber Schloemer war vorbereitet. Seine Erfahrung lehrte ihn Geduld, und diesmal war es eine Tugend, die ihm den größten Vorteil verschaffen würde.

Behutsam glitt er an dem Baumstamm in die Hocke und zog den Kragen seines langen Mantels enger um den Hals, um sich vor dem kühlenden Wind zu schützen, der durch den Wald wehte. Über ihm raschelten die Blätter leicht im Wind, und das sanfte Flüstern der Äste war das einzige Geräusch, das die Stille durchbrach. Der Wald gab ihm Deckung und Schutz; die Schatten spielten um ihn herum und verdeckten sein regloses Gesicht.

Schloemer hatte vorgesorgt. Er zog ein altes Lederetui aus seiner Manteltasche hervor und öffnete es lautlos. Darin befanden sich ein paar getrocknete Früchte und eine kleine Flasche Wasser. „Ein langer Tag des Wartens“, murmelte er kaum hörbar und biss mit Bedacht in eine der Früchte. Sein Blick war dabei stets auf die Datscha gerichtet, die im warmen Schein von Hansens Fenstern lag. Das Licht, das nach draußen drang, schien seltsam verheißungsvoll, fast als würde es die Geheimnisse und das Wissen, die sich dort verbargen, anlockend hervorheben.

„Geduld, Geduld...“, flüsterte er zu sich selbst, seine langen, dünnen Finger trommelten sachte gegen die Rinde des Baumes. Er fühlte das raue Holz unter seinen Fingerspitzen, es war beruhigend und stabil. Die vertraute Gewissheit eines festen Plans gab ihm Ruhe. Schloemer wusste, dass er ihnen die ganze Arbeit überlassen konnte – die jungen Freunde würden das Geheimnis lösen, und er würde da sein, wenn sie es taten. Es war nur eine Frage der Zeit.

Er hatte sogar vorgesorgt und ein kleines Fernglas dabei, um nichts zu verpassen. Damit wollte er die Gesten und Gesichter der Jugendlichen beobachten, um jeden Ausdruck, jede Bewegung und jede Reaktion zu deuten, während sie sich an die Rätsel der Pergamentrolle heranarbeiteten.

Schloemer machte es sich bequem, zog seinen Mantel noch enger um sich und richtete sich in seiner Hocke ein, bereit, jedes Detail zu erfassen. Wenn nötig, würde er die ganze Nacht ausharren, beobachtend, lauschend, wartend. Er lächelte schmal.

Das Warten hinter dem Baum, das Verweilen in den Schatten des Waldes, all das machte ihm nichts aus. Schließlich würde er am Ende derjenige sein, der die Früchte ihrer Mühen erntete.

Im Haus nahm Tom die Rolle behutsam in seine Hände, die leicht über das Pergament strichen. Langsam, sehr langsam entrollte er dieses alte Papier.

Alex betrachtete die mysteriösen Schriftzeichen auf der Pergamentrolle mit gerunzelter Stirn. Er hatte schon viele verschiedene Schriften gesehen – von altgriechischen Buchstaben bis zu Runen – doch diese hier wirkten besonders fremdartig. Die Linien waren kunstvoll geschwungen, fast als wären sie in einem alten, tanzenden Rhythmus verfasst. Er fühlte, dass die Zeichen eine Art von Geheimwissen in sich trugen, das sich nur demjenigen offenbaren würde, der geduldig und genau hinsah.

Er legte seine Finger sanft auf das Pergament, als könne er durch Berührung die Bedeutung begreifen. Dann glitt sein Blick über die filigranen, verwobenen Linien und Bögen. Plötzlich schien ein Funken der Erkenntnis in ihm aufzuflammen. „Moment... das erinnert mich an etwas, das ich mal in einem Buch über alte Sprachen gesehen habe," murmelte er und beugte sich noch näher über die Rolle.

Ein warmer Schauer lief ihm über den Rücken, als er es schließlich begriff. „Das ist Tengwar!" flüsterte er aufgeregt und spürte, wie sein Herz einen Sprung machte. Diese elegante, fast poetische Schrift war ihm vor langer Zeit begegnet, als er sich durch antike und exotische Alphabete gewühlt hatte. Jetzt, da er es wusste, fiel ihm auf, dass jedes Zeichen eine fließende Bedeutung in sich trug – eine uralte Sprache, die Wissen und Geheimnisse in ihre Form goss.

Kaum hatte Alex den Satz beendet, breitete sich eine spürbare Spannung im Raum aus, gefolgt von einem leisen Aufkeimen von Aufregung, das bei jedem von ihnen unterschiedlich wirkte. Tom, der bislang noch mit gefurchter Stirn das Pergament betrachtet hatte, hob plötzlich den Kopf, als ob ihm ein Licht aufgegangen wäre. Seine Augen leuchteten, und ein breites, ungläubiges Grinsen schob sich über sein Gesicht. „Das ist es! Alex, das ist fantastisch!" rief er und konnte kaum stillhalten, seine Füße klopften vor Aufregung auf den Boden

Hansen, sonst meist zurückhaltend, stand wie unter Strom. Seine Hände ballten sich auf dem Tisch, und er nickte begeistert, die Augen voller Stolz auf den jungen Alex. „Ich wusste, du hast ein gutes Auge, Alex! Die alten Zeichen… sie waren keine Verschlüsselung – das war Tengwar, und du hast es erkannt!" Sein Lächeln war breit und warm, und das Funkeln in seinen Augen verriet, wie beeindruckt er wirklich war. Für einen Moment wirkte er fast selbst wie ein Junge, voller Abenteuerlust und Entdeckungseifer.

Ann, die vor Aufregung kaum stillsitzen konnte, schüttelte lachend den Kopf, ihr roter Pferdeschwanz wippte lebhaft um ihr Gesicht. „Alex, du Genie!" sagte sie, ihre Stimme voller Stolz und Bewunderung. „Damit hätte ich nie gerechnet – wir standen die ganze Zeit so nahe an der Lösung! Und es brauchte nur den richtigen Blickwinkel." Sie klatschte begeistert in die Hände und konnte nicht widerstehen, ihm freundschaftlich auf die Schulter zu klopfen.

„Tengwar ist eine kunstvoll gestaltete Schrift, die von J.R.R. Tolkien, dem berühmten britischen Schriftsteller und Philologen, für die von ihm erschaffene Welt Mittelerde entwickelt wurde!" Alex hat sie genüsslich studiert." hörte man sie sagen.

Die drei strahlten nun um die Wette, ein warmes, freudiges Staunen erfüllte den Raum, und sie fühlten sich wie Entdecker, die ein vergessenes Geheimnis aus den Tiefen der Geschichte gehoben hatten. Es war dieser eine Augenblick, in dem sich ihr Abenteuer verfestigte, in dem die Realität und der Zauber des Rätsels miteinander verschmolzen – und sie waren überzeugt, dass sie auf der richtigen Spur waren.

Alex holte tief Luft, seine Finger zitterten leicht, während er vorsichtig die alte Pergamentrolle hielt. Die geschwungenen Zeichen in der fremdartigen Schrift – nun als Tengwar identifiziert – schienen unter dem schwachen Licht fast lebendig zu werden. Er begann leise zu lesen, seine Stimme sanft und zögerlich, als ob er fürchtete, ein uraltes Geheimnis zu entweihen.

„Das Rätsel der vier Türen…“ las er, seine Stimme kaum mehr als ein Flüstern. „Vor dir liegen vier Türen… jede führt in eine andere Richtung und birgt ein eigenes Schicksal.“

Mit jedem Satz, den er entschlüsselte, schien sich ein weiteres Geheimnis zu entfalten, wie Nebel, der langsam von einem verborgenen Pfad weicht. Die Freunde hörten aufmerksam zu, ihr Atem still und angespannt, als ob jedes Wort, das Tom sprach, das Gewicht vergangener Jahrhunderte in sich trüge.

„Drei dieser Türen führen ins Verderben,“ fuhr Tom fort, die mysteriösen Worte mit Ehrfurcht in seiner Stimme intonierend. „Nur eine ist der Weg zur Wahrheit…“

Ein Schauer lief ihm über den Rücken, und er hielt kurz inne, um zu den anderen zu sehen. Ihre Augen glänzten, gebannt von der Atmosphäre, die das Pergament mit jedem Satz beschwor.

Tom schien sich zu konzentrieren, seine Gesichtszüge änderten sich von entspannten Zügen zu einer strak kraus gezogenen Stirn, dann las er vor:

Du stehst in einem alten, verlassenen Schloss vor vier massiven Türen, jede in eine andere Richtung weisend. Jede Tür führt in einen Raum, und du weißt, dass hinter einer dieser Türen das Geheimnis verborgen ist, nach dem du suchst. Hinter den anderen drei Türen lauern Gefahren, die dich für immer in den Fängen der Dunkelheit halten könnten. Vor dir liegen vier Inschriften, eine für jede Tür, doch nur eine von ihnen sagt die Wahrheit. Die anderen drei sind Lügen. Dies sind die Inschriften:

Tür 1: „Hinter mir verbirgt sich das Geheimnis, doch betrete mich nur, wenn du bereit bist, der Dunkelheit zu trotzen."

Tür 2: „Ich führe in den Abgrund. Wer mich wählt, wird niemals zurückkehren."

Tür 3: „Die Tür, die das Geheimnis verbirgt, ist nicht Tür 1."

Tür 4: „Tür 2 lügt nicht."

Deine Aufgabe:

Du kannst nur eine Tür öffnen, und du musst entscheiden, welche. Nur eine der Aussagen ist wahr. Welche Tür wählst du, um das Geheimnis zu finden?

Die vier, versunken in das mysteriöse Rätsel der vier Türen, ließen ihre Gedanken schweifen, als ein plötzlicher Moment der Erleichterung und Erkenntnis über sie kam. Alex hebt den Kopf, die Stirn immer noch gerunzelt, doch die Anspannung in seinen Augen lässt nach. „Moment mal... das erinnert mich an das Rätsel der drei Wächter!" ruft er aus. Ein leises, gespanntes Raunen geht durch die Gruppe. Ann nickt langsam und sagt: „Stimmt. Da mussten wir auch zwischen Wahrheit und Lüge unterscheiden, um das Richtige zu finden."

Tom, der kluge Denker in der Runde, grübelt eine Weile. „Die Wächter, die sich immer zwischen Wahrheit und Lüge bewegen…

Hier haben wir vier Türen, und es scheint wieder eine Art logisches Muster zu geben, das uns helfen könnte." Hansen lehnt sich mit einem erleichterten Lächeln zurück und meint: „Genau. Wir können die gleiche Taktik anwenden. Es scheint fast so, als wolle uns dieses Rätsel daran erinnern, dass wir auf unser Wissen über Logik und Täuschung zurückgreifen müssen."

Jeder in der Runde spürt das Aufatmen der anderen und das Vertrauen, dass sie sich den Hinweisen nun sicher nähern können. So hörte man Ann: „Wir müssen einfach genau beobachten, welche Tür sich wie verhält, und herausfinden, ob die Muster wie beim Rätsel der drei Wächter funktionieren." Ein leises Kichern entwischt Alex, der erleichtert meint: „Also ist es doch nicht ganz so aussichtslos, wie ich dachte."

Mit neuem Mut und den Augen voller Entschlossenheit schauen sie einander an und wissen, dass sie gemeinsam den Weg finden werden.

Ann, ruhig und bedacht, lehnt sich vor, alle Aufmerksamkeit auf sich gezogen. Sie wirkt konzentriert, die Stirn leicht in Falten gelegt, während sie mit sanfter, aber bestimmter Stimme beginnt, das Rätsel zu analysieren.

„Seht mal," sagt sie und zeigt mit einem Finger auf den ersten Hinweis auf dem Pergament, „wir haben vier Türen, aber nur eine führt zum Ziel. Die anderen verbergen, genau wie bei den drei Wächtern, eine Art Täuschung." Die anderen nicken, während Ann weiter erklärt. „Es erinnert uns an die Logik, die wir bei den Wächtern angewandt haben. Wenn eine Tür ‚wahr' ist, dann kann eine andere nur ‚falsch' sein. Wir müssen also nur herausfinden, welche von den Türen als ‚wahr' bezeichnet werden kann."

Tom wirft ein: „Aber wie wissen wir, ob die Aussagen über die Türen wahr oder falsch sind? Das ist doch der schwierige Teil, oder?" Ann lächelt und fährt fort: „Genau, das ist die

Herausforderung. Die Hinweise werden uns in einem Kreislauf führen. Wenn wir aber die Aussagen sorgfältig überprüfen, können wir einen Widerspruch finden. Dieser zeigt uns dann die ‚falschen' Türen."

Mit ruhigen und präzisen Worten legt Ann dar, wie jede Aussage der Türen geprüft werden kann, indem sie einen logischen Widerspruch aufdeckt. „Wenn wir die widersprüchlichen Aussagen ausschließen, bleiben wir am Ende bei der einen Tür, die weder von sich selbst noch von den anderen als ‚falsch' bezeichnet wird. Diese ist dann die richtige."

Hansen, der Ann mit großer Aufmerksamkeit gefolgt ist, klatscht begeistert in die Hände. „Genial, Ann! Das ist absolut logisch!" Alex, der von ihrer Analyse beeindruckt ist, lacht erleichtert auf. „Du hast es einfach drauf, Ann. Ich glaube, das wird uns weiterbringen."

„Also:

Wenn Tür 1 die Wahrheit sagen würde („Hinter mir verbirgt sich das Geheimnis"), dann müssten die anderen Türen lügen. Aber das führt zu einem Widerspruch, weil Tür 3 sagt, dass das Geheimnis nicht hinter Tür 1 ist. Beide Aussagen können nicht gleichzeitig wahr sein. Daher ist die Aussage von Tür **1** eine Lüge.

Wenn Tür 2 die Wahrheit sagen würde („Ich führe in den Abgrund"), dann müsste die Aussage von Tür 4 wahr sein („Tür

2 lügt nicht“). Aber das führt zu einem Widerspruch, weil nur eine der Aussagen wahr sein kann. Daher ist Tür 2 ebenfalls eine Lüge.

Wenn Tür 3 die Wahrheit sagt („Die Tür, die das Geheimnis verbirgt, ist nicht Tür 1“), dann muss Tür 1 eine Lüge sein, was Sinn ergibt, da Tür 1 behauptet, das Geheimnis zu haben. Außerdem bedeutet dies, dass Tür 4 eine Lüge ist, was mit den Regeln übereinstimmt. Es gibt keinen Widerspruch, wenn Tür 3 wahr ist.

Somit ist die Aussage von Tür 3 wahr, und die Lösung ist: Das Geheimnis liegt hinter Tür 3.

Jeder spürte eine riesige Erleichterung, die fast greifbar in der Luft hing. Ann ließ ihre Schultern sinken und atmete tief durch, während Alex sich entspannt in seinen Stuhl zurücklehnte, als ob eine schwere Last von ihm abgefallen wäre. Hansen legte eine Hand auf das Pergament und nickte stolz. Sie hatten es geschafft – das zweite Rätsel war gelöst, und die Anspannung wich allmählich einer heiteren Ruhe.

Mit einem Blick auf die Uhr bemerkten sie überrascht, wie die Zeit vergangen war; der Abend war schon angebrochen. Hansen stand auf, um den Rest des Kuchens zu holen, den er kunstvoll und mit Liebe gebacken hatte. Stück für Stück verteilte er ihn, und die Freunde machten sich mit Gabeln und Löffeln eifrig darüber her. Der weiche, süße Duft des Kuchens mischte sich mit dem warmen Kerzenlicht und schuf eine gemütliche, beinahe familiäre Atmosphäre.

„Morgen um dieselbe Zeit?“ fragte Alex und blickte in die Runde, während er die letzten Kuchenkrümel von seinem Teller wischte. Ann und Hansen nickten sofort, und auch Tom wirkte zufrieden und bereit für die Fortsetzung. Sie verabredeten sich für den nächsten Tag, und ein Gefühl von Verbundenheit und Vorfreude schwang in der Luft, als sie sich verabschiedeten.

Schloemer, immer noch verborgen hinter dem alten knorrigen Baum, spähte missmutig zu den Freunden hinüber. Der schwache Lichtschein aus Hansens Fenster fiel nur undeutlich auf die Gruppe, und obwohl er stundenlang gelauert hatte, gelang es ihm nicht, entscheidende Details des Gesprächs zu verstehen. Frust machte sich in ihm breit. Nur Fetzen und Lachen hatte er vernommen, nichts Konkretes, was ihm bei seinem Plan hätte helfen können.

„Verflucht,“ murmelte er leise, seine schmalen Augen verengt. Sein langer Mantel knisterte leicht im Wind, während er tief nachdachte. Doch er wusste, dass es sich nicht lohnen würde, jetzt voranzustürmen. Stattdessen richtete er sich leise auf, seine Bewegungen geschmeidig wie die eines lauernden Raubtieres. Vorsichtig folgte er den Freunden durch das dichte Unterholz, ohne ein Geräusch zu machen. Seine Schritte waren leise, sein Atem kontrolliert.

Als die Gruppe am Waldrand angekommen war, blieb Schloemer noch eine Weile im Schutz der Dunkelheit stehen. Seine Lippen formten ein listiges Lächeln, während er sich an das kühle, dichte Geäst lehnte. „Morgen“, flüsterte er zu sich selbst, seine kalten Augen funkelten vor Berechnung. „Morgen werde ich zur Stelle sein und keine ihrer Bewegungen aus den Augen lassen.“ Die Nacht hüllte ihn wieder ein, als er langsam in die Dunkelheit zurückschlich, fest entschlossen, keinen Fehler zu machen.

Hansens Versteck

Auch heute saßen Ann und Alex früh in Tännchens gemütlicher Küche, deren warme Atmosphäre sie sachte umhüllten. Die Sonne schien sanft durch das kleine Fenster und tauchte die Holzmöbel in einen goldenen Schimmer, während Tännchen mit wachen Augen ihren Tee umrührte und den beiden zuhörte. Leise, beinahe verschwörerisch, begannen die beiden, ihr von den Rätseln zu erzählen, die sie gelöst hatten. Ann sprach mit gedämpfter Stimme und warf immer wieder einen scheuen Blick über ihre Schulter, als fürchtete sie, dass jemand ungebeten lauschen könnte. Alex, der vor Aufregung kaum stillsitzen konnte, ergänzte begeistert jedes Detail und beschrieb, wie sich jedes Geheimnis allmählich entfaltet hatte.

Tännchens Augen weiteten sich mit jedem Wort. Sie konnte nicht anders, als tief beeindruckt von ihrem Scharfsinn zu sein. Doch sie schüttelte auch besorgt den Kopf, als sie die Begeisterung der beiden sah, die am liebsten sofort wieder zu Hansen wollten. „Seid ihr sicher, dass das eine gute Idee ist?“, fragte sie leise, während sie ihre Hände fest um die Tasse schloss. Doch die beiden schienen unerschütterlich. „Es gibt noch so viel zu entdecken“, flüsterte Ann, und Alex nickte eifrig. „Hansen wartet sicher schon auf uns“, fügte er hinzu.

Tännchen seufzte, wusste aber, dass sie die beiden mit nichts aufhalten konnte, schaute Ann und Alex liebevoll an und bat sie schließlich, ihren treuen Hund Brick mitzunehmen, wenn sie sich wieder auf den Weg zu Hansen machen würden. „Er ist ein guter Wächter, und wenn ihr so intensiv mit den alten Rätseln beschäftigt seid, könnte es nie schaden, einen aufmerksamen Hund an eurer Seite zu haben.“

Brick, der in der Nähe geduldig lauerte, spitzte die Ohren bei der Erwähnung seines Namens.

Mit einem letzten dankbaren Lächeln verließen Ann und Alex mit dem aufgeregten und Schwanzwedelnden Brick, die gemütliche Küche und machten sich auf den Weg, bereit, die letzten Geheimnisse zu erkunden.

Bald schon leuchtete das blaue Hansensche Haus aus der Ferne ihnen freundlich entgegen.

Schloemer war bereits im Schutz der tiefen Nacht aufgebrochen, weit vor Tagesanbruch, um sicherzustellen, dass ihm keine Bewegung der anderen entging. Mit einem leisen, berechnenden Lächeln auf den Lippen hatte er sich an ihnen vorbeigeschlichen, lange bevor die Sonne auch nur am Horizont zu erahnen war.

Sein Weg führte ihn quer durch das noch schlafende Dorf, über feuchte, von Tau bedeckte Wiesen und durch einen Waldpfad, der ihn direkt zur Datscha führte, die sein Ziel schon seit Tagen war. Das frühe Aufbrechen war für Schloemer jedoch kein Opfer, sondern ein taktischer Zug. Er wollte den Kindern und allen anderen immer einen Schritt voraus sein.

In aller Ruhe hatte er sich schließlich an seinem verborgenen Platz eingerichtet, noch bevor der erste Vogel das Licht des Morgens begrüßte.

Behutsam zog er das dicke Blattwerk zur Seite, sodass er direkt auf die Fensterfront des Hauses sehen konnte. Jeder Laut, jede Bewegung wurde von ihm wachsam registriert. Sein langer Mantel war sorgfältig auf dem Waldboden ausgebreitet, damit keine raschelnden Blätter unter ihm hervorknirschen und seine

Anwesenheit verraten konnten. Eine Zigarette glühte zwischen seinen langen Fingern, während er einen Zug nach dem anderen nahm, wobei der Rauch nur kurz über seinem Kopf aufstieg und dann mit der Brise davongetragen wurde.

In dieser Position konnte er bequem ausharren, denn Schloemer war ein Meister der Geduld. Stunden vergingen ihm wie Minuten. Hin und wieder schloss er die Augen und lauschte konzentriert- das leise Klirren von Geschirr und gelegentliche, gedämpfte Stimmen drangen aus dem Inneren des Hauses. All dies setzte er in seinem Kopf zusammen, wie ein Puzzle, das ihm bald ein vollständiges Bild liefern würde.

Als Schloemer die kleine Gruppe am Horizont auftauchen sah, schlich sich ein selbstgefälliges Lächeln auf sein Gesicht. Doch kaum nahm er den Hund an ihrer Seite wahr, verschwand sein Grinsen abrupt. Seine Augen verengten sich misstrauisch, und sein Herzschlag beschleunigte sich. Der Hund – Brick, wie er aus Gesprächen mitgehört hatte, war ein kräftiger, aufmerksamer Begleiter, der schon früher durch seinen ausgeprägten Geruchssinn aufgefallen war.

Schloemer duckte sich hastig tiefer ins Gebüsch, in der Hoffnung, der Hund würde seine Anwesenheit nicht bemerken. Er hatte sich akribisch vorbereitet, aber mit einem Hund hatte er nicht gerechnet. „Das könnte kompliziert werden," murmelte er leise und biss sich ungeduldig auf die Unterlippe.

Er wusste, dass er an diesem Punkt vorsichtiger sein musste als je zuvor. Nur eine falsche Bewegung, und Brick würde ihn wittern.

Ihm fiel ein, dass er in seinem Gepäck, ein kleines Fläschchen, mit einer stark duftenden Essenz aus Eukalyptus und Kampfer hatte, die den Geruchssinn eines Hundes irritieren konnte. So begann er sich mit dieser Essenz zu besprühen, und gratulierte sich über seinen eigenen Scharfsinn.

Als Ann und Alex die Datscha erreichten, öffnete Tom ihnen mit einem strahlenden Lächeln die Tür. Seine Augen leuchteten voller Vorfreude, als er sie in eine herzliche Umarmung zog. „Endlich seid ihr da! Wir haben auf euch gewartet," rief er aus, während Hansen im Hintergrund freudig nickte.

Hansen trat einen Schritt vor und klopfte beiden liebevoll auf die Schultern. „Kommt rein, ihr zwei! Es ist schon alles vorbereitet." Sein Lächeln war warm und beruhigend, die Begrüßung offen und vertraut. Tom und Hansen geleiteten Ann und Alex ins Wohnzimmer, wo sie eine wohlige Wärme empfing. Die beiden hatten den Tisch bereits mit Keksen, und Notizbüchern vorbereitet, und auf einem kleinen Holztablett lagen die geheimnisvollen Pergamentrollen, die sie alle seit Tagen in ihren Bann zogen.

Die Freundschaft und das Vertrauen, das zwischen ihnen bestand, waren spürbar in allen Gesten. Es fühlte sich an, als wären sie nicht nur Verbündete in einem Rätsel, sondern eine kleine Familie, die sich gegenseitig Kraft und Trost spendete.

Hansen blickte die Gruppe an, sein Gesicht von einer Mischung aus Vorfreude und Ernst gezeichnet. „Vielleicht ist es an der Zeit," begann er vorsichtig. „Lasst uns noch einmal zur Flasche hinuntergehen," sagte er leise. Brick wird meine Stube hier bewachen, Hansen legte behutsam eine Hand auf Bricks Kopf und kraulte ihn sanft hinter den Ohren. „Brick," flüsterte er, „ich brauche dich hier, Brick blickte Hansen aufmerksam an, die Ohren leicht nach vorn gerichtet, als verstünde er genau, was man ihm verlangte. Mit einem kurzen Wedeln seines buschigen Schwanzes nahm er die Aufforderung an und setzte sich dann ganz still in die Mitte der Stube, wachsam und mit gespannter

Haltung. Sein Blick wanderte aufmerksam zwischen den vier Freunden und der Tür hin und her, und gelegentlich legte sich seine Schnauze kurz auf den Boden, nur um sofort wieder hochzuschnellen, wenn sich ein Geräusch regte. Es war, als spüre er die Wichtigkeit seiner Aufgabe – hier musste er wachen.

Langsam ging Hansen zum alten Bücherregal, das dicht an der Rückwand des Arbeitszimmers stand. Mit präzisen, ruhigen Bewegungen schob er einen der verstaubten Wälzer leicht nach links, und man hörte das sanfte Klicken des versteckten Mechanismus. Geräuschvoll knarrend begann das massive Regal auf einer versteckten Schiene zur Seite zu gleiten und enthüllte die steile Treppe, die ins Dunkel führte.

Vorsichtig wurden die Pergamentrollen eingesammelt, man wird sie nochmals vor Ort genau betrachten. Hansen trat voran und deutete ihnen, ihm zu folgen. „Vorsichtig," warnte er leise, „die Stufen sind alt und das Licht schummrig."

Einer nach dem anderen stiegen sie die knarrende Treppe hinunter, bis sie schließlich den verborgenen Raum erreichten.

Beim Betreten des Kellers breitete sich eine dumpfe Stille aus. Auf dem großen Steintisch in der Mitte des Raumes stand die Truhe, mit ihrem mysteriösen Inhalt. Hansen näherte sich mit Bedacht, als würde eine plötzliche Bewegung in irgendeiner Weise stören. Langsam öffnete er die Truhe, griff mit zittrigen Händen nach der Flasche. Ein Moment der Stille lag über dem Keller, und die Luft schien mit einer schweren Spannung gefüllt.

Als die Flasche aus ihrer Vertiefung gehoben wurde, begann das Licht schwach durch das Glas zu flackern – ein Schimmer, der sich wie eine lebendige Welle durch die Flüssigkeit zog. Die Substanz im Inneren glitt träge von einer Seite zur anderen, und das Exponat schien zu pulsieren und auf die Bewegung zu reagieren.

Ann trat unwillkürlich einen Schritt zurück, ihre Augen geweitet. „Spürt ihr das auch?" flüsterte sie, fast wie zu sich selbst, doch jeder verstand, was sie meinte. Ein kalter Hauch, wie ein nicht greifbarer Nebel, schien sich um die Gruppe zu legen, während das sanfte Flackern der Flasche sich verstärkte. Hansen hielt die Flasche nun aufrecht, und man konnte die Schatten des geheimnisvollen Inhalts beobachten, wie es im Glas schwebte und sich verformte.

„Das ist…", Alex zögerte, die Worte auszusprechen. Es war, als ob die Flasche eine Antwort erwartete, eine Herausforderung darstellte – die verborgene Kraft darin, von der keiner wusste, ob sie schützende Weisheit oder unkontrollierbares Unheil freisetzen würde.

Hansen senkte die Flasche langsam und zog die anderen mit einem ernsthaften Blick zu sich. „Was auch immer in dieser Flasche steckt, es wird uns nicht helfen, wenn wir nicht die richtigen Antworten finden," flüsterte er mit bebender Stimme.

„Man spürt förmlich ihre Kraft," flüsterte Ann, ihre Augen fest auf die Flasche gerichtet, die eine eigenartige Aura verströmte. Es war, als würde etwas in der Tiefe der Flüssigkeit sie anblicken, als wäre es lebendig – als würde es auf den richtigen Moment warten, um seine Macht zu entfalten.

„Wir müssen vorsichtig sein," sagte Hansen, seine Stimme kaum mehr als ein Flüstern. „Diese Kraft ist nichts, mit dem man leichtfertig umgehen kann."

Die Luft in Hansens Keller war kühl und schwer, durchzogen von einer unheimlichen Stille, die die Anwesenheit der mysteriösen Flasche noch intensiver machte.

Sich Mut zusprechend standen sie kurze Zeit später, gebeugt über die Pergamentrollen, die sie zuvor entschlüsselt hatten.

Doch es war Schmidt Hansen, der als Erster die Wahrheit erfasste:

„Es gibt drei Rätsel," murmelte er mit belegter Stimme,

während sein Blick auf die Flasche mit den drei Zahlenschlössern fiel. „Drei Herausforderungen, die uns gestellt werden, um die volle Macht der Flüssigkeit in die richtigen Bahnen zu lenken."

„Was genau müssen wir tun?" Alex trat unruhig von einem Bein aufs andere, seine Stirn in Sorgenfalten gelegt.

„Die Pergamentrollen gaben uns Hinweise," antwortete Hansen, aber nur, wenn wir sie korrekt anwenden, können wir die drei Zahlenschlösser öffnen und bekommen den letzten wichtigen Hinweis, und können die Flasche entsiegeln, so dass das Unheil nicht entfesselt wird."

Ann nickte. „Ja aber wir besitzen nur 2 Rollen, nur 2 Rätsel haben wir gelöst, wie sollen wir dann das dritte Zahlenschloss entriegeln. Tom legte den Kopf schief, sein zerzaustes Haar fiel ihm in die Stirn, als er nachdenklich sagte: Das dritte Rätsel... muss irgendwo verborgen sein."

Die Spannung im Raum war greifbar, jeder von ihnen spürte die Schwere ihrer Aufgabe, denn tief im Inneren wussten sie, dass ein einziger Fehler alles ruinieren könnte.

Ann schloss die Augen, versuchte, ihre Gedanken zu ordnen: „Das dritte Rätsel ist vielleicht noch nicht bereit sich zu zeigen, wir sollten mit dem Öffnen des ersten und zweiten Schlosses beginnen, und sehen was dann geschieht!“

Alex und Tom tauschten einen schnellen Blick.“ dann sollten wir einen Schritt nach dem anderen gehen! Zuerst die Lösung des ersten Rätsels anwenden.

„Ok, denken wir an das Rätsel der 3 Wächter, hörte man Ann geduldig. Wenn wir das Prinzip anwenden, dann müssen wir das Gegenteil von dem wählen, was uns der erste Wächter zeigen würde.“

„Moment mal“, sagte Tom und trat näher an die Flasche heran. „

„Wir müssen die Schlösser genau betrachten. Vielleicht gibt es Zeichen.“

Ann beugte sich vor und betrachtete die Schlösser genauer. Auf den ersten Blick wirkten sie identisch, doch als sie genau hinsah, bemerkte sie kleine Unterschiede. „Da sind winzige Markierungen“, (1), (2), und die (3), stellte sie fest. „Das erste Schloss hat einen Kratzer, als ob jemand es bereits oft versucht hat. Das zweite sieht unberührt aus, und das dritte… hat eine stärkere Abnutzung an den Rändern.“

„Der dritte Wächter, der Unberechenbare“, murmelte Tom.“

Ann überlegte einen Moment. „Das bedeutet, wir dürfen dem dritten Schloss nicht vertrauen. Es bleibt also das erste und das zweite Schloss.“

„Wenn der zweite Wächter immer lügt…“, setzte Alex an.

„Dann müssen wir das erste Schloss wählen“, vollendete Tom. „Es könnte der richtige Weg sein, genau wie beim Rätsel der Wächter. Der, der uns die Wahrheit zeigt.“

„Ganz schön verrückt“ brummelte Hansen mit einem unsicheren Blick in die Runde. Es vergangen Minuten des Schweigens.

Tom Remo trat zögernd, aber entschlossen vor. „Ich werde es wagen“, erklärte er, und seine Stimme klang fest, doch in seinen Augen flackerte eine Mischung aus Mut und Nervosität. Kaum hatte er die Worte ausgesprochen, begannen sich seine Ohren auf seltsame Weise zu verändern. Sie vergrößerten sich langsam, die Spitzen bogen sich in eleganten Kurven und nahmen die Form kleiner Trompeten an. Das Echo seines Herzschlags hallte in ihnen wider, und das Gefühl war so intensiv, dass ihm ein Schauder über den Rücken lief.

Er streckte die Hand nach dem ersten Schloss aus, doch in dem Moment, in dem seine Finger die Oberfläche berührten, schien sich sein Körper selbst zu verändern. Ein sanfter Schimmer legte sich über ihn, und für kurze Augenblicke wurde er unsichtbar, nur um dann wieder in Erscheinung zu treten, als wäre er ein flackernder Schatten im Raum. Die Verwandlung war so überraschend, dass er selbst den Atem anhielt. Ann und Alex schauten gebannt zu, ihre Augen weit aufgerissen, als sie das seltsame Schauspiel verfolgten.

Toms Haare begannen sich zu heben, die einzelnen Strähnen formten sich zu dichten Büscheln, die wie kleine Federn aus seinem Kopf sprossen. Es sah aus, als wäre sein Haar selbst lebendig geworden, und der Anblick war gleichermaßen erstaunlich wie merkwürdig. Tom nahm einen tiefen Atemzug, seine Hand zitterte leicht, doch mit einem festen Nicken drehte Tom den Zahlencode des ersten Schlosses, den sie durch die verborgenen Hinweise auf der Flasche entschlüsselt hatten. Mit einem leisen „Klick" sprang das Schloss auf, und das Metall fiel klirrend zu Boden.

Die drei Freunde standen wie versteinert um Tom herum, ihre Augen gebannt auf seine zitternde Hand gerichtet, die gerade das erste Schloss an der Flasche gelöst hatte. Kein Wort fiel, kein Atemzug war zu hören; es schien, als hätte die Spannung die Luft selbst in einen dichten Nebel verwandelt, der über ihnen lag.

Tom verharrte einen Moment, seine Augen weit geöffnet, während er die Flasche kaum wagte anzusehen. Die geheimnisvolle Flüssigkeit darin glomm leise auf, ein Licht von tiefem Grün und Purpur, das sich langsam durch das Glas ausbreitete. Die Wände des Raumes schienen im unheimlichen Glanz zu beben, als ob selbst sie die Macht dieser Flüssigkeit spürten.

Ann legte unwillkürlich eine Hand auf den Mund, um ein keuchendes Aufatmen zu unterdrücken. Alex' Augen folgten jeder kleinsten Bewegung, sein Blick fest in die Flasche gebohrt, als würde er im tiefen Schimmer etwas finden, das nur er erkennen konnte. Die Zeit schien stillzustehen, als das Licht intensiver wurde, pulsierend und lebendig, als sei eine unsichtbare Macht dabei, sich einen Weg ins Freie zu bahnen.

Der Raum war erfüllt von einem fast unhörbaren Summen, das mit jeder Sekunde lauter wurde, bis es sich schließlich in ein fernes

Flüstern verwandelte. Tom wagte kaum zu blinzeln, seine Freunde kaum zu atmen – das Gefühl, dass gleich etwas Gewaltiges passieren würde, legte sich schwer auf ihre Brust.

Das Flüstern schwoll an, tanzte um die Kinder wie ein unsichtbarer Strom, der sich immer dichter um sie legte. Toms Finger zitterten, als die Flasche in seiner Hand einen leichten, pulsierenden Schein abgab, der sich wie ein Schleier über die Umgebung legte. Der Druck in der Luft wuchs, und mit ihm eine unerklärliche Spannung, als ob das uralte Wissen, das in dem Elixier gefangen war, endlich entweichen wollte.

Ann und Alex traten einen Schritt zurück, ihre Augen geweitet, und es fühlte sich an, als hielte die Zeit selbst den Atem an. Tom spürte die Schwere der Flasche, doch es war nicht nur Gewicht – es war eine Erinnerung, eine uralte, gespenstische Macht, die plötzlich ein Bewusstsein zu entwickeln schien.

„Tom“, flüsterte Ann kaum hörbar. „Was … was passiert da?“

Bevor er antworten konnte, entglitt ihm die Flasche, und in dem Moment, als sie den Boden berühren sollte, schien sie in der Luft zu schweben. Ein Hauch von grünem Licht strömte aus dem Inneren und durchflutete den Raum.

Das Vibrieren der Flasche wurde stärker, es schien, als ob sie mit einer ungreifbaren Kraft rang. Dann, das grüne Licht, das den Raum erfüllt hatte, pulsierte noch einmal heftig, bevor es plötzlich erlosch. Die Flasche sank sanft auf den Boden, ohne auch nur ein Geräusch zu machen. Die Luft, die zuvor schwer und elektrisch geladen war, beruhigte sich, als hätte eine unsichtbare Hand die tobenden Wellen geglättet.

Ein merkwürdiges Gefühl der Stille legte sich nun über den Raum. Kein Summen, kein Flüstern war mehr zu hören, nur der Klang der eigenen Herzschläge, die allmählich langsamer wurden. Tom hob die Flasche vorsichtig auf. Sie war wieder still, das grüne Elixier darin schimmerte schwach, als hätte es seine Energie vorerst verloren.

Die Flasche stand nun schwer und träge vor der Truhe, ihre grünliche Flüssigkeit beruhigt, aber das Glas schien nun klarer zu sein als je zuvor.

Ann nickte leicht, und ihr roter Pferdeschwanz schien, als hätte er ein Eigenleben, sie konnte kaum stillsitzen, die Energie in ihrem Körper schien zu revoltieren, als ob sie mit der Flasche in Resonanz stand.

„Das zweite Rätsel, das der „drei Tore“, haben wir ebenfalls gelöst, wir könnten auch das zweite Schloss öffnen, wir sollten nicht länger warten,“ drängte sie, während sie auf die Flasche deutete. Die schimmernde Flüssigkeit war zwar beruhigt, doch Ann spürte, dass sie nur darauf wartete, dass sie den nächsten Schritt wagten. Es liegt an uns, weiterzugehen. Wenn wir es jetzt nicht tun, wer weiß, was passieren könnte.“

Alex wirkte skeptisch. „Ann, ich verstehe deinen Eifer, aber was, wenn wir einen Fehler machen? Das hier ist keine Spielerei. Wir reden von einer uralten Kraft, die wir kaum verstehen.“

Tom stand mit verschränkten Armen daneben, sein Gesicht war eine Mischung aus Nachdenklichkeit und Unbehagen. „Vielleicht hat Alex recht. Das erste Schloss ging auf, weil wir zusammengearbeitet haben. Aber... sollten wir nicht besser warten, bis wir mehr wissen?“

Ann drehte sich mit einem entschlossenen Blick zu ihren Freunden um. „Es geht hier nicht um Wissen. Es geht um Vertrauen – in uns und das, was wir herausgefunden haben. Die „drei Wächter“ haben uns gelehrt, dass wir handeln müssen, wenn die Zeit reif ist. Und jetzt ist die Zeit reif.“

Sie trat langsam zur Flasche hinüber. Ihre Finger zitterten leicht, als sie das Schloss mit der Markierung (3) berührte, das wie ein verschlungener Kreis aus Metall wirkte. Die Gravuren darauf – die Symbole des Rätsels – schienen im Licht aufzuleuchten, als ob sie Anns Berührung erkannten.

„Ich werde es tun," sagte sie leise, mehr zu sich selbst als zu den anderen. Ihre Augen schlossen sich, und sie konzentrierte sich auf das Bild der „vier Tore".

Somit ist die Aussage von Tür 3 ist wahr, und die Lösung ist: Das Geheimnis liegt hinter Tür 3.

Ann spürte, wie seltsame Kräfte in ihr erwachten, und plötzlich schien die Luft um sie herum dichter zu werden, und man hätte glauben können, die unsichtbare Energie gehe von ihren Händen aus, und begann durch die Kette in das Schloss zu fließen. Ein tiefes, leises Summen erfüllte den Raum, das nach und nach zu einem klaren, fast musikalischen Klang wurde.

Mit einem lauten „Klicken" sprang das nächste Schloss auf und fiel zu Boden. Ann öffnete die Augen und schnappte nach Luft, als ob sie aus einem Traum erwachte. „Es ist offen," flüsterte sie, ihre Stimme war heiser, aber voller Erleichterung. Die Flasche stand ruhig aber immer noch seltsam leuchtend am gleichen Fleck.

Nachdem das zweite Schloss geöffnet war, schien Tom wie in zwei Welten gleichzeitig zu leben. Von außen wirkte er ruhig, fast gefasst, doch in seinem Inneren tobte ein Sturm, den er kaum in Worte fassen konnte. Es war, als hätte das Öffnen des Schlosses eine unsichtbare Verbindung zu ihm geschaffen, die etwas Fremdes und Uraltes in ihm zum Schwingen brachte. Ein dumpfer Druck lastete auf seiner Brust, als würde etwas in ihm erwachen, dass er nicht verstand.

Seine Gedanken waren unruhig, sprangen von einer Erinnerung zur nächsten. Er fühlte sich erschöpft, als hätte er die ganze Nacht gekämpft, und doch schien sein Geist hellwach, fast überreizt. Ein leises Flüstern drang immer wieder an sein Ohr, ohne dass er die Worte verstehen konnte, und es ließ seine Nerven vibrieren. Er hatte das Gefühl, als würde das Rätsel der Schlösser tief in ihn greifen und etwas berühren, das er lange Zeit verborgen gehalten hatte.

Toms Blick wirkte leer, wenn er vor sich hinstarrte, doch seine Hände zitterten leicht, als könne sein Körper kaum die Last der unsichtbaren Verbindung tragen. Ein Teil von ihm wollte weglaufen, sich der Situation entziehen, doch eine seltsame Faszination hielt ihn fest. Er wusste, dass das Öffnen des Schlosses etwas verändert hatte – nicht nur an der Flasche, sondern auch in ihm. Es war, als hätte die Zeit für einen Moment angehalten, und er selbst befand sich an der Schwelle zu etwas Unbekanntem.

Nach einer unendlich langen Weile, wie es für alle schien, hob Tom das Gefäß langsam an und bemerkte einen schwachen Glanz auf der Rückseite des Sockels, auf dem die Flasche gestanden hatte.

„Was ist das?" flüsterte er, seine Stimme kaum mehr als ein Hauch. Die anderen sahen ihm gespannt zu, während er vorsichtig nach dem Objekt griff. Seine Finger berührten kaltes, leicht raues Pergament. Mit zitternden Händen zog er es hervor – eine zusammengerollte, dritte Pergamentrolle, die durch ein rotes Seidenband gesichert war.

Die Rolle wirkte älter und abgenutzter als die beiden vorherigen. Ihre Kanten waren ausgefranst, und das Pergament schien von den Jahren vergilbt zu sein. Doch trotz ihres Zustands strahlte sie eine seltsame Aura aus, als ob die Zeit selbst sie bewahrt hätte.

Tom entrollte sie vorsichtig und offenbarte darauf eine Reihe seltsamer Symbole und Notizen, die anders wirkten als die bisherigen. Unter den Zeichen schimmerte ein Name in verblassendem Gold: „Das Rätsel der Verbindung“

„Das war hier die ganze Zeit verborgen,“ murmelte Ann, als sie nähertrat. Ihre Augen waren weit geöffnet vor Verwunderung. „Wie konnte niemand es bemerken?“

Alex kniete sich neben Tom und deutete auf einige der Symbole. „Ich glaube, das hier ist der Schlüssel, den wir gesucht haben. Aber warum erst jetzt? Und warum war es hinter der Flasche versteckt?“

Die Gruppe blickte sich an, ihre Herzen pochten schneller. Dies war kein Zufall. Das Auftauchen der dritten Pergamentrolle schien eine neue Ebene des Geheimnisses zu offenbaren – eine, die sie vielleicht endlich näher an die Wahrheit bringen würde.

Plötzlich jedoch erklang ein Flüstern, sanft und doch deutlich. Es war keine Stimme, die aus einer Richtung kam – sie war überall und nirgendwo zugleich.

„Zeit, Zeit…“, hauchte die Stimme, ein Klang wie das Rascheln von Blättern im Wind, eindringlich und vertraut zugleich.

Hansen und die Freunde sahen sich verwirrt an. Ann trat einen Schritt vor und wollte etwas sagen, doch ihre Stimme blieb ihr im Hals stecken. Das Flüstern verstummte so abrupt, wie es gekommen war, und hinterließ eine tiefere Stille, als sie je zuvor gespürt hatten. Es war, als hätte der Raum den Atem angehalten, wartend, bis sie die Bedeutung dieser Worte begriffen

Die Flasche jedoch begann sich zu verändern. Die Flüssigkeit darin wirbelte erneut auf, und die Symbole auf ihrem Glas leuchteten schwach. Ein fernes Flüstern, kaum wahrnehmbar, schien von ihr auszugehen.

Plötzlich begann sich der Raum zu verändern. Ein feiner Nebel quoll aus der Flasche, schimmernd wie flüssiges Silber. Zuerst schien er harmlos, doch dann wurde er dichter und dichter, bis er alles umhüllte. Die Kinder konnten kaum mehr ihre eigenen Hände vor Augen sehen.

„Was passiert jetzt?" flüsterte Alex nervös, seine Stimme wirkte erstickt im Nebel.

„Bleibt ruhig," sagte Ann, ihre Augen suchten in der dichten weißen Wolke nach irgendeinem Anhaltspunkt. Doch die Sicht blieb verschwommen.

Dann begann sich der Nebel langsam zu verziehen, fast so, als würde er von einer unsichtbaren Hand beiseitegeschoben. Die Konturen des Raumes kehrten zurück, Möbel und Wände schälten sich aus der nebligen Schwärze heraus. Schließlich wurde ein kleiner Tisch in der Mitte des Raumes sichtbar – und darauf stand ein Kästchen.

Das Kästchen war aus dunklem Holz gefertigt und mit feinen Ornamenten verziert, die das Licht auf geheimnisvolle Weise einfingen. Es schien, als würde es die gleiche Energie ausstrahlen wie die Flasche, nur sanfter, weniger bedrohlich.

Ann trat vorsichtig näher, gefolgt von Alex und Tom. Ihre Herzen klopften wild, als sie sich dem Kästchen näherten.

„Was ist das?" murmelte Tom und beugte sich vor, um es genauer zu betrachten.

Ann hob vorsichtig den Deckel. Darin lagen vier Ringe, jeder mit einem Edelstein besetzt: ein Rubin, ein Saphir, ein Diamant, und ein Smaragd. Die Steine schimmerten in einem Licht, das keiner der Kinder zuordnen konnte – es war, als hätten sie ein eigenes, inneres Leuchten.

„Das... das sind Ringe," sagte Ann, ihre Stimme klang ehrfürchtig.

Tom griff vorsichtig nach einem der Ringe, hielt jedoch inne, bevor er ihn berührte. „Aber was sollen wir jetzt tun? Die Ringe... sie bedeuten etwas. Aber was?"

Ann schloss den Deckel des Kästchens vorsichtig wieder. „Wir werden es herausfinden," sagte sie entschlossen. „Aber eines ist sicher: Dieses Kästchen ist der Schlüssel zur nächsten Etappe."

Der Raum war wieder still, der Nebel vollständig verschwunden, doch die Luft schien schwer von Erwartungen. Irgendwo in den Schatten schien etwas zu lauern – die Antwort auf eine Frage, die sie noch nicht zu stellen wagten.

„Was haben wir getan?“ fragte Tom mit einer Mischung aus Ehrfurcht und Angst, während Ann, immer noch mit dem zweiten Schloss in der Hand, langsam zurücktrat.

Hansen atmete tief ein, und langsam kehrte die Farbe in sein blasses Gesicht zurück. Die Linien seiner Stirn glätteten sich ein wenig, als er sich vorsichtig aufsetzte. Er rang einen Moment um Fassung und schien die Umgebung mit neuen Augen zu betrachten, als hätte die intensive Energie des Augenblicks ihm einen Schub innerer Stärke verliehen. Schließlich sprach er, seine Stimme immer noch rau, aber sanft und voller Wärme.

„Ihr wart sehr tapfer,“ sagte er mit einem leichten Lächeln und ließ seinen Blick über die Kinder wandern. „Ich weiß, das war beängstigend. Aber ich bin euch unendlich dankbar, dass ihr bei mir geblieben seid.“ Seine Worte, obwohl leise und heiser, trugen eine Sanftheit, die wie eine warme Umarmung auf sie wirkte.

„Die Kraft dieser Flasche, diese Rätsel... es ist nicht einfach, zu verstehen,“ fuhr er fort. „Doch mit eurer Hilfe, mit eurer Entschlossenheit, sind wir einige Schritt weiter.

Jetzt aber – jetzt können wir erst einmal durchatmen.“ Er lachte leise und nickte ihnen zu, als ob er ihnen sagen wollte, dass der schlimmste Teil überstanden sei.

„Morgen werden wir uns alle zusammen das dritte Rätsel vornehmen,“ sagte Hansen und sah in die aufmerksamen Augen der Freunde. „Doch für heute... ruht euch aus. Wir werden noch vieles zusammen herausfinden.“ Erleichtert stimmten alle zu, sie wussten, dass sie auf dem richtigen Weg waren, doch ein Rätsel und ein Schloss standen noch zwischen ihnen und dem Geheimnis der Flasche. Vorsichtig legten sie die Flasche zurück ins Kästchen.

Das dritte Rätsel

Schloemer lehnte angespannt an seinem gewohnten Baumversteck, seine Augen auf das Fenster der Stube gerichtet. Er hatte nur kurz seinen Blick abgewendet, überzeugt, dass die Gruppe noch in der warmen Stube saß – doch nun war der Raum leer. Kein Geräusch drang zu ihm heraus, nur die Stille eines verlassenen Hauses. Ein kalter Schauer lief ihm über den Rücken. "Wie konnten sie so schnell verschwinden?" murmelte er und trat einen Schritt näher.

Mit vorsichtigen, gedämpften Schritten schlich er an der Hauswand entlang, sein Atem flach, seine Bewegungen einstudiert. Doch gerade als er um die Ecke spähte, fiel sein Blick auf zwei wachsam leuchtende Augen, fixiert auf ihn. Brick, der weiß-gelbe Labrador, saß in perfekter Haltung in der Mitte der Stube, den Kopf leicht gesenkt, aber die Ohren gespitzt und auf Schloemer gerichtet. Das blaue Halsband hob sich wie ein kühler Kontrast von seinem glänzenden Fell ab.

Schloemer verharrte, sein Herz schlug schneller, während Brick ihn weiterhin durch das Fenster fixierte. Der Hund stand ruhig, kein Bellen, kein Knurren, nur dieser durchdringende, wachsame Blick, der Schloemer verriet, dass jede Bewegung beobachtet wurde. Schloemer trat einen Schritt zurück, doch der Labrador verzog sich nicht, als würde er ihn stumm warnen.

Die Stille wurde bedrückend, und Schloemer begann zu spüren, dass Brick nicht nur ein gewöhnlicher Hund war. Der Labrador wirkte wie ein stiller Wächter der Geheimnisse, entschlossen, jeden ungebetenen Eindringling fernzuhalten. Schloemer schluckte, hielt den Atem an, und zog sich langsam zurück in die Schatten, seine Bewegungen noch vorsichtiger, als zuvor, seine Hände zitterten leicht, während er sich nervös eine Zigarette anzündete. Der schwache Lichtschein einer Straßenlaterne reflektierte auf seiner verschwitzten Stirn. Sein Blick wanderte unruhig zwischen den Fenstern des Hauses und dem Mond am Himmel, der wie ein stummer Zeuge über die Szenerie wachte.

Sein Instinkt schrie danach, sofort zu handeln, in das Haus zu stürmen und Antworten zu fordern. Doch die Unsicherheit nagte an ihm. Was, wenn Hansen nicht so schwach war, wie er sich vorgab? Was, wenn diese Kinder tatsächlich etwas in sich trugen, dass er nicht verstand? Wie soll er dem Hund begegnen?

Er ballte seine Hand, die Zigarette zerbrach zwischen seinen Fingern. Schloemer hatte nicht die Kontrolle, die er gewohnt war, und das ließ ihn fast den Verstand verlieren. Er trat einen Schritt vor, doch ein lautes Knacken eines Zweiges unter seinem Schuh ließ ihn erstarren. Ein Schatten hinter dem Vorhang bewegte sich, und er hielt den Atem an.

"Nicht jetzt," flüsterte er zu sich selbst, während er zurückwich, die Dunkelheit nutzend, um unsichtbar zu bleiben. "Morgen. Morgen werde ich vorbereitet sein."

Er schob sich tiefer in die Gasse, sein Kopf arbeitete fieberhaft. Pläne formten sich, wurden wieder verworfen, und doch blieb eine Frage unerträglich laut in seinem Geist: Was, um alles in der Welt, war Hansen in die Hände gefallen?

Seine Nervosität wich einem kalten Entschluss, während er sich in die Schatten zurückzog. Der nächste Tag würde alles entscheiden. Er schlich davon, er wollte sich auf keinen Fall vom Hund aufspüren lassen!

Leo Thaler

Die abendliche Dämmerung legte sich wie ein weiches Tuch über die Straßen, als Ann, Alex und Brick endlich die Haustür der Thalers erreichten. Brick, der sonst voller Energie durch die Gegend schnüffelte, trottete ungewöhnlich ruhig an Alex' Seite. Seine Ohren waren leicht gesenkt, als ob auch er die Schwere des Tages spürte.

Alex schloss die Tür mit einem dumpfen Klicken auf, und die vertraute Wärme des Hauses empfing sie. Der Flur war in goldenes Licht getaucht, das aus der angrenzenden Küche sickerte, wo Leo Thaler gerade einen dampfenden Becher Tee umrührte. Als die Kinder eintraten, hob er den Kopf und sein Gesicht erhellte sich kurz – bevor sich Sorgenfalten auf seine Stirn legten.

„Ihr seid spät dran," bemerkte er, legte den Löffel beiseite und musterte sie genauer. „Alles in Ordnung?"

Ann nickte hastig, aber ihr müder Blick und die Schatten unter ihren Augen verrieten, dass es nicht ganz stimmte. Alex hingegen wich dem prüfenden Blick seines Vaters aus und zog sich den Rucksack von den Schultern. „Es war... ein langer Tag," murmelte er, während er sich an den Stuhl im Esszimmer lehnte.

Leo ließ seinen Blick zwischen den beiden wandern. „Ihr seht aus, als hättet ihr einen Marathon hinter euch. Und Brick…" Er beugte sich zu dem Hund hinunter, der sich sofort neben Alex auf den Boden sinken ließ, mit einem tiefen, fast resignierten Seufzen. „Selbst er wirkt erschöpft."

Ann ließ sich auf einen der Stühle fallen und stützte ihren Kopf in die Hände. „Wir haben… einfach nur viel nachgedacht. Und sind viel gelaufen.“ Es war eine halbe Wahrheit, aber sie wusste, dass Vater Leo nicht nachbohren würde – zumindest nicht sofort.

Leo betrachtete seine Tochter und Alex noch einen Moment, dann seufzte er. „Gut. Aber ihr solltet wirklich mehr auf euch achten. Ich hole euch was zu essen.“ Er verschwand in die Küche, während sein Blick immer wieder zu ihnen zurückkehrte, als ob er spüren konnte, dass sie ihm etwas verheimlichten.

Brick hob kurz den Kopf und legte ihn dann wieder auf die Pfoten, als Ann ihm sanft über den Rücken strich. „Ich glaube, er spürt, dass etwas nicht stimmt,“ flüsterte sie leise zu Alex.

Leo kam mit zwei dampfenden Tellern Spaghetti zurück und stellte sie auf den Tisch. „Egal, was es ist – ihr könnt es mir sagen, wenn ihr soweit seid. Aber jetzt esst erstmal. Ihr braucht Energie.“ Sein Ton war ruhig, fast beiläufig, aber die Sorge in seinen Augen war unübersehbar.

Ann und Alex sahen sich kurz an, dann begannen sie zu essen, während Leo sich mit einer Tasse Tee zu ihnen setzte. Brick schien für den Moment zufrieden, als Leo ihm ein Stück Brot hinunterwarf. Doch in der Luft hing etwas Ungesagtes – ein Geheimnis, das noch auf den richtigen Moment wartete, um sich zu offenbaren.

Alex spürte den prüfenden Blick seines Vaters auf sich und wusste, dass er etwas sagen musste, bevor die Stille zu drückend wurde. Mit einem leisen Seufzen setzte er sich aufrechter hin und begann, die Worte vorsichtig zu wählen.

„Es war nichts Besonderes, Dad,“ sagte er, während er mit der Gabel in seinen Spaghetti herumstocherte. „Ann und ich wollten Brick ein bisschen auspowern, also sind wir raus ins Feld gegangen. Dann haben wir ein paar alte Bekannte von Ann getroffen, und die hatten...“ Er zögerte einen Moment, bevor er weiterredete, „so ein Rätselbuch dabei. Du weißt ja, wie Ann ist, wenn es um Rätsel geht. Wir haben uns total darin verloren und die Zeit vergessen."

Leo lehnte sich leicht zurück und zog eine Augenbraue hoch. „Ein Rätselbuch? Das klingt... nach einer ziemlich langen Sitzung. Warum habt ihr nichts gesagt?"

„Naja," Alex zuckte mit den Schultern und vermied den direkten Blickkontakt, „wir haben nicht gemerkt, wie spät es wurde. Es war spannend, irgendwie wie ein kleines Abenteuer. Aber nichts Gefährliches oder so."

Ann, die neben ihm saß, hielt den Atem an, als sie merkte, dass ihr Vater nicht ganz überzeugt war. Sie fügte hastig hinzu: „Die Aufgaben waren echt knifflig! Es war eigentlich ganz lustig, und Brick war die ganze Zeit bei uns. Er hat die frische Luft genossen, stimmt's, Brick?" Sie tätschelte dem Hund sanft den Kopf.

Brick, als ob er Ann's Intention verstand, hob leicht den Kopf und gab ein leises Brummen von sich, das fast wie Zustimmung klang.

Leo beobachtete sie eine Weile, seine klugen Augen schienen jeden Winkel der Geschichte abzutasten, als suche er nach Lücken. Schließlich seufzte er und hob die Hände in einer beschwichtigenden Geste. „Na gut. Ihr seid beide hier und gesund, also will ich nicht nachbohren.

Sein Lächeln wirkte kurz, fast gezwungen, bevor er wieder zu seiner Tasse griff und daran nippte. Doch während er scheinbar beruhigt auf die Gesichter seiner Kinder blickte, war sein Inneres alles andere als ruhig.

Er erinnerte sich an das letzte Gespräch: Schloemers Drohung, sein zynisches Grinsen, Leo spürte, wie sein Magen sich zusammenzog. Er ballte unbewusst eine Faust unter dem Tisch, die Nägel gruben sich in die Handfläche.

Sein Blick wanderte unbewusst zur dunklen Fensterscheibe, hinter der die Nacht wie ein Tuch lag.

Die Kinder wirkten müde, ausgelaugt – das war offensichtlich. Alex rieb sich unauffällig die Augen, und Ann hatte kaum einen Bissen von ihrem Essen genommen. Leo wollte ihnen nicht noch mehr Sorgen aufladen, nicht jetzt, wo sie ohnehin schon genug durchmachten. „Ok dann schlaft euch aus, ihr habt ja Ferien, und Brick sieht auch sehr müde aus."

Leo schleppte sich zurück an seinen Schreibtisch, die Tasse längst kalten Kaffees vor sich, und starrte in die Dunkelheit außerhalb des Fensters. Seine Gedanken waren schwer, seine Stirn in tiefe Falten gelegt.

Er betrachtete das alte Familienalbum, das er vor sich aufgeschlagen hatte. Die leicht angegilbten Bilder erzählten Geschichten aus einer anderen Zeit – fröhliche Gesichter, festliche Kleidung, Momente des Zusammenhalts. Und doch hatten diese Bilder ihn jahrelang mit einer Last beschwert, die er jetzt langsam abzustreifen begann.

Er erinnerte sich an den Tag, an dem Schloemer zum ersten Mal aufgetaucht war – charmant, aber mit einer Aura von Arroganz, die Leo schon damals beunruhigte. Schloemer hatte behauptet, er kenne die wahre Geschichte seiner Familie. Mit geschickten Worten und vermeintlich unwiderlegbaren Beweisen hatte er Leo glauben lassen, dass dunkle Geheimnisse tief in den Wurzeln seiner Familie verborgen lagen.

„Dein Großvater war kein Held", hatte Schloemer gesagt, mit einem Ton der Überlegenheit, der Leo bis ins Mark erschüttert hatte. „Er war ein Mann mit fragwürdigen Verbindungen. Es ist besser, wenn du es akzeptierst."

Jahrelang hatte Leo mit dieser vermeintlichen Wahrheit gelebt, gequält von Schuld und Scham, die nicht seine eigene war. Er hatte sich entfremdet gefühlt von der Geschichte seiner Familie, als ob er ein Erbe trug, das er nicht verstehen und noch weniger gutheißen konnte.

Doch dann, war alles ins Wanken geraten. Eine alte Truhe, die in einem verstaubten Lagerraum der Familie gefunden worden war, hatte Dokumente und Briefe ans Licht gebracht, die eine völlig andere Geschichte erzählten. Sie bewiesen, dass Schloemers Anschuldigungen nichts als Lügen gewesen waren, sorgfältig gesponnen, um Leo zu manipulieren und ihn in eine Position der Abhängigkeit zu drängen.

Leo spürte noch immer die Welle der Erleichterung, die ihn überflutet hatte, als er die Wahrheit erkannte. Sein Großvater war kein Feigling gewesen, kein Verräter. Ganz im Gegenteil – er hatte Widerstand geleistet, hatte sich für die Schwachen eingesetzt, selbst wenn es ihn beinahe alles gekostet hätte.

Jetzt, als er über diese Erkenntnis nachdachte, fühlte Leo eine Mischung aus Zorn und Erleichterung. Schloemer hatte versucht, ihn zu brechen, seine Identität zu zerstören, aber letztlich war er gescheitert.

„Du bist stärker als er", flüsterte Leo leise zu sich selbst, schloss das Album und lehnte sich in seinem Stuhl zurück. Seine Hände zitterten leicht, doch sein Blick war fest. Schloemer hatte ihn belogen und benutzt, aber Leo wusste jetzt, wer er war – und das gab ihm eine Stärke, die niemand ihm nehmen konnte.

Die Wahrheit über Schloemer lastete wie ein schwerer Stein auf seiner Brust. Sie zeigten Verbindungen zu dunklen

Machenschaften im Dritten Reich, zu Wissenschaftlern und Experimenten, die besser für immer im Schatten geblieben wären.

Jetzt, mit Schloemers wachsender Bedrohung, kehrte die Frage zurück: Sollte er die Wahrheit ans Licht bringen? Ein öffentlicher Skandal könnte Schloemer in die Knie zwingen, ihn seiner Macht berauben und vielleicht sogar für immer aus ihrem Leben verbannen. Doch die Konsequenzen waren unvorhersehbar.

Leo strich sich über das Gesicht und ließ seinen Blick auf ein gerahmtes Foto auf dem Schreibtisch fallen. Es zeigte ihn, Alex und Ann an einem sonnigen Tag, unbeschwert und glücklich. Was, wenn Schloemer in seiner Wut zurückschlagen würde? Was, wenn er Alex und Ann ins Visier nehmen würde?

Sein Herz zog sich zusammen. Er wusste, dass Schloemer zu allem fähig war. Nein, dachte Leo, das Risiko ist zu groß.

Er nahm einen tiefen Atemzug, lehnte sich in seinem Stuhl zurück und schloss für einen Moment die Augen. Die Wahrheit zu enthüllen war eine mächtige Waffe – aber auch eine gefährliche. Vielleicht war es besser, die Angelegenheit vorerst ruhen zu lassen und stattdessen einen Weg zu finden, Schloemers Einfluss auf subtilere Weise zu schwächen.

Doch selbst als Leo diese Entscheidung traf, spürte er, wie die Schuld und die Angst in ihm nagten. Die Wahrheit war wie ein Gespenst, das nicht so leicht verschwinden würde.

Rätsel der Verbindung

Schloemer spähte aus der Dunkelheit seines Verstecks, seine Augen fest auf das vertraute Fenster gerichtet. Ein bekanntes Bild bot sich ihm: Die drei Freunde saßen erneut in der kleinen Stube bei Hansen Schmidt. Der alte Puppenmacher saß in seinem Lehnstuhl, ein Pergament in den Händen, während er mit leiser Stimme zu ihnen sprach. Ann schien aufmerksam zu lauschen, ihre Stirn nachdenklich gerunzelt. Tom spielte nervös mit einem kleinen Stück Holz, das er in der Hand hielt, und Alex saß ruhig auf einem alten Hocker, mit Brick, dem Hund, der treu zu seinen Füßen lag.

Brick wirkte wachsam, sein Kopf lag zwar auf den Pfoten, aber seine Augen waren hellwach und folgten jeder Bewegung im Raum. Ab und zu hob er den Kopf, als hätte er etwas gespürt, was die anderen nicht bemerkten. Alex schien dies zu bemerken und legte kurz die Hand auf Bricks Kopf, was den Hund beruhigte.

Schloemer kniff die Augen zusammen. Es war beinahe absurd, wie vertraut diese Szenerie wirkte. Doch genau das war es, was ihn beunruhigte. Die Hartnäckigkeit der Kinder, ihre regelmäßigen Besuche bei Hansen – es passte alles in das Bild, das er seit Tagen zusammensetzte. Sie wussten mehr, als sie vorgaben. Und dieser verdammte Hund... Immer wieder schien es, als ob er Schloemers Gegenwart ahnte, was ihn noch unruhiger machte.

Tief in Gedanken versunken, murmelte Schloemer leise zu sich selbst: „Sie haben etwas entdeckt. Aber wie weit sind sie wirklich? Und wie lange kann ich noch im Schatten bleiben?"

Seine Hände waren verkrampft zu Fäusten geballt, doch er zwang sich, die Muskeln zu entspannen. Die Nerven in seinen Armen brannten vor Anspannung, aber er wusste, dass er ruhig bleiben musste. Jeder Atemzug war ein Kampf gegen die aufsteigende Panik, die ihn zu überwältigen drohte.

Er zwang sich, die Augen zu schließen und seine Gedanken zu ordnen. „Bleib ruhig, Schloemer“, murmelte er leise zu sich selbst. „Du musst klar denken. Sie dürfen nicht herausfinden, was du wirklich willst.“

Langsam öffnete er die Augen und richtete seinen Blick erneut auf das Fenster. Draußen, im Schein des flackernden Mondlichts, sah er, wie die Gruppe sich zum geheimen Kellerweg hinunterbewegte. Der Eingang war gut verborgen, eine unscheinbare Tür hinter einem alten Bücherregal in Hansens Haus.

Schloemer beobachtete sie aufmerksam, seine Augen verengten sich vor Misstrauen und Neugier. Brick, der sonst so lebhafte Hund, blieb zurück, besonders vorsichtig, die Ohren gespitzt und den Blick wachsam. Es war, als ob er Schloemers Präsenz in der Luft spürte, auch wenn dieser sich in den Schatten versteckt hielt.

Die Vier, traten in die dunklen Stufen des Kellers. Ein kalter Luftzug wehte ihnen entgegen, begleitet von dem leisen Echo ihrer Schritte auf den alten Steinfliesen. Schloemer konnte kaum glauben, dass ihm dieser Raum bisher entgangen war.

Er spürte, wie seine Herzfrequenz anstieg, doch er zwang sich, ruhig zu bleiben. Ein weiterer innerer Kampf entbrannte: Soll er ihnen folgen? Sollte er sich einmischen? Doch die Regeln waren klar – er durfte nicht eingreifen, zumindest nicht jetzt. Stattdessen entschied er sich, seine Beobachtungen weiterzuführen und mehr über ihre Beweggründe herauszufinden.

Mit festem Entschluss zwang er sich, seine Nervosität zu unterdrücken. „Du kannst das“, flüsterte er sich selbst zu. „Bleib ruhig und warte ab.“

Durch sein Fernrohr konnte Schloemer erkennen, wie Ann die letzten Schritte zum Ende der Treppe machte, bevor sie den Kellerraum betraten. Er nahm nur wage einen dunklen, engen Raum wahr, gefüllt mit alten Möbeln und staubigen Regalen. Sie schienen sich sofort auf die Arbeit zu konzentrieren, als ob sie wussten, dass Schloemer sie beobachtete.

Es war klar, dass die drei Freunde entschlossen waren, die Geheimnisse weiter zu entschlüsseln, die sie so tief in die Katakomben der Charité geführt hatten.

Schloemer spürte, wie die Last seiner eigenen Geheimnisse schwerer auf seinen Schultern lastete. Doch jetzt, da er Zeuge ihrer Entschlossenheit war, wurde ihm klar, dass die kommenden Tage entscheidend sein würden. Er musste bereit sein, seine eigenen Pläne zu schützen und gleichzeitig herauszufinden, wie tief die Verbindung zwischen seiner Vergangenheit und den uralten Rätseln wirklich war.

Mit einem nervösen Blick auf das Haus, drehte sich Schloemer um und verschwand wieder in die Dunkelheit seines Verstecks. Die Nacht war noch lang.

Die Luft im Keller war schwer und kühl, durchdrungen von einer Stille, die fast körperlich spürbar war. Schmid-Handen, Ann, Alex und Tom standen um die letzte Pergamentrolle, die Ann vorsichtig auf den alten Holztisch legte. Die flackernde

Lichtquelle einer einzelnen Kerze warf lange, zitternde Schatten auf die Wände, die die Atmosphäre noch bedrohlicher machten.

Ann hielt den Atem an, während sie die eingerollte Schrift mit zitternden Fingern entfaltete. Das Pergament knisterte leise, als sie es glättete, und ein feiner Hauch von Staub stieg auf, der die Kinder zum Husten brachte. Die Schrift darauf war verblasst, doch die filigranen Buchstaben und Symbole strahlten eine unaussprechliche Macht aus. Es schien, als ob die Worte lebendig wären, sich in den Köpfen der Freunde formten, bevor ihre Augen sie lesen konnten.

„Es sieht... anders aus als die anderen", murmelte Tom, seine Stimme kaum hörbar. Er spürte die Anspannung in seinem eigenen Körper, die ihn wie ein eisernes Band umklammerte. „Es ist nicht nur ein Rätsel... da steckt mehr dahinter."

Alex nickte langsam, seine klugen braunen Augen glitten aufmerksam über die Schriftzeichen. „Es fühlt sich... lebendig an", flüsterte er. „Als ob es uns beobachtet."

Ann schluckte hart. Sie war diejenige gewesen, die darauf bestanden hatte, das zweite Schloss zu öffnen und die dritte Rolle hervorzuholen, doch jetzt nagte ein Zweifel an ihr. Hatte sie die anderen in Gefahr gebracht? Sie drängte den Gedanken beiseite und richtete ihre Aufmerksamkeit auf die mysteriösen Zeichen vor sich. Ihre Hand strich über das Pergament, und sie erschauerte – es fühlte sich kälter an, als es sollte.

Brick tauchte auf, ließ ein leises Knurren hören und rückte nahe an Alex heran, als wolle er ihn auf etwas aufmerksam machen, seine Augen wachsam auf die Rolle gerichtet. Alex legte beruhigend eine Hand auf seinen Kopf, doch die Spannung in seinem eigenen Körper ließ nicht nach.

„Was steht da?" fragte Tom endlich, seine Stimme war trocken und klang brüchig in der drückenden Stille.

Ann zog tief Luft, ihre Augen verengten sich, während sie versuchte, die kryptischen Symbole und Zeilen zu entschlüsseln. Doch je länger sie las, desto mehr schien die Zeit selbst stillzustehen. Die Worte schienen sich zu verschieben, zu tanzen, als wollten sie sich vor ihrem Verständnis verstecken.

„Es ist... ein Warnhinweis", flüsterte Ann schließlich, ihre Stimme zitterte leicht. „Ein Rätsel, ja, aber auch ein Test. Es sagt, dass wir... etwas aufgeben müssen, um weiterzukommen."

Die Worte ließen ein kaltes Frösteln durch den Raum gehen. Alex runzelte die Stirn. „Etwas aufgeben? Was sollen wir denn aufgeben?"

Ann schüttelte den Kopf, ihre Augen immer noch auf die Rolle fixiert. „Ich weiß es nicht. Aber es steht hier eindeutig, dass nur diejenigen, die bereit sind, ein Opfer zu bringen, die wahre Macht des Wissens erlangen können."

Tom wich einen Schritt zurück, seine Atmung beschleunigte sich. „Ein Opfer? Was für ein Opfer? Ich meine, wir haben schon so viel riskiert!"

Die drei Freunde sahen sich an, jeder mit einer Mischung aus Angst und Entschlossenheit in den Augen. Der Raum schien noch kleiner zu werden, die Luft noch schwerer. Irgendwo tief in ihrem Inneren wussten sie, dass dies der entscheidende Moment war – der Punkt, an dem es kein Zurück mehr gab.

„Wir müssen es herausfinden", sagte Alex schließlich, seine Stimme war fest, obwohl seine Hände zitterten. „Sonst war alles umsonst."

Ann nickte langsam, obwohl ihr Herz wie wild pochte. Mit zitternden Fingern strich sie das Pergament erneut glatt und begann, die Worte laut vorzulesen, während die anderen angespannt lauschten und Brick leise knurrte, als ob er die Gefahr ahnte, die ihnen bevorstand.

OK, wir sehen das „Rätsel der Verbindung" ist in kryptische Worte und Symbole gehüllt, die auf den ersten Blick keine klare Bedeutung haben, ineinander verschlungene Kreise, die alle von einem zentralen Punkt ausgehen. In jedem Kreis ist ein Juwel abgebildet: ein Rubin, ein Saphir, ein Diamant und ein Smaragd. Jeder dieser Kreise war von einer Reihe feiner Linien durchzogen, die wie Pfade wirkten, die in das Zentrum führten.

Unter den Symbolen steht ein Text in einer eleganten, aber verblassten Handschrift:

„Vier Wege führen zur Wahrheit, doch nur einer wird dich zum Ziel leiten.

Der Rubin spricht von Mut, der Saphir von Weisheit, der Diamant von Stärke, der Smaragd von Heilung.

Doch nur jene, die erkennen, dass die Macht nicht in einem einzelnen Juwel, sondern in ihrer Harmonie liegt, werden die Wahrheit erlangen."

„Zusätzlich zu den Worten sehe ich Anweisungen, die darauf hinweisen, dass die Kreise in einer bestimmten Reihenfolge berührt werden müssen!“ Hörte man Alex.

und hier eine Warnung: „Ein Fehler, und die Verbindung zerbricht – und mit ihr die Hoffnung.“

Am unteren Rand der Rolle war ein kleines goldenes Symbol eingeprägt: ein Schlüssel, der inmitten der verschlungenen Linien fast unsichtbar war.

Die Gruppe starrte auf das Rätsel, ihre Gedanken rasten.

„Harmonie?“ flüsterte Ann und strich mit ihrem Finger über die verschlungenen Kreise. „Meint es, dass wir alle zusammenarbeiten müssen? Oder dass alle Juwelen gleichzeitig aktiviert werden?“

Tom, spürte ein seltsames Prickeln in seinen Fingern. „Vielleicht geht es um uns. Was, wenn wir die Verbindung sind? Wir, die Kinder, und Schmidt-Hansen.“

Alex runzelte die Stirn und deutete auf den zentralen Punkt. „Vielleicht müssen wir die Wege der Juwelen irgendwie zu diesem Punkt führen. Es ist wie ein Puzzle.“

Doch die Worte der Warnung hallten in ihrem Kopf nach: „Ein Fehler, und die Verbindung zerbricht.“

Die Lösung des „Rätsels der Verbindung“ war so raffiniert wie gefährlich, doch die Kinder und Schmidt-Hansen blieben konzentriert und geduldig.

Ann war die Erste, die begriff, dass die Verbindung nicht nur symbolisch gemeint war, sondern physisch umgesetzt werden musste. Die verschlungenen Kreise und Linien waren keine bloßen Verzierungen, sondern ein interaktives Muster. Jeder der

Kreise, die die Juwelen repräsentierten, konnte mit einem sanften Druck aktiviert werden – aber nur, wenn die Reihenfolge stimmte.

Ann las erneut die Hinweise: Die Schritte zur Lösung: Entschlüsselung der Reihenfolge:

Der Saphir spricht von Weisheit. - Der Rubin von Mut.

Der Diamant von Stärke. - Der Smaragd von Heilung.

Sie überlegte laut: „Wenn es um Harmonie geht, bedeutet das vielleicht, dass die Elemente miteinander abgestimmt sein müssen. Mut allein ist bedeutungslos ohne Weisheit. Stärke ohne Heilung kann zerstörerisch sein."

Gemeinsam entschied die Gruppe, die Reihenfolge so zu setzen:

Rubin → Saphir → Smaragd → Diamant.

Mut → Weisheit →Heilung → Stärke

Die Anspannung, die wie ein unsichtbares Gewicht auf ihren Schultern gelastet hatte, begann allmählich zu weichen, als Ann die letzten Worte ihrer Entscheidung laut vorlas. Ihre Stimme klang immer sicherer, und als sie den letzten Satz abschloss, legte sich eine seltsame Ruhe über den Raum. Es war, als ob das Rätsel selbst ihre Entschlossenheit gespürt und sie für diesen ersten Schritt belohnt hatte.

Ann lehnte sich zurück und ließ die Rolle mit zitternden Händen auf den Tisch sinken. Ein tiefer Atemzug entfloh ihren Lippen, als sie ihren Blick zu Alex und Tom wandte. Ihre Augen glänzten, eine Mischung aus Erleichterung und Triumph, obwohl sie wusste, dass der Weg noch nicht zu Ende war.

„Wir haben es geschafft... zumindest diesen Teil", sagte sie, ihre Stimme leise, aber voller Hoffnung.

Alex nickte langsam, seine Hände auf Bricks Kopf ruhend. Die Wärme von Bricks Fell unter seinen Fingern schien ihn zu beruhigen. „Es ist ein Anfang“, murmelte er, seine klugen Augen immer noch auf die Rolle gerichtet. „Aber wir müssen vorsichtig sein. Das war nur der erste Schritt.“

Tom ließ sich mit einem erleichterten Seufzen auf einen der alten Stühle fallen und rieb sich über das Gesicht. „Ein Anfang, ja... aber wenigstens wissen wir jetzt, dass wir etwas richtig gemacht haben. Das... das fühlt sich gut an.“

Die Schwere des Raums, die zuvor fast erdrückend gewesen war, hatte sich gewandelt. Es war, als ob die Mauern des alten Kellers selbst die Anstrengung und den Erfolg der Gruppe anerkannten. Der flackernde Kerzenschein wirkte nun heller, fast freundlicher, und das Summen in der Luft war verschwunden.

Brick legte seinen Kopf auf Alex' Knie und schloss kurz die Augen, als ob auch er die Erleichterung der Menschen spüren konnte. Alex kraulte ihn sanft und sah zu Ann hinüber. „Das war mutig von dir, Ann. Ohne dich hätten wir es nicht geschafft.“

Ann lächelte schwach, ihre Wangen leicht gerötet vor Erleichterung und Stolz. „Wir haben es zusammen geschafft“, sagte sie und sah von einem zum anderen. „Aber ihr habt recht, das war nur der Anfang. Wir müssen weitermachen.“

In diesem Moment spürten sie eine seltene Einheit – eine Stärkung ihres Zusammenhalts. Es war nicht nur die Erleichterung, sondern auch die Erkenntnis, dass sie aufeinander zählen konnten. Trotz der Dunkelheit, die noch vor ihnen lag, hatte dieser Moment ihnen Mut gegeben, weiterzugehen.

Was sie nicht ahnten, Schloemer bewegte sich lautlos näher heran, er hielt es nicht mehr aus, die Schatten, die dicken Mauern des Anwesens von Hansen schienen ihn beinahe zu verschlucken.

Seine Schritte waren vorsichtig, seine Bewegungen geschmeidig wie die eines Raubtiers, das seine Beute beobachtete. Sein Atem war flach, seine Augen glitten wachsam von einer Ecke zur nächsten, während er den Stimmen lauschte, die leise aus der Tiefe des geheimen Kellers drangen.

Je näher er kam, desto klarer wurden die Worte, doch ihre Bedeutung entzog sich ihm wie ein flüchtiger Traum. Die Sprache, die sie sprachen, war durchzogen von Andeutungen und geheimnisvollen Begriffen – die „vier Juwelen“, die „Verbindung“, der „letzte Schritt“. Schloemer kniff die Augen zusammen, während sein Herz schneller schlug. Er konnte spüren, dass sie kurz vor etwas Großem standen, etwas, das für ihn von größtem Interesse sein könnte. Doch die genaue Bedeutung blieb ihm verborgen, als ob sie in einem Rätsel selbst verborgen war.

Plötzlich, ein Geräusch. Eine Bewegung. Schloemer erstarrte. Die Gruppe war aufgestanden, und Schritte hallten aus dem Keller herauf. Sein Atem stockte, als er sich eilig hinter eine alte Regalreihe duckte, die in einem dunklen Winkel der Stube stand. Die Schritte kamen näher – zu nah. Ein Moment der Panik ergriff ihn, als Alex und Brick direkt an seinem Versteck vorbeigingen. Brick blieb kurz stehen, hob die Schnauze und schnüffelte in die Luft.

Schloemer wagte kaum zu atmen. Sein Herzschlag pochte in seinen Ohren, als Brick kurz zu Alex hinübersah, dann jedoch weiterlief. „Komm, Junge, hier entlang“, sagte Alex leise und zog den Hund mit sich. Schloemer presste sich noch enger an die Wand und konnte im nächsten Moment ungesehen die Stube verlassen.

Er richtete sich langsam auf, der Schweiß stand ihm auf der Stirn. Das war zu knapp gewesen. Dennoch – er wusste jetzt mehr als zuvor. Auch wenn er die Details nicht verstand, ahnte er, dass die Lösung der Kinder ein Schlüssel war, den er selbst benötigte. Ein zynisches Lächeln glitt über seine Lippen, als er sich in die Schatten zurückzog. Die Zeit war noch nicht reif für eine Konfrontation, aber er war nah genug, um zuzuschlagen, wenn es nötig war.

Ann hielt kurz inne, ihr Blick verweilte auf dem dunklen Schatten, der sich am Rande ihres Sichtfeldes bewegte. Für einen Moment zog sich ihr Magen zusammen, eine kalte Hand schien ihr Herz zu umklammern. Hatte sie gerade etwas gesehen? Eine Silhouette, kaum greifbar, wie eine flüchtige Erinnerung an einen Traum. Sie blinzelte und drehte sich leicht, doch da war nichts – nur die reglosen Umrisse der alten Möbel und das gedämpfte Flackern des Lichts aus dem Keller.

„Ann? Alles in Ordnung?" Alex' Stimme war leise, fast besorgt, als er sie ansah.

„Ja... ja, es ist nichts", murmelte Ann und versuchte, sich selbst zu beruhigen. Ihre Hände waren feucht, und sie rieb sie unbewusst an ihrer Bluse ab. Sie konnte das Gefühl nicht abschütteln, beobachtet worden zu sein, aber gleichzeitig war sie sich sicher, dass ihr Verstand ihr einen Streich spielte. Schließlich hatten sie gerade erst die letzte Pergamentrolle entziffert, die Rätsel hatten ihre ganze Konzentration gefordert, und die Atmosphäre im Keller war so geladen gewesen, dass ihre Nerven noch immer angespannt waren.

„Ich denke, ich bin einfach... nervös. Das Ganze... es ist irgendwie viel, weißt du?" Sie zwang ein schwaches Lächeln und hoffte, dass Alex es nicht hinterfragen würde.

Brick sah sie aufmerksam an, seine Ohren leicht nach vorn geneigt, als ob auch er etwas gespürt hätte. Doch als Ann ihm einen aufmunternden Klaps auf den Kopf gab, trottete der Hund weiter, scheinbar unbeeindruckt.

Ann atmete tief durch und versuchte, ihre Gedanken zu sortieren. Es war nichts. Es musste nichts sein. Die düstere Stimmung des Kellers und die Spannung der letzten Stunden hatten sie einfach zu sehr beeinflusst. Dennoch blieb ein Hauch von Unruhe, ein unmerklicher Stich in ihrem Bewusstsein, der sie nicht loslassen wollte.

Ann bemerkte zuerst das veränderte Licht. Es war dunkler geworden, die letzten goldenen Strahlen der Sonne hatten sich in ein tiefes Orange verwandelt, das durch die Fenster des Hauses fiel. Sie blinzelte, verwirrt, und warf einen Blick auf die alte Standuhr im Flur. Ihre Augen weiteten sich.

„Wartet mal... Es ist schon halb sechs?“, fragte sie erstaunt und drehte sich zu den anderen um. „Wir waren doch keinen ganzen Tag da unten, oder?“

Alex, der Brick jetzt an der Leine hielt, sah ebenfalls überrascht aus. „Halb sechs? Unmöglich! Ich hätte geschworen, dass wir gerade erst hinuntergegangen sind.“

Tom zuckte mit den Schultern, seine Stirn in Falten gelegt. „Ich dachte, es wären vielleicht zwanzig Minuten gewesen. Aber Stunden?“ Er warf Hansen einen fragenden Blick zu.

Der alte Mann strich sich über seinen Bart, seine scharfen Augen schienen kurz ins Leere zu blicken, als er nach einer Erklärung suchte. „Zeit ist im Angesicht großer Konzentration oft trügerisch. Wir waren tief in den Rätseln vertieft, und ich vermute, das Geheimnisvolle an diesem Ort hat unseren Verstand zusätzlich beeinflusst.“

„Vielleicht liegt es auch an der Flasche?“ Alex wagte es, die Vermutung auszusprechen. „Immerhin hat sie schon vorher... eigenartig reagiert.“

„Möglich.“ Hansen nickte langsam, sein Ton nachdenklich. „Es gibt Berichte über Objekte mit einer Art temporaler Verzerrung – sie können unser Zeitgefühl beeinflussen. Besonders, wenn sie mit so mächtigen Rätseln und Energien verknüpft sind wie das, was wir gerade erlebt haben.“

Ann schüttelte den Kopf, immer noch ungläubig. „Aber... warum merken wir es dann erst jetzt? Es fühlte sich doch unten so normal an.“

„Vielleicht“, begann Tom zögernd, „weil es uns genau das vorgaukeln sollte. Dass alles normal ist. Damit wir nicht merken, wie stark es wirklich ist.“

Brick schnüffelte am Türrahmen und gab ein leises Knurren von sich, als ob er die unheimliche Atmosphäre noch spürte.

„Wie auch immer,“ sagte Hansen schließlich, „wir haben Fortschritte gemacht. Aber diese Erfahrung zeigt uns, dass wir vorsichtig sein müssen. Die Flasche – und die Rätsel – scheinen mehr Einfluss auf uns zu haben, als wir annehmen.“

Ann nickte langsam, aber ein unwohles Gefühl blieb in ihrer Magengrube zurück. Die Zeit mochte vergangen sein, doch die Bedeutung dessen, was sie im Keller entdeckt hatten, fühlte sich noch immer wie ein ungelöstes Rätsel an.

So war die Stimmung seltsam still, fast ehrfürchtig, als die Freunde und Hansen im warmen Licht der Stube standen. Der Tag war in jeder Hinsicht außergewöhnlich gewesen, und die Müdigkeit, die sie nun überkam, war wie eine schwere Decke, die sich über ihre Schultern legte.

Ann sah zu Alex und Tom, ihre Augen glänzten vor Erschöpfung, aber auch vor einem unausgesprochenen Versprechen. „Wir haben heute so viel geschafft," sagte sie leise, ihre Stimme voll von Entschlossenheit. „Aber morgen – morgen machen wir weiter. Dann schaffen wir das."

Tom nickte langsam, seine Hände noch immer unruhig in den Taschen seiner Jeans. „Ja. Wir sind nah dran. Ich spüre es." Er warf einen kurzen Blick zu Hansen, der neben dem Kamin stand, seine Hände auf den Spazierstock gestützt.

„Ihr habt heute Außergewöhnliches geleistet," sagte Hansen mit seiner warmen, tiefen Stimme. „Doch jetzt ist es Zeit, euch zu erholen. Das, was vor uns liegt, erfordert klare Köpfe und frische Energie."

Alex, der Brick an seiner Seite hatte, bückte sich, um dem Hund sanft über den Kopf zu streichen. „Du hast recht. Aber wir kommen morgen zurück, Hansen. Versprochen."

Der alte Mann lächelte schwach, seine klugen Augen glitzerten in dem schwindenden Licht. „Ich werde hier sein. Und die Rätsel werden auch noch da sein, keine Sorge."

Ann trat nach vorne und drückte Hansen leicht die Hand, eine spontane Geste der Dankbarkeit. „Danke, dass Sie uns helfen. Ohne Sie wären wir nicht so weit gekommen."

„Ihr bringt mehr mit, als ihr denkt," erwiderte Hansen mit einem leichten Nicken. „Eure Freundschaft, eure Entschlossenheit – sie sind das, was euch wirklich voranbringt."

Mit einem letzten, stillen Moment, in dem jeder die Bedeutung des Tages spürte, öffnete Hansen die schwere Eingangstür. Draußen war die Luft kühl, und die ersten Sterne funkelten am klaren Nachthimmel.

„Bis morgen," sagte Ann, bevor sie die ersten Schritte nach draußen setzte.

„Bis morgen," wiederholte Alex, und Tom hob zum Abschied kurz die Hand.

Ann, Alex und Brick folgten dem Weg fast mechanisch, zurück in die vertraute Welt, und es fühlte sich an, als hätten sie ein unsichtbares Band geschmiedet – eins, das sie weitertragen würde, egal, welche Herausforderungen noch vor ihnen lagen. Hansen und Tom blieben in der Tür stehen, bis sie außer Sicht waren, die Gedanken bereits bei dem, was der nächste Tag bringen könnte.

Schloemer stand reglos im Schatten eines knorrigen Baumes, seine Augen fest auf die Gruppe gerichtet, die sich gerade von Hansen verabschiedete. Der Ausdruck auf seinem Gesicht wechselte zwischen Frustration und einer düsteren Nachdenklichkeit. Seit Stunden hatte er sie beobachtet, jeden ihrer Schritte verfolgt, in der Hoffnung, ein Geheimnis zu entschlüsseln oder eine Schwachstelle zu entdecken. Doch nun, da sie das Haus verließen, wurde ihm klar, dass er an diesem Tag nichts ausrichten konnte.

Seine Nägel gruben sich leicht in seine Handflächen. "Verdammt," murmelte er leise zu sich selbst, die bittere Erkenntnis schmeckte wie Galle. Seine Planlosigkeit fraß an ihm, während er noch ein letztes Mal in Richtung der sich entfernenden Freunde starrte.

Mit einem entschlossenen Ruck wandte er sich ab, sein Mantel wehte leicht in der kühlen Nachtluft. Die Kälte half, seine Gedanken zu ordnen. Es war sinnlos, länger zu verweilen – die Kinder und dieser verdammte Hansen waren für heute uneinnehmbar.

Schloemer schlich durch die Schatten zurück, so leise wie ein Geist, darauf bedacht, keine Spur zu hinterlassen. Sein Gang wurde schneller, beinahe gehetzt, als er die Erkenntnis zuließ, dass er seine Kräfte besser für einen anderen Angriff bündeln musste. Der Rückzug war schmerzlich, aber notwendig.

Sein Herz schlug wild, nicht nur wegen der körperlichen Anstrengung, sondern auch vor Zorn über seine Machtlosigkeit. „Das war erst der Anfang," flüsterte er zu sich selbst, während er sich durch die dunklen Straßen bewegte. „Morgen wird es anders laufen."

Als er schließlich in sicherer Entfernung war, beschleunigte er seine Schritte, bis er beinahe rannte. Der Gedanke, Zeit zu verlieren, ließ ihn nicht zur Ruhe kommen. Er musste Pläne schmieden, Verbündete finden, und vor allem – die Kontrolle wiedererlangen. Sein Versteck bot ihm zumindest die Sicherheit, die er in diesem Moment brauchte, doch die Flamme seiner Ungeduld loderte weiter.

Schloemer wird entdeckt

Nachdem Alex und Ann zuhause angekommen waren, herrschte zunächst eine eigenartige Stille. Das große, alte Haus, das normalerweise so vertraut wirkte, schien an diesem Abend in eine eigentümliche Ruhe gehüllt zu sein. Ihr Vater, Leo Thaler, hatte sich bereits in sein Arbeitszimmer zurückgezogen, und so stiegen die beiden Geschwister alleine die knarrenden Holzstufen hinauf in Alex' Zimmer. Brick, der treue Hund, trottete dicht hinter ihnen her, seine Schritte kaum hörbar auf dem Teppich.

Alex' Zimmer war eine kleine Welt für sich. Es war voller Bücher, alter Landkarten, und an den Wänden hingen Poster von Sternbildern. Das Herzstück des Raumes aber war der Alkoven, eine gemütliche Nische mit einem breiten Fenster, das den Blick auf den sternenklaren Himmel freigab. Alex warf seinen Rucksack in eine Ecke, ließ sich erschöpft in den Alkoven sinken und starrte hinaus in die Dunkelheit. Ann folgte ihm, setzte sich ihm gegenüber und zog die Beine an den Körper. Brick legte sich schnaufend zu ihren Füßen.

„Was glaubst du, was uns morgen erwartet?“ fragte Ann leise und brach damit die Stille. Ihre Stimme hatte einen nachdenklichen Klang, fast als ob sie die Frage mehr an sich selbst richtete.

Alex zuckte mit den Schultern und fuhr sich durch sein immer noch zerzaustes Haar. „Ich weiß es nicht,“ gab er zu, „aber... ich denke, wir kommen dem Ziel näher. Irgendwas Großes muss hinter all dem stecken – die Rätsel, die Flasche, das Exponat, diese... seltsame Energie, die man manchmal spürt. Es fühlt sich an, als ob es etwas ist, das niemand je finden sollte.“

Ann nickte langsam. „Aber warum dann ausgerechnet wir? Ich meine, warum sollten wir diejenigen sein, die das alles lösen? Hansen hat so viel Wissen, und selbst er, scheint unsicher zu sein.“

Alex dachte einen Moment nach, dann sagte er: „Vielleicht, weil wir die einzigen sind, die alles miteinander verbinden können. Hansen hat sein Wissen, aber wir haben... na ja, vielleicht unseren eigenen Blick auf die Dinge. Und Brick,“ fügte er mit einem schwachen Lächeln hinzu und kraulte den Hund hinter den Ohren.

Ann kicherte leise, aber dann wurde sie wieder ernst. „Denkst du, wir können wirklich etwas verändern? Was, wenn das Ziel gar nicht ist, etwas zu finden, sondern... etwas zu bewahren oder zu verstecken? Vielleicht war das der Grund, warum die Zarin die Flasche versiegeln wollte.“

Alex lehnte sich zurück, die Stirn gerunzelt. „Vielleicht. Aber wir müssen herausfinden, was genau es ist. Und warum Schloemer so verzweifelt hinter uns her ist. Er weiß mehr, Ann, das ist sicher. Vielleicht ist das Ziel gar nicht, die Rätsel zu lösen, sondern uns davon abzuhalten, sie zu lösen.“

Ann biss sich auf die Lippe, ihre Gedanken rasten. „Aber was wäre, wenn wir es herausfinden und es zu gefährlich wird? Was, wenn wir am Ende etwas entfesseln, das wir nicht kontrollieren können?“

Die Frage hing schwer im Raum, während beide in den Alkoven zurücksanken und aus dem Fenster blickten. Der Mond warf sein silbernes Licht über die Dächer der Stadt, und irgendwo in der Ferne heulte ein Hund.

„Vielleicht geht es darum,“ sagte Alex schließlich, seine Stimme kaum mehr als ein Flüstern. „Zu entscheiden, was richtig ist. Und was bewahrt werden sollte.“

Ann sah ihn an, ihre braunen Augen voller Zweifel, aber auch ein Funken Entschlossenheit schimmerte darin. „Dann sollten wir uns darauf vorbereiten, egal was kommt. Zusammen."

Alex nickte und streckte die Hand aus. Ann legte ihre eigene hinein, und für einen Moment saßen sie einfach nur da, inmitten von Büchern, Geheimnissen und der stillen Magie der Nacht, und hielten sich an der einzigen Gewissheit fest, die sie hatten: Sie würden das Abenteuer gemeinsam durchstehen.

Am nächsten Morgen weckte das fahle Licht der frühen Sonne Alex und Ann. Der Tag versprach klar und kühl zu werden, doch eine Spannung lag in der Luft, die beide sofort spürten. Nach einem schnellen Frühstück, das sie kaum hinunterbekamen, zogen sie sich warm an und machten sich bereit, zurück zu Hansen zu gehen. Brick war ungewöhnlich unruhig, scharrte an der Haustür und ließ ein leises, drängendes Winseln hören, während sie ihre Jacken anzogen.

„Was ist los, Junge?" fragte Alex und kniete sich zu ihm herunter. Brick blickte mit seinen intelligenten Augen in die Ferne, seine Ohren aufgerichtet, als würde er etwas hören, was die Geschwister nicht wahrnehmen konnten.

„Er ist nervös," stellte Ann fest, die ihre Tasche über die Schulter warf. „Vielleicht hat er eine Fährte aufgenommen."

Alex nickte nachdenklich, dann stand er auf. „Lass uns gehen. Wir dürfen keine Zeit verlieren."

Sie traten auf die Straße hinaus, Brick dicht an ihrer Seite. Die kalte Morgenluft wehte ihnen ins Gesicht, und für einen Moment schien alles friedlich. Doch nach ein paar Minuten begann Brick wieder zu winseln und blieb stehen, den Blick zurückgewandt.

„Da ist jemand,“ flüsterte Ann plötzlich, ihre Stimme angespannt. „Ich spüre es.“

Alex warf einen schnellen Blick über die Schulter, aber die Straße hinter ihnen war leer. Nur ein paar Passanten eilten ihren morgendlichen Besorgungen nach. Trotzdem konnte er das Gefühl nicht abschütteln, dass sie beobachtet wurden.

„Wir tun so, als würden wir nichts merken,“ sagte Alex leise, seine Stimme fest.

Ann nickte widerstrebend. Sie griff instinktiv nach Bricks Leine, um ihn näher bei sich zu halten, aber der Hund war bereits aufmerksam an ihrer Seite.

Sie gingen weiter, scheinbar unbeeindruckt von der unsichtbaren Bedrohung. Alex begann beiläufig, über die Rätsel zu sprechen, in der Hoffnung, ihre Verfolger abzulenken. „Meinst du, Hansen hat das letzte Rätsel schon gelöst? Vielleicht hat er über Nacht daran gearbeitet.“

Ann nahm den Faden auf, ihre Stimme bemüht locker. „Wahrscheinlich. Aber ich frage mich, was passiert, wenn wir das dritte Schloss öffnen. Vielleicht finden wir etwas, das wir nicht erwarten.“

Brick blieb kurz stehen, drehte sich um und knurrte leise, bevor Alex ihn mit einem leichten Ruck an der Leine weiterzog.

„Ruhig, Junge,“ murmelte er. „Wir schaffen das.“

Die Geschwister erreichten schließlich Hansens Haus, ohne dass etwas passierte, doch die Anspannung hatte sich wie ein schwerer Mantel über sie gelegt. Sie warfen noch einen letzten, schnellen Blick über die Schulter, bevor sie die Tür hinter sich schlossen.

„Ich glaube, wir sind nicht allein," flüsterte Ann, als sie sich ihrer Jacke entledigte.

Brick legte sich vor die Tür, die Ohren gespitzt, während die Geschwister von Hansen und Tom herzlich begrüßt wurden. Doch mit dem Wissen, dass der Schatten eines Verfolgers dicht hinter ihnen lauerte, wuchs ihre Nervosität.

In der gemütlichen, aber von der Spannung der Ereignisse erfüllten Stube von Hansen Schmidt versammelten sich die Freunde um den großen Holztisch. Tom, der auf einem der Stühle saß und mit einem Löffel in einer dampfenden Teetasse rührte, blickte neugierig auf, als Alex und Ann mit ernsthaften Mienen eintraten. Brick folgte ihnen und legte sich direkt vor die Tür, als wolle er sie bewachen.

„Was ist los?" fragte Tom, der die Nervosität seiner Freunde sofort spürte.

„Wir müssen euch etwas sagen," begann Alex und zog sich einen Stuhl heran. „Wir glauben, dass wir verfolgt wurden."

„Verfolgt?" Hansen, der gerade eine alte Schriftrolle entfaltete, sah abrupt auf. Sein Gesicht war angespannt, doch in seinen wissenden Augen schimmerte kein Zeichen von Überraschung. „Erzählt mir, was passiert ist."

Ann setzte sich neben Alex und begann schnell zu berichten: „Auf dem Weg hierher war Brick völlig nervös. Er hat mehrmals angehalten, sich umgedreht und sogar geknurrt. Und ich – ich hatte dieses Gefühl. Als hätte ich jemanden im Augenwinkel gesehen, aber immer, wenn ich hinschaute, war niemand da."

„Wir haben uns entschieden, so zu tun, als würden wir nichts bemerken," fügte Alex hinzu. „Aber es war eindeutig. Jemand hat uns beobachtet."

Hansen lehnte sich langsam zurück, sein Blick wanderte in die Ferne, als würde er seine Gedanken ordnen. „Ich habe so etwas geahnt," sagte er schließlich mit leiser, heiserer Stimme. „Gestern Abend, als ihr gegangen seid, habe ich am Fenster eine Bewegung gesehen. Ich konnte nicht erkennen, wer es war, aber ich habe sofort an Schloemer gedacht."

Tom setzte die Teetasse ab, seine Stirn in Falten gelegt. „Schloemer? Meinst du, er verfolgt uns?

„Ja," antwortete Hansen, seine Augen fest auf den jungen Mann gerichtet. „Schloemer hat kein Interesse an euch als Personen – er will die Flasche und das, was wir damit in Verbindung gebracht haben. Ich fürchte, er weiß, dass wir auf einer Spur sind, die ihm gefährlich werden könnte."

Ann schlang die Arme um sich und lehnte sich unruhig zurück. „Wenn er so nah dran ist, warum hat er dann noch nichts unternommen?"

„Weil er vorsichtig ist," erklärte Hansen. „Er weiß, dass ich nicht so einfach zu überwältigen bin – und dass ihr genauso klug wie entschlossen seid. Aber das heißt nicht, dass er nicht bald handeln wird."

„Was sollen wir tun?" fragte Alex, sein Gesicht angespannt.

Hansen seufzte und legte seine Hände flach auf den Tisch. „Wir dürfen ihn nicht unterschätzen. Ab jetzt müssen wir vorsichtig sein, jede Bewegung durchdenken. Und vor allem dürft ihr euch nicht aufteilen. Gemeinsam seid ihr sicherer."

Tom nickte, seine Miene ernst. „Also behalten wir ihn im Auge. Und wenn er uns zu nahekommt, dann –" Er hielt inne, als hätte er die Antwort noch nicht parat.

„Dann werden wir vorbereitet sein," schloss Hansen mit einem leichten Nicken. „Aber zunächst müssen wir uns auf unsere Aufgabe konzentrieren. Das dritte Schloss wartet – und mit ihm die letzte Wahrheit."

Die Freunde tauschten ernste Blicke, ihre Entschlossenheit wuchs. Trotz der Bedrohung spürten sie, dass sie einander vertrauen und gemeinsam alles überwinden konnten.

Tom saß am Rand des großen Holztisches, den Kopf in die Hände gestützt. Die Worte von Hansen hallten in seinem Kopf nach: *„Wir dürfen ihn nicht unterschätzen.* "Sein Blick wanderte zu Brick, der mit geschlossenen Augen und gespitzten Ohren am Boden lag, offenbar auch im Schlaf auf der Hut. Alex und Ann diskutierten leise mit Hansen über die nächsten Schritte, aber Tom konnte sich nicht konzentrieren. Seine Gedanken schweiften ab – zu der besonderen Fähigkeit, die er besaß.

Unsichtbar werden. Es war kein Trick, keine Einbildung. Er hatte es gespürt, als er sich das erste Mal unbemerkt durch eine gefährliche Situation bewegt hatte. Es war, als würde er mit einem Teil von sich in eine andere Dimension gleiten – seine Umgebung blieb dieselbe, aber die Menschen um ihn herum konnten ihn plötzlich nicht mehr wahrnehmen. Es war beängstigend, aber auch faszinierend.

„Was ist los, Tom?" Ann riss ihn aus seinen Gedanken.

„Nichts," murmelte er und stand auf. Doch in seinem Kopf formte sich ein Plan. Wenn Schloemer sie tatsächlich verfolgte, wenn er in der Nähe war – dann könnte *er* ihn finden. Niemand würde merken, dass er sich näherte. Niemand außer ihm selbst.

Tom wartete einen Moment, bis die anderen wieder in ihr Gespräch vertieft waren, dann schlich er leise zur Treppe. Mit jedem Schritt wurde sein Entschluss fester. Dies war seine Chance, der Gruppe einen Vorteil zu verschaffen.

Draußen war die Luft kühl und klar, doch Tom spürte, wie ihm der Schweiß über die Stirn lief. Er schloss die Augen und konzentrierte sich. Es war wie ein innerer Schalter, den er umlegen musste – ein Wimpernschlag, und plötzlich fühlte er sich… anders. Der Wind, der über seine Haut strich, schien ihn nicht mehr zu berühren. Die Geräusche der Straße klangen gedämpfter, als ob er hinter einer unsichtbaren Wand stand.

Er wusste, dass er jetzt unsichtbar war. Es war eine eigenartige, fast beklemmende Gewissheit, aber sie verlieh ihm auch Mut.

Langsam schlich er sich um das Haus von Hansen. Brick hatte nervös auf den Gartenzaun gestarrt, und Tom wusste, dass der Hund etwas gespürt hatte. Er bewegte sich vorsichtig, setzte jeden Schritt bedacht, um keinen Laut zu verursachen. Plötzlich hörte er ein Geräusch – ein leises Rascheln, gefolgt von einem Knacken.

Tom blieb stehen, hielt den Atem an. Sein Herz pochte wild, aber er zwang sich zur Ruhe. Das Geräusch kam von der anderen Seite des Zauns. Langsam schob er sich näher, kauerte sich hinter einen Busch. Und dann sah er ihn. Schloemer!

Der Mann stand da, in einem langen, dunklen Mantel, die Schultern angespannt, den Kopf leicht zur Seite geneigt, als lauschte er. Tom spürte, wie ihm ein Schauer über den Rücken lief. Das war der Mann, vor dem Hansen sie gewarnt hatte. Der Mann, der ihnen offenbar seit Tagen folgte. Und jetzt war er hier, nur wenige Schritte von ihnen entfernt.

Schloemer schien zu murmeln, aber die Worte waren unverständlich. Er zog ein kleines Notizbuch aus der Manteltasche und schrieb hastig etwas hinein. Toms Augen verengten sich. *Was schreibt er da? Ist das eine Art Plan*?

Tom wusste, dass er näher heranmusste. Vorsichtig schob er sich weiter, bis er direkt hinter Schloemer stand. Er konnte das feine Leder des Notizbuchs riechen, den Hauch von Zigarren, der von Schloemer ausging. Doch gerade, als er einen Blick auf die Notizen werfen wollte, drehte sich der Mann abrupt um. Tom erstarrte.

Schloemers Blick ging durch ihn hindurch, sein Gesicht eine Maske aus Misstrauen. „Wer ist da?" fragte er scharf, seine Stimme durchdringend.

Tom hielt die Luft an. *Er kann mich nicht sehen,* sagte er sich, aber sein Herz raste. Schloemer zog ein Messer aus seiner Tasche, die Klinge glänzte im schwachen Licht der Straßenlaterne.

„Ich weiß, dass jemand hier ist," knurrte er. „Zeig dich!"

Tom wusste, dass er verschwinden musste, und zwar schnell. Er trat lautlos zurück, behielt Schloemer im Auge, bis er sicher war, dass er außer Sichtweite war. Dann löste er die Unsichtbarkeit und rannte zurück ins Haus, sein Herz hämmerte noch immer wie wild.

Drinnen empfingen ihn die anderen, ihre Gesichter voller Sorge. „Und?" fragte Alex atemlos.

„Es ist Schloemer," keuchte Tom. „Er ist draußen. Und er weiß, dass wir etwas verbergen."

Die Gruppe tauschte ernste Blicke. Die Gefahr war näher, als sie je gedacht hatten.

Ann saß mit verschränkten Armen auf dem alten Sofa in Hansens Wohnzimmer. Ihre Stirn war in tiefe Falten gelegt, während die anderen durcheinander sprachen. Tom hatte gerade berichtet, was er gesehen hatte, und die Angst, die in seinen Augen schimmerte, war schwer zu ignorieren. Schloemer war näher, als sie gedacht hatten. Zu nah, dachte Ann.

Plötzlich hob sie den Kopf, ihre braunen Augen funkelten vor Entschlossenheit. „Vielleicht sollten wir das zu unserem Vorteil nutzen," sagte sie und ließ ihre Worte wie eine Bombe im Raum platzen.

„Was meinst du?" fragte Alex, der mit Brick an seiner Seite auf dem Boden saß. Der Hund hob neugierig den Kopf, als ob er Ann ebenfalls verstehen wollte.

Ann lehnte sich vor und senkte die Stimme, als wäre Schloemer schon in Hörweite. „Wenn er uns beobachtet und versucht, herauszufinden, was wir tun, dann sollten wir ihm genau das geben – aber das Falsche."

„Falsche Informationen?" fragte Hansen skeptisch, die Stirn in tiefen Falten. „Das ist riskant."

„Nein, es ist clever," beharrte Ann. Sie zog ihre Beine auf das Sofa und ließ ihren Blick über die Gruppe schweifen. „Denkt nach. Er weiß, dass wir der Lösung sehr nahe sind, aber er hat keine Ahnung, was oder wie. Wenn wir ihm eine falsche Reihenfolge der Ringe zukommen lassen, könnte er versuchen, sie zu verwenden – und das könnte sein Vorhaben stoppen! "

„Nicht: Rubin → Saphir → Smaragd → Diamant,

sondern: Smaragd → Diamant→ Rubin → Saphir

Tom nickte langsam, seine Stirn noch immer in Gedanken gefurcht. „Aber wie? Er ist kein Idiot. Wenn wir zu offensichtlich vorgehen, durchschaut er uns."

„Wir müssen subtil sein," fuhr Ann fort. „Vielleicht arrangieren wir es so, dass er etwas ‚mitlauscht'. Vielleicht flüstern wir über die Ringe, wenn wir sicher sind, dass er in der Nähe ist. Aber wir ändern die Reihenfolge absichtlich."

„Und wenn er die Falle bemerkt?" warf Hansen ein, seine Stimme ernst.

„Dann wissen wir zumindest, dass er genau zuhört," entgegnete Ann ruhig. „Es ist besser, als hier zu sitzen und zu warten, bis er uns auf die Pelle rückt. Wir müssen ihm voraus sein, nicht andersherum."

Alex kratzte sich am Kinn und tauschte einen Blick mit Tom. „Es könnte funktionieren," murmelte er. „Aber es muss überzeugend sein. Wenn er misstrauisch wird…"

„Darum kümmere ich mich," sagte Ann mit einem Hauch von Überzeugung, der selbst Hansen innehalten ließ. „Wir müssen es nur klug anstellen. Und wenn alles klappt, verschafft uns das den Vorsprung, den wir brauchen."

Die Gruppe war noch nicht ganz überzeugt, aber Ann hatte ihre Idee in ihren Köpfen gesät. Während Brick zufrieden den Kopf auf Alex' Knie legte, konnte Ann nur hoffen, dass ihr Plan der Wendepunkt war, den sie brauchten.

Der Morgen war frisch, und ein leichter Nebel schwebte über dem Boden, als die Gruppe sich erneut im geheimen Keller versammelte. Die Flasche, die auf ihrem Sockel in der Mitte des Raums ruhte, schien regelrecht zu pulsieren, als hätte sie gespürt, dass ein entscheidender Moment bevorstand.

„Wir können sie nicht länger hier unten lassen,“ sagte Hansen und rieb sich die Hände, als wäre der bloße Gedanke an die Flasche bereits eine Belastung. „Wenn Schloemer uns beobachtet, wird er versuchen, hierherzukommen. Hier sitzen wir in der Falle, es ist beengt und unübersichtlich. Wir müssen sie nach oben bringen.“

„Nach oben?“ fragte Tom skeptisch. Sein Blick wanderte zu der Flasche, die geheimnisvoll im schummrigen Licht glomm. „Ist das nicht gefährlich? Was, wenn sie...“

„...noch einmal rebelliert?“ ergänzte Ann, ihre Augen wachsam auf das Objekt gerichtet. Sie erinnerte sich noch genau an das Summen und den Druck, als sie die Flasche zuletzt berührt hatten.

„Deshalb tun wir es gemeinsam,“ sagte Hansen fest. „Wir dürfen uns nicht von ihr einschüchtern lassen. Und wir müssen vorsichtig sein, sehr vorsichtig.“

Alex nickte, auch wenn Brick an seiner Seite leise knurrte, als spüre er die Spannung in der Luft. „Also, wie machen wir das?“

Hansen holte tief Luft. „Ann und ich heben sie vorsichtig vom Sockel. Alex, du hältst den Tragekasten bereit. Tom, du passt auf, dass uns nichts entgeht. Und Brick…“ Hansen warf dem Hund einen dankbaren Blick zu. „Du warnst uns, wenn irgendetwas nicht stimmt.“

Die Freunde formierten sich um die Flasche. Ann streckte ihre Hände aus und fühlte, wie eine seltsame Wärme von dem Glas ausging. Es war, als ob die Flasche sie absichtlich musterte, prüfte, ob sie ihrer würdig war.

„Jetzt!“ sagte Hansen, und Ann hob mit ihm gemeinsam die Flasche an. Für einen Moment vibrierte sie leicht, und das Summen kehrte zurück, doch diesmal blieb es gedämpft. Es war, als ob die Flasche sie widerwillig gewähren ließ. Mit größter

Vorsicht platzierten sie das Gefäß in dem stabilen Tragekasten, den Alex geöffnet hielt.

„Geschafft," murmelte Ann erleichtert, als Hansen den Deckel des Kastens schloss und die Riegel vorschob.

„Gut," sagte Hansen, der sichtlich angespannt war. „Jetzt nach oben. Langsam und unauffällig. Und dann besprechen wir, wie wir weiter vorgehen."

Oben in Hansens Stube versammelten sich alle um den großen Holztisch. Der Kasten stand in der Mitte, verschlossen und dennoch die Aufmerksamkeit aller auf sich ziehend. Brick hatte sich direkt danebengelegt und hob immer wieder den Kopf, um die Umgebung zu überprüfen.

„Also," begann Ann, ihre Stimme fest. „Wir wissen, dass Schloemer uns beobachtet. Das heißt, wir können uns keine Fehler leisten. Aber wir müssen einen Plan haben – nicht nur, um ihn abzulenken, sondern um wirklich herauszufinden, was die Flasche bewacht."

Hansen räusperte sich. „Die Flasche ist nicht nur gefährlich, sie ist auch ein Schlüssel – zu etwas, das größer ist, als wir verstehen. Und Schloemer weiß das."

Die Gruppe tauschte Blicke aus. Die Verantwortung lastete schwer auf ihnen, doch sie wussten, dass sie keine Wahl hatten.

Sie warfen einen Blick auf die dritte Pergamentrolle, die vor ihnen lag. „...lösen wir das letzte Rätsel."

Ein unerwartetes Klopfen an der Tür durchbrach die angespannte Stille im Raum. Alle erstarrten. Hansen, der am nächsten zur Tür saß, legte den Finger an die Lippen, um die anderen zum Schweigen zu bringen. Brick, der bis eben ruhig neben dem

Tragekasten gelegen hatte, hob den Kopf und knurrte leise, die Ohren aufmerksam gespitzt.

„Wer könnte das sein?“ flüsterte Ann, ihre Augen vor Nervosität weit aufgerissen.

„Schloemer?“ murmelte Tom und griff unwillkürlich nach dem nächstgelegenen Gegenstand, einem schweren Kerzenständer.

Hansen atmete tief durch und ging vorsichtig zur Tür. Er öffnete sie einen Spalt und entspannte sich sichtbar, als er die vertraute Gestalt von Tännchen erkannte. „Du?“

Tännchen nickte, ihre Wangen waren vom kühlen Morgenwind gerötet, ihre Augen wirkten ernst. „Ja, ich. Ich möchte euch unbedingt noch etwas sagen.“

Hansen trat zur Seite, und Tännchen schob sich eilig ins Zimmer. Ihre Bewegungen waren so eilig, dass sie fast den Kasten auf dem Tisch umwarf. „Was ich euch noch sagen möchte ist vielleicht wichtig für euch zu wissen,“ sagte sie atemlos.

„Tännchen, was ist los?“ fragte Ann, die Tännchens Unruhe spürte.

Tännchen schaute jeden von ihnen nacheinander an, dann blieb ihr Blick an Hansen hängen. „Ihr habt die Flasche aus ihrem Versteck geholt, nicht wahr? Sie ist hier.“

Hansen nickte langsam. „Ja, aber warum…?“

„Weil ich weiß, was ihr nicht wisst,“ unterbrach sie ihn und deutete auf die Flasche. „Ich kenne ihre wahre Identität. Was sie wirklich ist.“

Alle Augen richteten sich auf Tännchen. Ihre Worte ließen eine seltsame Mischung aus Neugier und Furcht im Raum entstehen.

Selbst Brick legte den Kopf schräg, als ob er die Bedeutung ihrer Aussage erahnte.

„Und was ist sie?“ fragte Alex, seine Stimme kaum mehr als ein Flüstern.

Tännchen trat näher, als ob sie sicherstellen wollte, dass niemand außer ihnen hören konnte. „Das Exponat in der Flasche... ist mehr als ein medizinisches Objekt oder eine Kuriosität. Es ist das menschliche Gehirn, von jemandem, der eine unglaubliche Macht hatte.

Tännchen schüttelte den Kopf. „Es ist kein Mythos. Es war ein Geheimnis, das nur meine Großmutter und die Zarin selbst kannten. Meine Großmutter versprach der Zarin, dass sie darüber schweigen würde – ein Versprechen, das sie ihr Leben lang gehalten hat. Aber sie hat mir Andeutungen gemacht.

Ihr müsst wissen, worum es wirklich geht.“

Ann schluckte schwer. „Und warum sollten wir das wissen?“

Tännchens Stimme wurde eindringlich. „Es ist nicht nur eine Frage der Neugier – es geht darum, die Macht, die in dieser Flasche eingeschlossen ist, zu verstehen. Wenn ihr sie falsch einsetzt, könnten die Konsequenzen unvorstellbar sein.“

Der Raum war von einer elektrisierenden Spannung erfüllt. Die Freunde sahen sich an, ihre Gedanken rasten. Tännchens Worte hatten alle Vermutungen und Ahnungen verstärkt, und plötzlich schien die Mission, die sie sich vorgenommen hatten, noch viel größer und gefährlicher.

Die Person um die es geht, war mehr als nur ein einfacher Geistlicher oder Mystiker; er war das dunkle Herz der unruhigen Zeit am russischen Hof. Seine enge Verbindung zur Zarin Alexandra Fjodorowna wuchs aus einer tiefen Verzweiflung: Ihr

Sohn, Alexej, litt an der unheilbaren Hämophilie, auch als Bluterkrankheit bekannt, die ihn an den Rand des Todes brachte. Tännchen deutete auf die Flasche:“ Er erschien ihr als Retter, als jemand, der eine übernatürliche Macht besaß, die nicht nur Alexej, sondern auch das Schicksal ihrer Familie schützen könnte.

Seine Beziehung zur Zarin war komplex und voller unheilvoller Abhängigkeiten. Alexandra sah in ihm eine Verkörperung göttlichen Willens, jemanden, der durch seine Gebete und seinen Einfluss die tödliche Krankheit ihres Sohnes abwehren konnte. Es war, als ob sie glaubte, er sei die einzige Verbindung zur Rettung ihrer Familie, und so gab sie ihm Einlass in die privatesten Bereiche ihres Lebens und Denkens.

Er, seinerseits verstand es meisterhaft, seine Position zu stärken. Er sprach die Ängste und Hoffnungen der Zarin an, baute ihre Abhängigkeit weiter aus und formte sich selbst zu einer unverzichtbaren Figur am Hof. Sein Einfluss ging jedoch weit über den Krankenstuhl Alexejs hinaus. Durch die Zarin konnte er politische Entscheidungen lenken und sich Feinde in den höchsten Kreisen des Reiches schaffen, die seine Macht als Bedrohung empfanden. Über seinen mysteriösen Tod gab es nur Vermutungen und Gerüchte.

So birgt die geheimnisvolle Flasche ein grausiges Exponat. Es ist ein Symbol für die Kraft, die er über die Menschen um ihn herum ausübte. Die Flasche scheint selbst von der Aura durchdrungen zu sein, die dieser Mann zu Lebzeiten umgab: manipulativ, unheilvoll und voller Rätsel. Das Gehirn steht als physisches Relikt für die Visionen und die Macht, die dieser so missbrauchte – eine Macht, die selbst nach seinem Tod nicht vergehen wollte.

Für die Zarin war er ein Engel des Schicksals, für andere ein Dämon der Täuschung. Dass sein Gehirn, die Quelle seines

Einflusses und seiner angeblich prophetischen Fähigkeiten, in dieser Flasche erhalten wurde, erscheint wie ein letzter Versuch, seine Macht für die Nachwelt zu bannen – oder sie im schlimmsten Fall wieder freizusetzen.

Meine Großmutter die die wahre Identität des Exponats kannte, schwieg aus einem tiefen Respekt – oder einer tiefen Angst – vor den Ereignissen, die dessen Macht einst ausgelöst hatte. Sie versprach der Zarin, niemals ein Wort zu verraten, um die fragile Erinnerung an die schicksalhafte Verbindung zwischen der Herrscherfamilie und ihm zu bewahren. Denn er war nicht nur ein Mann – er war ein Symbol für das Schicksal, das sowohl Segen als auch Fluch gebracht hatte.

Wir wissen, die Flüssigkeit in der Flasche, war keine gewöhnliche Kreation. Sie war das Werk von Vera, der legendären Kräuterfrau, deren Kenntnisse von Alchemie und Magie ihresgleichen suchten. Vera hatte sie einst aus einer Kombination uralter, geheiligter Essenzen und verbotener Zutaten erschaffen, die sie in monatelanger Arbeit destillierte. Sie war als ein Elixier gedacht, das die Grenzen zwischen Leben und Tod, Geist und Materie verwischen konnte. Doch als die Zarin Alexandra Fjodorowna sich der Macht dieser Flüssigkeit bewusstwurde, suchte sie erneut Veras Hilfe.

Die Flüssigkeit sollte so verwahrt werden, dass sie weder Schaden anrichten noch zerstört werden konnte. Man entschied sich dafür, sie mit einem geeigneten Exponat zu vereinen, um sie unauffällig in die Sammlung des Zaren einzuschleusen.

So kam es, dass die Zarin beschloss, sie auf eine Art zu nutzen, die selbst Vera nicht vorgesehen hatte.

Das Exponat, das die Flasche nun beherbergte, ist ein Relikt von unvorstellbarer Macht. Es ist nicht nur ein physisches Organ, sondern ein Gefäß für die mystischen Fähigkeiten und die charismatische Energie, die diese Person einst unbesiegbar gemachten hatten. Seine Visionen, seine manipulative Kraft und seine angeblichen Heilfähigkeiten sind in dieser Substanz gefangen, konserviert für die Ewigkeit.

Die Zarin glaubte, dass durch die Verbindung der Flüssigkeit mit dem Gehirn des Mannes, dieses nicht nur bewahrt, sondern neu entfacht werden könnte. Sie hoffte so, auf seine prophetischen Fähigkeiten und seine schützende Macht über ihre Familie, um diese zu sichern, selbst nach seinem Tod. Doch sie wusste auch, dass sie sich mit unkontrollierbaren Kräften einließ. Diese Flüssigkeit war kein Mittel der Heilung oder des Schutzes mehr, sondern ein Katalysator für eine Macht, deren Konsequenzen niemand absehen konnte.

Die Flasche, nun in den Händen der Freunde, löste eine unheimliche Präsenz aus.

Sie spürten die Spannungen, die mit dieser uralten Macht einherging, und ihnen wurde bewusst, dass die Flasche nicht einfach ein Relikt ist, sondern ein Schlüssel zu einer Macht, die entweder Erlösung oder Zerstörung bringen konnte. Jeder Schritt, brachte sie näher an die Entscheidung, die die Zarin zu vermeiden suchte: Soll diese Macht entfesselt oder für immer zerstört werden?

Ann trat einen Schritt zurück, ihre Augen weit geöffnet, während ihre Stimme fast flüsternd die Frage stellte: „Was ist unsere Aufgabe, Hansen? Warum wurde das alles uns überlassen?“

Hansen, der bis dahin ruhig in einem alten, knarrenden Sessel gesessen hatte, richtete sich langsam auf. Die Linien seines Gesichts wirkten im Licht der Lampe noch tiefer, und in seinen

Augen lag eine Mischung aus Entschlossenheit und Sorge. Er zog tief Luft, bevor er zu sprechen begann, seine Stimme voller Ernst und Bedeutung:

„Unsere Aufgabe, Ann, ist es, eine Katastrophe zu verhindern – eine, die größer ist, als wir uns vorstellen können. Diese Flasche, dieses Relikt, birgt nicht nur Überreste, einer machtbesessenen Person, sondern auch eine Macht, die niemand kontrollieren kann. Diese Macht könnte ganze Leben zerstören, sie könnte die Zeit selbst verändern und den freien Willen auslöschen. Und Schloemer...“ – er spuckte den Namen fast aus – „Schloemer hat nicht einmal ansatzweise verstanden, mit was er es hier zu tun hat. Aber er will es besitzen, davon bin ich überzeugt.“

Alex lehnte sich vor, sein Gesicht angespannt. „Aber wie können wir diese Macht brechen? Wir haben zwei Rätsel gelöst, aber was, wenn wir nicht alles schaffen?“

Hansen nickte langsam und fuhr fort: „Das ist der Schlüssel, Alex. Es geht nicht nur darum, die Rätsel zu lösen – es geht darum, die Ketten zu sprengen, die diese Macht an diese Welt binden. Die Zarin hatte Angst davor, sie zu entfesseln, aber sie hatte auch Angst, sie loszulassen. Und das war ihr Fehler. Wir müssen das vollenden, was sie nicht konnte: die Verbindung zwischen diesen Geist, dieser Flüssigkeit und der Welt für immer zu durchtrennen.“

Ann runzelte die Stirn, ihre Hände zitterten leicht, als sie fragte: „Und wenn wir es nicht schaffen? Was passiert dann?“

Hansen blickte sie ernst an. „Wenn wir scheitern, wird jemand wie Schloemer diese Kraft nutzen. Er wird die Macht, entfesseln, um seine eigenen Ziele zu verfolgen – und glaub mir, Ann, diese Ziele sind nicht edel. Er wird versuchen, über Wissen und Leben zu herrschen. Und dann...“ Hansen hielt inne, seine Stimme sank zu einem Flüstern. „Dann wird es niemanden mehr geben, der ihn stoppen kann.“

Brick, der bisher still neben Alex gelegen hatte, hob den Kopf, als ob er die Dringlichkeit der Worte spürte. Ann atmete schwer, ihre Gedanken wirbelten durcheinander. Schließlich brach sie das Schweigen: „Dann gibt es nur eine Möglichkeit. Wir dürfen nicht zögern. Wir müssen diesen Weg zu Ende gehen, egal, wie schwer er wird.“

Hansen nickte, seine Augen fixierten Ann mit einer väterlichen Wärme. „Du hast recht, Ann. Es liegt an uns. Der nächste Schritt wird der schwerste sein. Aber es ist der letzte Schritt, bevor wir diese Kraft für immer brechen können.“

Hansen rückte seine Brille zurecht, die Hände fest um die Lehnen seines alten Sessels geklammert. Die Stube war still, nur das leise Knistern des Kamins durchbrach die Spannung, als er tief durchatmete.

"Es gibt da etwas, das ich euch noch nicht erzählt habe," begann er mit einer leisen, doch eindringlichen Stimme. Alle Blicke richteten sich auf ihn. Tom, der bisher versucht hatte, unauffällig zu wirken, spürte plötzlich, wie sich alle Augen auf ihn richteten.

"Ich glaube, ich habe eine Ahnung, wie du, Tom Remo, zum Leben erwacht bist." Die Worte hingen wie ein Blitzschlag in der Luft, während Alex, Ann und Brick regungslos lauschten.

"Es könnte mit dieser Flasche zu tun haben," fuhr Hansen fort und deutete auf das seltsame Gefäß, das auf dem Tisch stand.

"Vor Jahren... als diese Flasche dem deutschen Kaiser übergeben wurde, bat man erst meinen Vater, und später mich als Berater, die Aufbewahrung zu organisieren. Man einigte sich sehr schnell, dass sie in den geheimeren Räumen der Charité untergebracht werden sollte. Außer, dass dieses Gefäß ein merkwürdiges Erscheinungsbild hatte, schien sie harmlos und ruhig. Zu Kriegszeiten brachte ich sie hierher, in den Keller um sie zu gegebener Zeit in die Katakomben zu bringen. Sie befand sich viel zu lange dort, und ich wollte irgendwie nicht an sie denken.

Es kam zu einem merkwürdigen Ereignis. Ein Blitzschlag, ein unvorhersehbares Ereignis, das eine Art Energie freisetzte. Und diese Energie – davon bin ich überzeugt – hat Tom Remo ins Leben gerufen."

Tom riss die Augen auf. "Du meinst... ich bin... wegen dieser Flasche...?"

"Nicht nur das," fuhr Hansen fort, seine Stimme jetzt fester. "Ich glaube, es war kein Zufall. Es ist, als hätte die Flasche etwas gesucht, etwas ausgewählt, das seine Energie aufnehmen konnte – und das warst du, Tom. Es ist kein Zufall, dass du hier bist."

Ann legte nachdenklich die Stirn in Falten. "Aber warum Tom? Was bedeutet das? Und was passiert, wenn wir die Flasche weiter öffnen?"

Hansen sah sie alle ernst an. "Das ist die Frage, die wir beantworten müssen, bevor jemand wie Schloemer sie in die Hände bekommt. Es steckt mehr dahinter, als wir bisher ahnen."

Die Gruppe saß für einen Moment schweigend da, jeder von ihnen in Gedanken verloren. Sie alle spürten, dass dies nicht nur ein Abenteuer war – es war eine Mission, die über das Schicksal von Leben und Geschichte entschied. Schloemer, die Flasche, und ihre unheilvolle Präsenz – alles hing an einem seidenen Faden, und sie waren diejenigen, die entscheiden mussten, wie die Geschichte enden würde.

Schloemer kauerte in der Dunkelheit seines Verstecks, kaum wagend zu atmen, während seine Augen angespannt durch einen schmalen Spalt in der Mauer starrten. Die Nacht war still, nur das gelegentliche Knacken von Holz im alten Gebäude und der entfernte Ruf einer Eule begleiteten seine Gedanken. In Hansens Stube war mehr Bewegung als je zuvor. Er hatte erwartet, wieder nur die Kinder und diesen alten Mann vorzufinden, doch nun war auch Thalers Haushälterin da – eine unerwartete Wendung, die seine Neugier noch mehr anfachte.

Ihre Stimme war ruhig, aber bestimmt, und Schloemer spürte, dass sie etwas Wesentliches beitrug. Er verstand nicht alles, was gesprochen wurde, doch einzelne Worte drangen klar zu ihm durch: „Person“, „die Flasche“, „Macht“ – jedes Wort schlug in ihm ein wie ein Hammerschlag. Sein Herz begann schneller zu schlagen. Sie hatten es herausgefunden. Die Verbindung zur Vergangenheit, zu der unsäglichen Macht in der Flasche – sie wussten Bescheid.

Er ballte die Hände zu Fäusten, seine Fingernägel bogen sich zu seltsamen Krallen. Sie waren näher an der Wahrheit, als er geglaubt hatte.

Ein schauriges Lächeln legte sich auf seine Lippen, während er in die Stube spähte.

Die Täuschung

Die Freunde versammelten sich in einer abgelegenen Ecke der Stube, das Licht des Kamins malte flackernde Schatten an die Wände. Tännchen, setzte sich auf den einzigen freien Stuhl und sah die ernsten Gesichter der Gruppe an.

Alex begann leise zu sprechen: "Tännchen, wir haben einen Plan. Schloemer ist uns auf den Fersen, und wir müssen ihn austricksen."

Tännchen hob eine Augenbraue. "Das klingt gefährlich. Was genau habt ihr vor?"

Ann beugte sich vor, ihre Stimme war entschlossen, aber kaum mehr als ein Flüstern. "Wir wollen ihm falsche Informationen zuspielen. Besonders über die Reihenfolge der Ringe. Er darf niemals erfahren, wie sie tatsächlich angeordnet sein müssen."

Tännchen lehnte sich zurück und überlegte. "Ihr wollt ihn also glauben lassen, dass er die Lösung hat, obwohl sie falsch ist?"

"Genau," bestätigte Tom, während er nervös an einem Stuhlbein wippte. "Wenn er denkt, dass er uns einen Schritt voraus ist, wird er unvorsichtig. Wir müssen ihn davon ablenken, uns zu durchschauen."

Brick, der bisher still am Boden gelegen hatte, gab ein leises Knurren von sich, als würde er den Ernst der Lage ebenfalls verstehen.

Tännchen sah die Freunde einen Moment lang schweigend an, dann schüttelte sie den Kopf. „Ihr seid mutig!

Es ist wichtig, dass du dich aus allem heraushältst. Schloemer darf keine Ahnung haben, dass wir ihn durchschauen. Wenn er Verdacht schöpft, könnte alles scheitern."

„Ihr seid euch sicher, dass das funktioniert?" fragte Tännchen skeptisch.

„So sicher, wie wir in dieser Situation sein können," antwortete Alex. „Aber es ist der einzige Weg, ihn auszubremsen. Wir müssen verhindern, dass er zu viel erfährt, bevor wir herausfinden, wie wir die Flasche endgültig sichern können."

Tännchen nickte langsam. „Dann wünsche ich euch Glück – und passt gut auf euch auf." Langsam erhob sie sich, und nur langsam verließ sie die vertraute Gruppe, so als wolle sie sie nicht allein zurücklassen.

Tännchen zog ihren Mantel fester um sich, als sie den dunklen Pfad entlangging, der zu Thalers Villa führte. Der Abend war still, nur das ferne Rascheln von Blättern und der gelegentliche Ruf eines Käuzchens durchbrachen die Stille. Die Kälte kroch ihr in die Knochen, aber sie zwang sich, ruhig zu bleiben. Sie wusste, dass etwas nicht stimmte.

Ein Schatten bewegte sich am Rande ihres Blickfelds. Sie spürte es, bevor sie es wirklich sah – die unverkennbare Präsenz eines Beobachters. Ohne den Kopf zu drehen, ließ sie ihre Augen unauffällig umherschweifen. Da war er, Schloemer. Er stand halb verborgen zwischen den Bäumen, seine Gestalt nur schemenhaft im Dämmerlicht zu erkennen.

Ein unbehagliches Kribbeln breitete sich in ihr aus, doch sie unterdrückte es mit aller Kraft. Stattdessen setzte sie ihren Weg fort, als hätte sie nichts bemerkt. Ihr Gang blieb ruhig, ihre Haltung entspannt, doch innerlich war sie angespannt wie eine

Bogensehne. Sie wusste, dass jeder falsche Schritt, jeder unbedachte Blick ihn alarmieren könnte.

Als sie an einer Wegkreuzung anhielt, um scheinbar unentschlossen die Richtung zu wählen, warf sie einen verstohlenen Blick über die Schulter. Schloemer hatte sich bewegt, aber immer noch darauf bedacht, in Deckung zu bleiben. Es war offensichtlich, dass er sie beobachtete, aber er glaubte wohl, dass sie ihn nicht bemerkt hatte.

Spiel die Ahnungslose," dachte sie bei sich, während sie die vertraute Route einschlug. Ihre Schritte hallten leise auf dem Kiesweg, und sie zwang sich, an die Dinge zu denken, die sie morgen noch erledigen musste, um sich von der wachsenden Anspannung abzulenken.

Als sie endlich die Villa erreichte und die Tür hinter sich schloss, atmete sie tief durch. Ihre Hände zitterten leicht, als sie den Riegel vorschob.

Tännchen setzte sich erschöpft in ihren alten, abgenutzten Sessel am Kamin, der leise knisterte. Die Flammen warfen tanzende Schatten an die Wände des kleinen, gemütlichen Raumes. Ihre Hände umklammerten eine dampfende Tasse Tee, aber sie trank nicht. Ihre Gedanken waren weit weg, bei den Kindern, die ihr so ans Herz gewachsen waren.

Ann und Alex – die beiden Geschwister waren in den letzten Wochen wie ein Sonnenstrahl in ihrem Leben gewesen. Sie bewunderte ihre Entschlossenheit, ihre Klugheit, und vor allem ihr unerschütterliches Band zueinander. Ann, so mutig und willensstark, mit einem Blick, der die Welt zu durchdringen schien. Und Alex, der stille Denker, immer darauf bedacht, die Dinge zu hinterfragen und Lösungen zu finden. Selbst Brick, der treue Hund, hatte einen besonderen Platz in ihrem Herzen gefunden.

„Wie gerne würde sie ihnen helfen,“ und seufzte leise. Sie wusste, dass das, was sie vorhatten, gefährlich war. Ihre jungen Schultern trugen eine Last, die viel zu schwer war. Tännchen hatte es in ihren Augen gesehen – die Mischung aus Angst, Entschlossenheit und dem unerschütterlichen Glauben, dass sie das Richtige taten. Es war eine seltene Art von Mut, und doch fühlte sie sich hilflos, weil sie nicht bei ihnen sein konnte, um sie zu beschützen.

„Was für ein seltsames Schicksal uns zusammengeführt hat,“ murmelte sie leise, während sie in die tanzenden Flammen blickte. Die Kinder hatten ihre Tage mit einem neuen Sinn erfüllt, hatten ihr eine Aufgabe gegeben, die weit über das Alltägliche hinausging. Und jetzt, da sie sie gehen ließ, fühlte sie eine Leere in sich. Es war, als hätte sie einen Teil von sich selbst losgelassen.

Tännchen nahm einen Schluck Tee, der ihre Kehle wärmte, doch die Kälte in ihrem Inneren blieb. Sie schloss die Augen und formte ein stilles Gebet. „Möge ihnen die Kraft nicht ausgehen, mögen sie den richtigen Weg finden und sicher zurückkehren.“

Sie stellte die Tasse ab, und zog die wärmende Decke enger um sich. Sie wusste, dass sie richtig gehandelt hatte, sie ihrem Schicksal folgen zu lassen, aber das machte es nicht leichter.

„Seid vorsichtig,“ flüsterte sie in die Stille des Raumes. Dann schloss sie die Augen und stellte sich vor, wie Ann und Alex ihr Abenteuer fortsetzen würden. Sie hoffte, dass sie all die Unterstützung, die sie brauchen würden, in sich selbst finden könnten. Und wenn nicht, dann würde sie für sie da sein – immer.

Die kleine Gruppe versammelte sich nah um Hansen, die Stube von einer Spannung erfüllt, die beinahe greifbar schien. Ann hatte die Idee eingebracht, Schloemer mit gezielten Fehlinformationen in die Irre zu führen. Nun diskutierten sie flüsternd und fieberhaft, wie sie diesen Plan umsetzen könnten, ohne dass der misstrauische Schloemer Verdacht schöpfte.

„Wir wissen, dass er uns beobachtet," begann Hansen und ließ seinen Blick durch die Runde wandern. „Also müssen wir ihn glauben machen, dass wir mit der Lösung des Rätsels die entscheidende Verbindung herstellen wollen."

Alex lehnte sich vor, seine Stirn in Falten gelegt. „Aber wie machen wir das? Er ist sicher misstrauisch genug, um auf jede Kleinigkeit zu achten. Ein einziger Fehler, und er durchschaut uns."

„Dann dürfen wir keinen Fehler machen," warf Ann ein, ihre Stimme entschlossen. „Wir könnten uns absichtlich an einem anderen Ort treffen, irgendwo, wo er uns garantiert ausspionieren kann. Und dort sprechen wir und füttern ihn mit den falschen Informationen."

Tom nickte langsam. „Das könnte funktionieren. Wenn er uns verfolgt, dann glaubt er vielleicht, dass er uns einen Schritt voraus ist. Wir könnten sogar so tun, als würden wir absichtlich versuchen, unsere Worte zu verschleiern – damit es echter wirkt."

„Und wir geben ihm falsche Informationen über die falsche Reihenfolge der Ringe!". Sagen wir, dass der Smaragd zuerst kommt, dann der Rubin, und schließlich der Diamant. Das wäre vollkommen falsch, aber es klingt plausibel."

Hansen strich nachdenklich über seinen Bart. „Das könnte funktionieren, aber wir müssen es überzeugend rüberbringen. Vielleicht sollten wir ein paar von den echten Hinweisen zitieren, um es glaubwürdig zu machen. Er weiß vermutlich schon einiges über das Rätsel."

Alex hob die Hand, um die Aufmerksamkeit auf sich zu lenken. „Was, wenn wir sogar noch einen Schritt weitergehen? Wir könnten so tun, als hätten wir eine Übung, ein Ritual geplant, das diese Reihenfolge der Ringe bestätigt. Wenn er denkt, dass wir kurz davor sind, die Verbindung herzustellen, wird er vielleicht unvorsichtig."

„Das könnte riskant sein," warnte Hansen. „Aber auch effektiv. Es wäre klug, wenn wir bei diesem ‚Ritual' in Wahrheit etwas völlig Harmloses tun. Schloemer darf keinen echten Schaden anrichten können, falls er glaubt, er hätte die Macht erlangt."

„Gut," sagte Ann entschlossen. „Dann machen wir das so. Wir wählen einen Ort aus, an dem wir uns treffen und laut genug reden, damit Schloemer uns hören kann. Und wir geben ihm die falschen Informationen so, dass er glaubt, uns überlistet zu haben."

Die Gruppe begann, die Details auszuarbeiten. Sie entschieden, sich an einem Ort zu treffen, der genug Verstecke für einen Lauscher wie Schloemer bot. Tom würde während des Treffens mit seinen Fähigkeiten überprüfen, ob Schloemer tatsächlich anwesend war, während Ann und Alex die falschen Informationen in scheinbarer Geheimhaltung austauschten.

Die Täuschung war ein riskantes Spiel, doch die Gruppe war entschlossen, Schloemer auf eine falsche Fährte zu locken. Sollte der Plan gelingen, würde er wertvolle Zeit verschwenden – Zeit, die sie nutzen konnten, um wirklich voranzukommen.

So kam es.

Das Ritual

Die Freunde und Hansen begaben sich in der Abenddämmerung an einem verlassenen Steinbruch, dessen zerklüftete Felsen und

dichte Vegetation wie eine natürliche Festung wirkten. Die Stelle war bewusst gewählt: abgelegen, mystisch und voller Verstecke. Als der Mond hinter den Wolken hervortrat, warf sein silbriges Licht scharfe Schatten auf den Boden, die den Ort noch unheimlicher erscheinen ließen.

Alex entrollte ein altes Tuch, das sie mit geheimnisvoll aussehenden Symbolen bemalt hatten. In der Mitte platzierten sie die vier Ringe aus dem Kästchen in einer präzisen, sorgfältig inszenierten Anordnung.

Um die Ringe herum positionierten sie die Requisiten: eine Schale mit Wasser, eine brennende Kerze, ein Gefäß mit Erde und ein leichtes Tuch, das im Wind wehte. Brick saß wachsam daneben, sein Fell schimmerte im Mondlicht, und er schien jede Bewegung in der Dunkelheit zu registrieren.

Die Gruppe war angespannt, aber konzentriert. Jeder von ihnen wusste, dass Schloemer irgendwo in der Nähe sein musste.

Tatsächlich hatte er sie unbemerkt verfolgt. Versteckt hinter einer Felsformation beobachtete er jede ihrer Bewegungen, seine Augen blitzten vor Neugier und Gier.

Alex trat in die Mitte des Kreises und begann mit tiefer, eindringlicher Stimme zu sprechen. Seine Worte waren eine Mischung aus lateinischen Phrasen und erfundenen Lauten, die sich wie eine uralte Beschwörung anhörten.

„Elementa vocamus... Terra, Ignis, Aqua, Aer... Adiuva nos! "

Mit jedem Wort bewegte er die Ringe in einer vorgegebenen Reihenfolge, die sie gemeinsam vorher einstudiert hatten. Alex hielt einen Ring über die Kerze, ließ ihn dann vorsichtig in die Wasserschale gleiten und platzierte ihn schließlich auf dem Tuch. Die Bewegungen waren langsam, fast rituell, und verliehen dem Schauspiel eine unheimliche Gravitas.

Schloemer verfolgte die Szene gebannt. Seine Gedanken rasten, während er die Anordnung der Ringe und die Reihenfolge der Bewegungen notierte. *„Das muss es sein! Die Lösung des Rätsels der Verbindung!"* dachte er. Doch obwohl er so nah war, verstand er nicht alles, was gesagt wurde. Die Worte schienen ihn zu verhöhnen, als ob sie ein Geheimnis hüteten, das ihm entglitt.

Als Ann den letzten Ring in die Erde drückte, hob Hansen plötzlich die Hände in die Luft. Seine Stimme erklang wie Donner:

„Die Verbindung ist geschlossen! Das Wissen ist unser, aber die Macht bleibt verborgen!"

In diesem Moment knurrte Brick laut, sprang auf und blickte direkt in Schloemers Richtung. Alex und Ann hielten inne und starrten in die Dunkelheit, als hätten sie ebenfalls etwas gehört. Schloemer duckte sich tiefer hinter den Felsen, das Herz schlug ihm bis zum Hals. Fast hätte er geglaubt, entdeckt worden zu sein.

Doch dann wandte sich die Gruppe wieder ab, scheinbar unbeeindruckt.

Schloemer atmete erleichtert auf. Er war sich sicher, die entscheidenden Schritte gesehen zu haben. In seinem Kopf malte er sich bereits aus, wie er die Ringe in genau dieser Reihenfolge verwenden würde. Die Täuschung war perfekt.

Die Freunde packten ihre Sachen zusammen und verabschiedeten sich. Während sie leise miteinander sprachen, ließ Alex eine kryptische Bemerkung fallen: „Morgen müssen wir mit dem was wir hier geübt haben, die echte Verbindung herstellen." Diese Worte, absichtlich platziert, verankerten in Schloemers Geist die Überzeugung, dass er auf der richtigen Spur war – ohne zu ahnen, dass alles, was er gesehen hatte, nur eine Inszenierung war.

Während die Gruppe langsam verschwand, blieb Schloemer zurück. In seinem Versteck murmelte er leise: *„Ich werde euch zuvorkommen... Die Macht wird mir gehören."*

Zurück in Hansens Stube, saßen sie noch eine kleine Weile zusammen, die Dunkelheit der Nacht war längst hereingebrochen, und nur das Knistern des kleinen Kamins begleitete ihre letzten Gespräche. Nach den intensiven Ereignissen des Tages war die Atmosphäre nun von einer ruhigen Zufriedenheit geprägt. Ann und Alex gähnten beinahe synchron, was den älteren Hansen lächeln ließ.

„Wir haben heute viel geschafft", sagte Hansen und legte eine Hand beruhigend auf Toms Schulter. „Aber morgen wird ein neuer Tag – mit neuen Herausforderungen. Wir treffen uns wieder hier, sagen wir gegen zehn Uhr?"

Die Geschwister nickten zustimmend. Ann streckte sich und schnappte sich ihre Jacke. „Wir sollten wirklich los. Wir brauchen Schlaf."

„Du hast du recht", stimmte Alex zu und warf einen letzten Blick auf die Flasche, die sicher verstaut auf einem Regal stand.

Ann und Alex verabschiedeten sich herzlich, Brick trottete brav hinter ihnen her. Hansen begleitete sie bis zur Tür und schaute ihnen noch eine Weile nach, bevor er die schwere Holztür wieder schloss.

Die unruhige Nacht

Die Geschwister gingen schweigend durch die klare Nacht, ihre Atemwolken hingen in der kalten Luft. Brick schnupperte aufmerksam die Umgebung ab, blieb aber ruhig. Schließlich brach Ann das Schweigen. „Es fühlt sich gut an, oder? So, als würden wir endlich Fortschritte machen.“

Alex nickte nachdenklich. „Ja, aber irgendwie habe ich das Gefühl, dass morgen noch größere Herausforderungen auf uns warten.“

„Dann werden wir sie gemeinsam meistern“, sagte Ann entschlossen.

In der Datscha hatte Hansen inzwischen das Feuer neu entfacht. Tom saß auf einem alten Sessel und wirkte entspannt, auch wenn seine Augen müde glänzten. Hansen brachte ihm eine Tasse heißen Tee.

„Du solltest etwas schlafen“, sagte Hansen. „Es wird ein langer Tag.“

Tom nickte, aber bevor er sich hinlegte, ließ er den Blick noch einmal durch den Raum schweifen, als wollte er sicherstellen, dass alles an seinem Platz war. Dann rollte er sich auf der alten Couch zusammen, während Hansen eine Decke über ihn legte.

„Gute Nacht, Tom“, murmelte Hansen, bevor er selbst in seinen Sessel sank. Der Gedanke, dass sie als Gruppe so weit gekommen waren, erfüllte ihn mit leiser Zufriedenheit. Morgen würde ein neuer Tag beginnen, und sie würden gemeinsam stark sein.

Alex lag in seinem Alkoven, einem gemütlichen Rückzugsort in seinem Zimmer, der normalerweise ein Gefühl von Geborgenheit vermittelte. Doch in dieser Nacht wollte der Schlaf einfach nicht kommen. Die dicken Kissen unter seinem Kopf fühlten sich plötzlich hart an, und die schwere Decke, die ihn sonst wärmte, schien ihn zu erdrücken. Er wälzte sich von einer Seite auf die andere, unfähig, die Gedanken zu ordnen, die durch seinen Kopf schossen.

Vor seinem inneren Auge liefen die Ereignisse des vergangenen Tages ab wie ein Film. Die Spannung, die Flasche aus dem Keller zu holen, die seltsame Macht, die sie ausstrahlte, und die schleichende Angst, verfolgt zu werden – all das spielte sich erneut in seinem Geist ab. Er hörte Ann lachen, als sie versucht hatte, die düstere Stimmung zu brechen, und erinnerte sich an Toms entschlossene Miene, als er überlegte, wie sie Schloemer täuschen könnten.

Doch dann wanderten seine Gedanken unwillkürlich zum kommenden Tag, und ein unbehagliches Gefühl kroch in ihm hoch. Was, wenn sie die Kontrolle über die Flasche verlieren würden? Was, wenn Schloemer sie überlistete? Alex stellte sich vor, wie die Flasche ihre grüne Flüssigkeit in die Welt entließ, wie der Geist der Flasche, durch ihre Finger glitt und eine unvorstellbare Macht entfesselte. Sein Herz klopfte schneller, und er atmete tief durch, um sich zu beruhigen.

Er dachte an Hansen, der trotz seines Alters so ruhig und weise wirkte, und an Tom, der mit seiner Fähigkeit, unsichtbar zu werden, eine unschätzbare Stärke in die Gruppe brachte. Doch was war mit ihm selbst? Alex fragte sich, ob er genug Mut hatte, um dem gewachsen zu sein, was noch kommen würde. Er fühlte sich so klein inmitten all der Ereignisse, so verletzlich in der Dunkelheit seines Alkovens.

Er wandte sich wieder zur anderen Seite, die alte Matratze unter ihm knarrte leise. Der Mond warf einen silbernen Lichtschein durch die dünnen Vorhänge und tanzte an den Wänden seines kleinen Raums. Brick, der unten auf dem Boden schlief, grummelte leise im Traum, was Alex ein flüchtiges Lächeln entlockte. Der Gedanke an den treuen Hund beruhigte ihn ein wenig.

„Ich muss mich zusammenreißen", flüsterte er kaum hörbar zu sich selbst. „Wir schaffen das. Gemeinsam."

Mit dieser leisen Selbstvergewisserung schloss er die Augen. Seine Gedanken wurden allmählich schwerer, und obwohl er noch immer Unruhe verspürte, glitt er langsam in einen traumvollen Schlaf, in dem die Schatten der Flasche und die grünen Wellen der Flüssigkeit ihn weiterverfolgten.

Schloemer saß in seinem Versteck, das Gesicht im Schatten einer altmodischen Lampe, deren schwaches Licht seine finsteren Gedanken widerspiegelte. Sein Blick war starr auf eine grob gezeichnete Karte der Umgebung von Hansens Datscha gerichtet. Die Gruppe war ihm wieder einen Schritt voraus gewesen, aber er spürte, dass seine Geduld nun Früchte tragen würde. Es war Zeit, die Situation zu seinen Gunsten zu wenden.

Er wusste, dass er die Gruppe von der Datscha weglocken musste – weit genug, damit er ungestört an die Flasche gelangen konnte. Schloemer lehnte sich zurück, seine Finger spielten gedankenverloren mit einem schweren, goldenen Ring, der ein Erbstück seiner Familie war. In diesem Moment kam ihm die entscheidende Idee.

Er würde eine falsche Spur legen. Eine Nachricht, scheinbar von einem anonymen Verbündeten, die die Freunde dazu bringen sollte, die Datscha zu verlassen. Vielleicht etwas, das auf eine angebliche Schwäche der Flasche hinwies, die nur an einem bestimmten Ort im nahegelegenen Wald aktiviert oder neutralisiert werden konnte.

Schloemer griff nach einem zerknitterten Stück Pergament und begann, mit einer federleichten, präzisen Schrift zu schreiben. Die Botschaft war so formuliert, dass sie Zweifel und Neugier wecken würde:

„Euer Ziel ist nahe, doch die Wahrheit verbirgt sich im Schatten der alten Eiche am Flussufer. Dort wartet der Schlüssel zur endgültigen Lösung. Beeilt euch – die Zeit drängt.“

Die Worte waren absichtlich vage gehalten, genug, um die Gruppe zu verwirren und sie dazu zu bringen, der Spur zu folgen. Schloemer nickte zufrieden. Er würde die Nachricht in der Nähe der Datscha deponieren, so platziert, dass sie entdeckt werden musste.

Am nächsten Tag, sobald die Gruppe die Nachricht fand und ihre Aufmerksamkeit darauf richtete, würde er sein Versteck verlassen und die Flasche suchen. Die Vorstellung, wie er endlich die Kraft seines Vorfahren beanspruchen könnte, ließ sein Herz schneller schlagen. Doch Schloemer zwang sich zur Ruhe. Er wusste, dass er einen Fehler nicht überleben würde – diese Kinder und ihr Verbündeter Hansen waren klüger, als er zugeben wollte.

Mit einem letzten prüfenden Blick auf die Nachricht machte er sich bereit, seinen Plan in die Tat umzusetzen. Das Flüstern seines Blutes, das Erbe eines Vorfahren, ließ ihn lächeln. Bald würde er das Schicksal in seinen Händen halten.

Die falsche Reihenfolge

Am nächsten Morgen schlenderten Ann, Alex und Brick in der kühlen Morgenluft zur Datscha. Die ersten Sonnenstrahlen tauchten die Landschaft in warmes Licht, doch Anns aufmerksame Augen entdeckten plötzlich etwas Ungewöhnliches: eine Nachricht, sorgsam deponiert unter einem kleinen Haufen Steine und Zweige, nahe dem schmalen Pfad, der zur Datscha führte. Ihre Schritte stockten, und sie spürte, wie ihr Herzschlag sich beschleunigte.

„Alex, schau mal! Da liegt etwas!“ rief sie, während sie vorsichtig nähertrat und das Laub und sie Zweige beiseiteschob. Ein Stück Pergament kam zum Vorschein, die Ecken leicht eingerissen, als hätte es Wind und Wetter getrotzt. Ann griff danach, ihre Finger leicht zitternd, und entfaltete es langsam. Die Worte waren sorgfältig geschrieben, aber der Ton ließ keinen Zweifel an der Bedrohung:

Ann hielt die Nachricht in die Höhe, ihr Gesicht bleich. „Was bedeutet das? Wer hat das geschrieben?“ Alex trat näher und Brick knurrte leise, als hätte auch er die Gefahr in der Luft gewittert.

Gemeinsam eilten sie zur Datscha, wo Hansen und Tom sich gerade auf den Tag vorbereiteten. Ann legte das Pergament auf den Tisch, ihre Stimme noch zittrig, als sie erklärte, wo sie es gefunden hatte. Die Gruppe beugte sich über die Worte, die finster auf dem Papier prangten, und analysierte sie sorgfältig.

„Das ist ein Trick," erklärte Hansen schließlich mit fester Stimme. „Schloemer will uns aus der Datscha locken. Er versucht, uns einzuschüchtern, damit er Zugang zur Flasche bekommt."

Tom nickte, sein Blick war scharf. „Das passt zu dem, was wir von ihm wissen. Aber er hat nicht mit unserer Entschlossenheit gerechnet.

Die Gruppe saß im spärlich beleuchteten Wohnraum der Datscha, die Nachricht lag wie eine düstere Warnung auf dem Tisch vor ihnen. Ann, Alex, Tom und Hansen tauschten ernste Blicke, während Brick leise grollend neben Alex lag. Es war Hansen, der schließlich das Schweigen brach.

„Wenn Schloemer uns herauslocken will, dann sollten wir so tun, als ob wir darauf eingehen," sagte er ruhig, seine Augen sahen nachdenklich in die Runde. „Aber wir lassen die Datscha nicht unbewacht."

Ann runzelte die Stirn, ihr Blick wanderte zur Flasche, die sicher im Holzkasten verborgenen war. „Du meinst, wir tun so, als ob wir gehen, aber bleiben in der Nähe?"

„Genau," bestätigte Hansen. „Wir verstecken uns und beobachten, was er tut.

Tom nickte langsam, ein entschlossener Ausdruck lag auf seinem Gesicht. „Das könnte funktionieren. Aber wir müssen vorsichtig sein. Wenn er merkt, dass wir ihn austricksen, könnte er aggressiver werden."

Die Gruppe schmiedete ihren Plan: Sie würden die Datscha verlassen, und alles so auffällig wie möglich gestalten. Dann würden sie sich in einem kleinen Versteck positionieren. Von dort aus könnten sie die Datscha und Schloemers mögliche Bewegungen beobachten.

Nach einem kurzen Verweilen, und ein paar Schlucken heißen Tees, setzten sie ihren Plan in die Tat um. Mit absichtlich übertriebenem lautem Gerede verließen sie die Datscha. Hansen schloss demonstrativ die Tür ab, während Alex sich mit einem übertriebenen Bückling verabschiedete.

Sobald sie außer Sichtweite waren, bogen sie rasch in einen schmalen Pfad ab, der sie zu ihrem Versteck führte. Nicht ahnend warum, hatte Hansen das Versteck schon vor ein paar Tagen gut vorbereitet: eine kleine Senke im Boden, verborgen von dichtem Gestrüpp und einer Tarnplane.

Hier legten sie sich auf die Lauer, ihre Augen aufmerksam auf die Datscha gerichtet.

Die Zeit verstrich quälend langsam, jeder leise Laut ließ Brick die Ohren spitzen. Schließlich bewegte sich etwas im Schatten der Bäume. Eine Gestalt schlich sich vorsichtig näher – Schloemer.

Er blieb kurz stehen, sah sich misstrauisch um, dann ging er zur Tür der Datscha. Der Schlüssel fehlte, doch er kramte etwas aus seiner Tasche. Ein Werkzeug? Eine Art Dietrich?

„Da ist er," flüsterte Alex, seine Stimme kaum hörbar.

„Jetzt wissen wir, dass er sich nicht zurückziehen wird," murmelte Hansen. „Aber wir wissen auch, dass unser Plan funktioniert hat."

Die Gruppe blieb regungslos, ihre Spannung wuchs mit jeder Bewegung Schloemers. Der nächste Schritt würde entscheidend sein – und sie waren bereit, ihm einen weiteren Schachzug voraus zu sein.

Schloemer stand vor der Tür der Datscha, das alte Holz schien ihm in der Stille des Waldes beinahe lebendig. Mit zittrigen Händen zog er ein Bündel Dietriche aus seiner Jacke, seine Gedanken rasten. Jeder Moment zählte. Die Gruppe hatte die Datscha offensichtlich verlassen, aber wie lange sie wegbleiben würden, war ungewiss. Er musste schnell handeln.

Das Schloss gab nach einem nervenaufreibenden Klicken nach, und die Tür öffnete sich mit einem leisen Knarren. Schloemer schlüpfte hinein, leise wie ein Schatten. Seine Augen wanderten durch den Raum, der nach altem Holz und Staub roch. Überall standen Zeichen für hektische Aktivität: Papiere auf dem Tisch, eine halbgeleerte Tasse Tee, ein paar vergessene Kleidungsstücke.

„Sie wissen es," murmelte er. „Sie kennen das Geheimnis."

Seine Gedanken wanderten zu der Flasche. Das Herzstück dieses uralten Mysteriums. Sie musste hier sein, irgendwo. Doch wo? Schloemer begann systematisch die Schränke und Fächer zu durchsuchen, seine Finger glitten über die Oberflächen, während er angestrengt lauschte. Jeder Atemzug schien in der Stille des Hauses widerzuhallen.

Schließlich entdeckte er eine unscheinbare Klappe im Boden, gut verborgen unter einem Teppich. Sein Herz schlug schneller. Mit einem kräftigen Ruck öffnete er die Klappe – und da war sie. Die Flasche.

Sie lag in einer Holzkiste, sorgfältig in Tuch gewickelt, als wäre sie ein Heiligtum. Zögernd griff Schloemer nach ihr, seine Hände leicht zitternd. Das Glas fühlte sich kühl und glatt an, beinahe zu glatt, als würde es ein eigenes Leben führen. Die grünliche Flüssigkeit im Inneren schien sich bei seinem Kontakt zu bewegen, als ob sie ihn bemerkte.

Ein Schauder lief ihm über den Rücken. Was ist das nur für eine Macht?

Er setzte sich auf den Boden, die Flasche fest in den Händen, und starrte sie an. Sein Atem ging flach, während er versuchte, seine Gedanken zu ordnen. Wie sollte er sie öffnen? War das der nächste Schritt?

„Es reicht nicht," flüsterte er zu sich selbst, seine Augen wurden schmal. „Die Ringe... die Ringe sind der Schlüssel. Ohne sie bleibt es unvollständig."

Er versuchte, sich an die Fragmente zu erinnern, die er aus den Gesprächen der Gruppe aufgeschnappt hatte. Es gab vier Ringe, das wusste er. Jeder repräsentierte ein Element – Erde, Wasser, Feuer, Luft. Ihre Anordnung war entscheidend, aber was, wenn er es falsch machte?

Die Flasche schien förmlich zu pulsieren in seinen Händen, als ob sie ihn warnen wollte. Für einen Moment schloss Schloemer die Augen, suchte nach einem klaren Gedanken.

„Ich brauche die Ringe," murmelte er. „Ohne sie... wird nichts geschehen. Aber wo sind sie?"

Er legte die Flasche vorsichtig auf den Boden, um nicht zu riskieren, sie fallen zu lassen, und begann fieberhaft, den Raum nach weiteren Hinweisen zu durchsuchen. Seine Bewegungen wurden hektischer, sein Atem schneller. Jeder Moment fühlte sich wie eine Ewigkeit an, während die Zeit gegen ihn lief.

Doch Schloemer wusste: Die Macht, nach der er suchte, war zum Greifen nah. Er musste nur den nächsten Schritt herausfinden – und hoffen, dass die Gruppe ihn nicht zu schnell entdeckte.

Sein Blick ging zurück zum Gefäß, das Glas schien in der Dämmerung des Raumes ein eigenes Licht auszustrahlen, die grünliche Flüssigkeit im Inneren bewegte sich wie von einem unsichtbaren Puls geleitet. Ein unruhiger Schauer lief ihm über den Rücken, als er das Artefakt näher betrachtete. Doch plötzlich fiel sein Blick auf die Zahlenschlösser, die an der Flasche hingen. Zwei von ihnen waren bereits geöffnet.

Er starrte die geöffneten Schlösser fassungslos an, ihre feinen, kunstvollen Ornamente schienen ihn zu verhöhnen. Die Gruppe war bereits weitergekommen, als er dachte. Ein Hauch von Panik ergriff ihn. Wenn sie das dritte Schloss öffneten, würde das Geheimnis der Flasche sich ihnen vollständig offenbaren – und ihm entgleiten.

Schloemer richtete sich hastig auf, sein Blick wanderte zu den beiden offenen Schlössern, dann zurück zur Flüssigkeit in der Flasche. Je länger er sie ansah, desto mehr fühlte er sich von ihr angezogen. Es war, als ob sie ihn rief.

Plötzlich durchzuckten ihn Visionen. Bilder aus einer Zeit, die er nie erlebt hatte, schossen durch seinen Geist: ein prächtiger russischer Hof, Menschen in prunkvollen Gewändern, ein Mann mit durchdringenden Augen, der Zarin und Hofstaat gleichermaßen in seinen Bann zog. Es war, als ob die Flüssigkeit ihm Fragmente einer längst vergangenen Welt zeigte.

Schloemer stolperte zurück, rieb sich die Augen, um die Bilder zu vertreiben, doch sie blieben. Eine Stimme flüsterte ihm zu, unverständlich, aber eindringlich. Es war, als ob die Flasche ihm mehr zeigen wollte – oder ihn warnte.

Mit einem heftigen Kopfschütteln riss er sich los. Jetzt war nicht die Zeit für Träumereien. Er musste weitersuchen. Wenn die Gruppe die Ringe erwähnte, mussten sie hier sein. Ohne die Ringe konnte die Flasche nicht vollständig aktiviert werden – das war ihm klar.

Er durchwühlte den Raum hektisch, zog Schubladen auf, warf Kisten um und wühlte sich durch alte Tücher und Papiere. Der Geruch von Staub und altem Holz drang in seine Nase, doch er achtete nicht darauf. Sein Herz schlug immer schneller, bis er schließlich auf etwas stieß.

Ein kleines, kunstvoll verziertes Kästchen lag versteckt in einem Schrank. Es war mit einem einfachen, aber robusten Riegel verschlossen. Schloemer riss es auf und hielt den Atem an, als er den Inhalt erblickte: vier Ringe, jeweils mit einem prachtvollen Edelstein verziert, der die Elemente symbolisierte – grün für Erde, blau für Wasser, rot für Feuer und ein klarer Stein für Luft.

Ein triumphierendes Lächeln breitete sich auf seinem Gesicht aus. Das war es. Das fehlende Puzzleteil.

Doch als er das Kästchen in Händen hielt, kam ihm ein weiterer Gedanke: Die Reihenfolge. Welche Anordnung war die richtige? Waren seine Notizen korrekt? – die Macht, die er suchte, war zum Greifen nah.

Er setzte sich mit der Flasche und dem Kästchen auf den Boden, die Ringe leuchteten im schummrigen Licht der Datscha wie kleine Flammen. Sein Verstand raste, die Visionen aus der Flasche schienen ihm erneut Botschaften zuzuflüstern, doch er konnte sie nicht entschlüsseln.

Er hatte alles, was er brauchte. Jetzt musste er den entscheidenden Schritt machen. Doch das Zittern seiner Hände verriet, dass auch er die Gefahr spürte, die mit dieser Macht einherging.

Tom atmete tief ein und konzentrierte sich, spürte, wie sich eine unsichtbare Hülle um ihn und die anderen legte. Die Luft um sie herum flimmerte leicht, als seine Fähigkeit aktiv wurde, und das

Gefühl der Unsichtbarkeit breitete sich wie ein Schleier aus. „Bleibt dicht bei mir", flüsterte er kaum hörbar, seine Stimme war angespannt, aber entschlossen.

Ann, Alex und Hansen nickten wortlos, Brick blieb geduckt neben Alex, so ruhig, wie man es sich von dem sonst so lebhaften Hund kaum vorstellen konnte. „Jetzt", flüsterte Tom und machte den ersten Schritt aus ihrem Versteck.

Vorsichtig schlichen sie sich durch die Büsche, die die Datscha umgaben. Toms scharfe Augen suchten die Umgebung ab, während sie sich lautlos vorwärtsbewegten. Das Licht im Inneren der Datscha flackerte, und sie konnten durch ein leicht geöffnetes Fenster einen Blick auf Schloemer werfen, der in einer Mischung aus Faszination und Besessenheit die Flasche und das Kästchen betrachtete.

Schloemer schien von der Welt um ihn herum völlig abgekapselt zu sein. Er murmelte vor sich hin, während er die Flasche abermals in die Hände nahm und die Flüssigkeit darin musterte. „Er wirkt… verloren", flüsterte Ann, als sie Schloemers unruhige Bewegungen beobachtete.

„Das ist nicht nur Besessenheit", ergänzte Hansen mit gesenkter Stimme. „Das Ding wirkt auf ihn ein. Es zeigt ihm irgendetwas. Ich wette, er sieht Dinge, die wir uns nicht vorstellen können."

Plötzlich richtete Schloemer sich auf, hielt inne und lauschte. Die Gruppe erstarrte. Toms Herz begann schneller zu schlagen, als Schloemer einen Schritt in Richtung des Fensters machte. Für einen Moment war es, als ob er direkt durch die unsichtbare Gruppe hindurchsah. Alex griff unwillkürlich nach Bricks Halsband, um ihn ruhig zu halten.

Doch Schloemer schüttelte den Kopf, als wollte er einen Gedanken abschütteln, und wandte sich wieder der Flasche zu. Er begann, die Ringe aus dem Kästchen zu nehmen und sie mit zittrigen Händen zu betrachten.

„Er hat die Ringe", murmelte Tom so leise, dass es kaum zu hören war.

„Aber er weiß nicht, wie er sie einsetzen soll", sagte Hansen, seine Augen funkelten vor Erleichterung.

„Noch nicht", fügte Ann hinzu, während sie die Szenerie weiter angespannt beobachtete.

Tom ließ seinen Blick nicht von Schloemer ab, während er vorsichtig die Hand hob und den anderen bedeutete, einen Schritt zurückzutreten. „Wir müssen genau wissen, was er tut", flüsterte er.

Langsam schlichen sie sich näher an das Fenster heran, um mehr zu hören. Schloemer sprach nun lauter, als er zu sich selbst sagte: „Ich muss es wagen!"

Er schlug mit der Faust auf den Tisch, die Flasche wackelte gefährlich, und die Flüssigkeit im Inneren glomm kurzzeitig auf. Die Gruppe zuckte zusammen, doch die Flasche blieb stabil.

„Er ist nah dran, aber noch nicht nah genug", murmelte Tom.

„Dann sollten wir hoffen, dass er glaubt, er sei auf dem richtigen Weg – und sich verrennt", sagte Ann mit einem schelmischen Grinsen.

Tom nickte. „Aber wir müssen ihn weiter beobachten. Nur so können wir sicherstellen, dass er nicht doch noch die Wahrheit herausfindet."

Schloemer hob den ersten Ring mit zitternden Fingern aus dem Kästchen. Das kunstvolle Schmuckstück schimmerte matt im schwachen Licht der Datscha, und seine Gravuren schienen wie kleine, verborgene Geheimnisse zu leuchten. Sein Atem ging flach, die Anspannung in der Luft war beinahe greifbar.

„Das ist es…“ murmelte er, mehr zu sich selbst als zu irgendjemand anderem. Seine Augen glänzten vor einer seltsamen Mischung aus Furcht und Besessenheit. Langsam drehte er den Ring in seiner Hand, seine Finger streichelten über die filigranen Muster. Dann, mit einer Stimme, die zuerst unsicher klang, begann er, Worte zu murmeln, und schob sich den Smaragd Ring auf den Finger.

Es war eine Sprache, die alt und fremdartig wirkte, wie ein Echo aus einer längst vergangenen Zeit. Die Worte rollten schwer von seinen Lippen, als hätte er sie aus den Tiefen seines Gedächtnisses gegraben. „Animus ligare… corpus tenebrarum… lux invicta.“ Seine Stimme gewann an Stärke, während er sprach, und der Ring schien einen Moment lang heller zu leuchten.

Die Gruppe, unsichtbar hinter dem Fenster lauernd, hielt den Atem an. Alex spürte, wie sein Herz in der Brust hämmerte, während Ann unwillkürlich eine Hand auf Bricks Rücken legte, um ihn ruhig zu halten. Hansen flüsterte kaum hörbar: „Das klingt wie… ein Beschwörungsritual. Aber es fehlt etwas.“

Plötzlich wurde alles still. Schloemers Worte verklangen, und eine unglaubliche Ruhe breitete sich aus – eine Ruhe, die so tief war, dass sie fast beängstigend wirkte. Kein Rascheln der Blätter, kein Zirpen von Insekten, nicht einmal das leise Heulen des Windes war zu hören. Es war, als hätte die Welt für einen Augenblick den Atem angehalten.

Schloemer starrte auf den Ring, seine Augen weit vor Erwartung. Doch nichts geschah. Keine Explosion von Licht, kein Flüstern aus den Tiefen der Flasche, keine Veränderung der Umgebung. Nur diese unheimliche, alles durchdringende Stille.

„Warum…?“ flüsterte er, während seine Stirn sich vor Zorn und Verwirrung in Falten legte. „Das sollte… es sollte funktionieren!“ Seine Hände zitterten, während er den Ring wieder auf den Tisch legte.

Die Gruppe beobachtete, wie Schloemer für einen Moment vollkommen regungslos dastand, die Hände auf dem Tisch abgestützt. Die Spannung in seinem Körper löste sich allmählich, und sein Gesichtsausdruck wandelte sich von Zorn zu tiefer Nachdenklichkeit.

„Vielleicht… ist es die Reihenfolge“, murmelte er schließlich. Seine Stimme war jetzt kaum mehr als ein heiseres Flüstern. Er studierte noch einmal seine Notizen:

Smaragd → Diamant→ Rubin → Saphir

„Ich werde es herausfinden.“

Tom, der Schloemer weiterhin fest im Blick hatte, flüsterte den anderen zu: „Er weiß es nicht. Er hat keine Ahnung, wie es funktioniert.“

„Aber er wird nicht aufgeben“, fügte Ann hinzu, ihre Stimme zitterte leicht.

Hansen nickte. „Das gibt uns Zeit. Aber wir müssen vorsichtig sein. Wenn diese Ruhe ein Vorbote ist, dann ist die Flasche gefährlicher, als wir uns vorstellen können.“

Die Freunde blieben regungslos in ihrem Versteck und beobachteten, wie Schloemer weiter überlegte, seine Hände jetzt auf das Kästchen und die Flasche gestützt, unfähig, die Ruhe zu brechen, die er selbst heraufbeschworen hatte.

Schloemer griff nach dem nächsten Ring, einem prächtigen Diamantring, der im schummrigen Licht der Datscha wie ein gefrorener Stern funkelte. Seine Hände zitterten weniger vor Furcht als vor einer Mischung aus Gier und Entschlossenheit. In seinem Kopf formte sich ein Plan: Alle Ringe, dachte er. Es ist die Reihenfolge. Das muss es sein.

Mit der Flasche und dem Kästchen vor sich murmelte er erneut die alte Formel: „Animus ligare… corpus tenebrarum… lux invicta.“ Diesmal wirkte seine Stimme entschlossener, beinahe beschwörend, während er den Smaragdring an seinen Finger schob.

Die unheimliche Ruhe, die zuvor den Raum erfüllt hatte, brach augenblicklich. Ein markerschütternder Schrei hallte durch die Luft – der Schrei eines Adlers, so klar und durchdringend, dass es klang, als wäre der majestätische Vogel direkt über ihnen. Schloemer hielt inne, sein Herz raste, aber die Anziehungskraft des Rituals war stärker als seine Angst.

„Das ist ein Zeichen,“ flüsterte er zu sich selbst, mehr überzeugt als erschrocken. „Es funktioniert.“

Ohne zu zögern griff er nach dem Diamantring. Das kühle Metall glitt langsam über seinen Finger, und als er ihn aufsetzte, flackerte die Luft um ihn herum. Ein gleißender Blitz zerriss die Dunkelheit, gefolgt von einem ohrenbetäubenden Donnerschlag. Der Himmel schien für einen Moment in Flammen zu stehen, obwohl die Nacht klar und wolkenlos gewesen war.

In ihrem Versteck hielten die Freunde den Atem an. Alex klammerte sich unwillkürlich an Ann, während Brick ein tiefes, warnendes Knurren von sich gab. Hansen, der näher an der Szene war, murmelte: „Es entfesselt etwas. Etwas, das er nicht kontrollieren kann.“

Schloemer, von Blitz und Donner unbeeindruckt – oder vielleicht getrieben von seiner Besessenheit – griff nun zum Rubinring. Die rote Oberfläche des Edelsteins glühte fast wie ein Herz, das mit fiebriger Intensität schlug. Seine Hände zitterten jetzt stärker, aber er konnte nicht aufhören. Er setzte den Ring auf.

Kaum hatte der Rubin seinen Finger berührt, begann die Erde zu beben. Ein tiefes Grollen erhob sich, als ob die Welt selbst gegen das Ritual protestierte. Möbel in der Datscha erzitterten, Gläser zersprangen, und Staub rieselte von den Deckenbalken. Schloemer taumelte, aber er lachte – ein Wahnsinniger, der sich auf der Schwelle zur Macht wähnte.

„Noch einer!" schrie er, seine Stimme heiser vor Aufregung. „Nur noch einer, und die Macht gehört mir!"

Er griff nach dem letzten Ring – dem Saphir, dessen blaue Tiefe das Licht auf eine Weise einfing, die fast hypnotisch wirkte. Als er den Ring aufsetzte, hielten alle den Atem an. Für einen Moment geschah nichts. Die Welt schien stillzustehen, wie ein Innehalten vor einem Sturm.

Dann geschah es. Ein ohrenbetäubendes Krachen hallte durch die Luft, als eine unsichtbare Energie sich entlud. Die Flasche begann zu pulsieren, ihr Glas schimmerte wie von innen beleuchtet. Ein kalter Wind fegte durch die Datscha, und ein unheimliches Leuchten hüllte Schloemer ein. Er schrie, doch seine Worte gingen in dem Dröhnen der entfesselten Kräfte unter.

Die Freunde, die die Szene aus sicherer Entfernung beobachteten, spürten die Machtwelle, die von der Flasche ausging. „Was… was hat er getan?" stammelte Alex, während Ann ihn festhielt.

„Das war der vierte Ring," murmelte Hansen, sein Gesicht bleich. „Was auch immer er beschworen hat – es ist jetzt hier."

Schloemer stand keuchend inmitten des Chaos, die Ringe an seinen Fingern, umgeben von der unheimlichen Aura der entfesselten Macht. Doch plötzlich, so abrupt, dass es die Freunde im Versteck erschreckte, begann er zu lachen – ein hysterisches, schrilles Lachen, das wie das Kreischen von Metall auf Glas klang. Es war nicht das triumphale Lachen eines Mannes, der gewonnen hatte, sondern dass eines Menschen, der den Verstand verlor.

Seine Hände zitterten, und er hielt sie vor sein Gesicht, als könnte er etwas auf seinen Fingern sehen, das ihn gleichzeitig erschreckte und faszinierte. Die Linien seiner Stirn glätteten sich, die Anspannung seiner Wangen löste sich, und seine Augen, die zuvor vor Gier und Wut gefunkelt hatten, schienen plötzlich weich und fast glasig. Es war, als würde sich eine hässliche Maske auflösen und darunter ein völlig anderes Gesicht zum Vorschein kommen – ein Gesicht, das seltsam freundlich und friedlich wirkte.

„Ich… ich sehe es!" rief Schloemer mit hoher, fast kindlicher Stimme. „Ich verstehe! Alles ist… ja, es ist so einfach. Warum habe ich mich so angestrengt? Es war… war nur ein Traum, ein schöner Traum." Sein Lachen klang nun fast sanft, wie das Lachen eines Mannes, der gerade eine Bürde losgeworden war, die ihn sein Leben lang gequält hatte.

Er drehte sich langsam im Kreis, seine Arme weit ausgebreitet, als würde er die unsichtbare Macht, die ihn umgab, umarmen. Doch dann blieb er plötzlich stehen, seine Gesichtszüge entspannten sich vollständig, und mit beinahe mechanischen Bewegungen zog er die Ringe von seinen Fingern. Einer nach dem anderen landete zurück in dem kunstvollen Kästchen, begleitet von einem murmelnden Singsang, den niemand in der Gruppe verstehen konnte.

„Hierhin… ja, zurück zu euch… alle zusammen. Genau da gehören sie hin. Still… still." Seine Stimme hatte eine seltsame Melodie, die beinahe beruhigend klang. Mit einem fast zärtlichen

Blick auf das Kästchen klappte er es zu und legte es vorsichtig zurück auf den Tisch, als wäre es ein schlafendes Kind.

Dann wandte er sich um und torkelte aus der Datscha, seine Bewegungen schlurfend und ungelenk, als hätte er plötzlich die Koordination eines Betrunkenen. Doch sein Gesicht trug ein friedliches Lächeln, und er begann leise ein altes Kinderlied zu summen, die Melodie unklar, aber irgendwie beruhigend.

Immer wieder murmelte er vor sich hin, während er die Tür zur Datscha hinter sich schloss: „Müde… so müde… ich muss schlafen. Nur schlafen. Endlich schlafen."

Die Freunde, die unsichtbar in ihrem Versteck verharrten, starrten ihm ungläubig hinterher. Brick legte seinen Kopf schief, als versuchte er, das Verhalten zu begreifen, während Hansen flüsternd meinte: „Was in aller Welt ist gerade passiert?"

„Es hat ihn verändert," flüsterte Ann, ihre Augen groß vor Faszination und Schrecken. „Diese Macht… sie hat ihn gebrochen oder… vielleicht sogar geheilt."

„Aber was heißt das für uns?" fragte Alex leise, während er weiter auf die sich entfernende Gestalt starrte. „Ist es vorbei – oder hat es gerade erst angefangen?"

Draußen verschwand Schloemer langsam in der Dunkelheit, sein Singsang leiser werdend, bis nur noch die Stille zurückblieb – eine Stille, die von den Ereignissen der Nacht schwer erfüllt war.

Die Gruppe saß erschöpft in der Datscha, die Atmosphäre war schwer von den Ereignissen der letzten Stunde. Die Flasche, die immer noch auf dem Boden stand, schien regelrecht zu pulsieren, als würde sie die vergangenen Vorgänge verarbeiten. Ihr grünliches Schimmern war schwächer geworden, doch ein unheimlicher, beinahe lebendiger Hauch umgab sie weiterhin. Niemand wagte, sie anzufassen.

„Wir sollten jetzt nichts überstürzen," sagte Hansen nach einer langen Stille, seine Stimme leise, aber bestimmt. „Die Flasche... sie muss sich beruhigen. Was auch immer Schloemer mit den Ringen ausgelöst hat, es hat etwas mit ihr gemacht. Wir dürfen sie nicht sofort weiter manipulieren."

Ann nickte zögernd, während sie die Flasche aufmerksam musterte. „Es war, als hätte sie... ich weiß nicht, als hätte sie reagiert. Aber auf was? Die Ringe? Schloemer selbst?" Sie schüttelte den Kopf, sichtlich unzufrieden mit ihrer eigenen Unwissenheit. „Wir wissen zu wenig."

„Das ist genau der Punkt," fügte Tom hinzu. „Wir sollten jetzt keine riskanten Schritte unternehmen. Schloemer ist zwar weg, aber wir wissen nicht, was er plant. Vielleicht war das nur ein Teil seines Plans. Vielleicht testet er uns."

Alex, der gedankenverloren an einer Ecke des Raums lehnte, nickte langsam. „Wir müssen ihn im Auge behalten. Schloemer ist nicht einfach abgehauen, um die Sache aufzugeben. Er wird zurückkommen, oder er schmiedet längst neue Pläne." Sein Blick wanderte zu Brick, der wachsam an der Tür lag, die Ohren gespitzt, als würde er noch immer die Spuren von Schloemers Anwesenheit spüren.

„Dann sind wir uns einig," sagte Hansen schließlich und strich sich über seinen ergrauten Bart. „Heute Nacht machen wir nichts mehr. Wir lassen die Flasche und diesen Raum in Ruhe. Morgen, wenn die Sonne aufgegangen ist und unsere Köpfe wieder klar sind, werden wir überlegen, wie es weitergeht."

„Aber was ist mit Schloemer?" warf Ann ein. „Wir können doch nicht einfach schlafen gehen und ihn unbeobachtet lassen."

Hansen zog die Stirn in Falten. „Wir müssen vorsichtig sein. Wenn wir ihm direkt nachspionieren, könnten wir auffliegen. Das Letzte, was wir jetzt riskieren dürfen, ist eine Konfrontation, in der er uns überraschen kann. Ich schlage vor, dass wir abwechselnd wachen und die Umgebung im Auge behalten.“

„Oder wir setzen Tom ein,“ schlug Alex vor und sah seinen Freund an. „Du kannst unsichtbar werden, Tom. Du könntest ihm folgen, ohne dass er dich bemerkt.“

Tom zögerte. „Das wäre eine Möglichkeit... aber ich bin ehrlich: Ich bin nicht sicher, ob ich die Kraft dafür heute noch habe. Es war ein langer Tag.“

„Dann morgen,“ entschied Ann, ihre Stimme entschlossen. „Wir ruhen uns aus, sammeln neue Energie, und dann überlegen wir genau, was wir tun. Aber wir dürfen ihn nicht aus den Augen verlieren.“

Die Gruppe war sich einig. Es gab nichts weiter zu tun, als die Flasche sicher an ihrem Platz zu lassen und die Nacht über zu beobachten, ob Schloemer zurückkehren würde. Hansen legte noch ein paar Scheite ins Feuer des Kamins, dessen Flammen die Schatten im Raum tanzen ließen.

Alex und Tom sich berieten, wie sie die Flasche am sichersten positionieren könnten.

Ann holte aus einem der Schränke in der Datscha eine alte, dick gepolsterte Kiste hervor, die früher als Aufbewahrung für empfindliches Porzellan gedient hatte.

"Hier drin sollte sie sicher sein," sagte sie entschlossen und polsterte die Kiste zusätzlich mit einem weichen Tuch aus. Alex brachte die Flasche vorsichtig herbei, seine Hände zitterten leicht vor Anspannung.

"Okay," sagte Hansen schließlich und schloss den Deckel der Kiste. "Wir lassen sie hier im Nebenraum. Keiner fasst sie an, außer es ist absolut notwendig." Alle nickten zustimmend

„Jetzt schlage ich vor, wir schlafen hier zusammen," sagte er und deutete auf die weichen Polster und Decken, die in einer Ecke des Raumes lagen. „Es ist sicherer, wenn wir uns nicht aufteilen." Ich werde Tännchen eine Nachricht mit Elsia zukommen lassen, meiner Taube, diese kam gestern von einer langen Reise zurück, wo auch immer sie war, den kurzen Weg schafft sie noch."

Brick grummelte zustimmend und rollte sich in der Nähe der Tür zusammen, wachsam wie immer. Ann, Alex und Tom nickten stumm und bereiteten sich darauf vor, die Nacht gemeinsam in der Datscha zu verbringen, während draußen die Dunkelheit dichter wurde.

„Morgen," flüsterte Ann, als sie sich in eine Decke wickelte, „morgen müssen wir herausfinden, was Schloemer wirklich vorhat."

Hansen nickte, seine Augen auf die Flasche gerichtet. „Ja," sagte er leise, mehr zu sich selbst als zu den anderen. „Und wir müssen schneller sein als er. Morgen könnte alles entscheiden."

Die Nacht legte sich wie ein schützender Mantel über die Gruppe, erschöpft von den Ereignissen des Tages. Hansen lehnte in seinem Sessel, seine Brille verrutscht auf der Nasenspitze, während Tom zusammengerollt in einer Ecke lag, seine Atemzüge flach und ruhig. Ann hatte sich auf dem Sofa ausgestreckt, eine Decke locker über sich gezogen, während Alex, halb aufrecht in der Zimmerecke sitzend, langsam in den Schlaf glitt.

Selbst Brick, der treue Hund, schien der Müdigkeit erlegen zu sein. Mit den Vorderpfoten ausgestreckt und der Schnauze auf den Tatzen, schnarchte er leise vor sich hin, ein seltener Anblick, der die sonst so wachsame Natur des Tieres in einem rührenden Licht zeigte. In der Datscha war still, nur das gelegentliche Knacken der Holzbalken unter der Kälte der Nacht war zu hören.

Als die ersten Sonnenstrahlen durch die Fenster drangen, wurde die Stille durch ein sanftes Rascheln durchbrochen. Auf dem Fenstersims saß Elsia, die Taube, die sanft mit den Flügeln schlug. An ihrem Bein war ein kleines Pergament befestigt, und um ihren Hals trug sie stolz das Halsband mit ihrem Namen. Das Geräusch des Flügelschlags weckte Brick, der sofort aufmerksam wurde, jedoch nicht bellte – als hätte er die Botschaft der kleinen Botin instinktiv verstanden.

Ann war die Erste, die das Pergament bemerkte. Verschlafen löste sie die Nachricht von Elsias Bein und las die Worte von Tännchen vor. Die Botschaft war klar und beruhigend: Tännchens Eltern hatten ihr Einverständnis bekräftigt, dass Ann und Alex über Nacht bleiben durften. Eine Welle der Erleichterung ging durch die Gruppe. Es war eine kleine, aber wichtige Bestätigung, die ihnen das Gefühl gab, dass alles in geordneten Bahnen lief.

Brick, zufrieden mit seiner Beobachtung, rollte sich wieder zusammen, während Alex und Ann sich mit den anderen berieten, was der neue Tag bringen könnte. Doch für einen kurzen Moment genossen sie die Ruhe, die Elsias Rückkehr mit sich gebracht hatte – ein stiller Bote des Friedens inmitten all der Unruhe.

Der Morgen in der Datscha begann mit dem köstlichen Duft von frisch gebrühtem Kaffee und gebratenem Speck, der sich durch die Räume zog und selbst die tiefsten Schläfer aus ihren Träumen riss. Hansen war, trotz der Müdigkeit, der Erste auf den Beinen gewesen und hatte in der kleinen Küche mit geübter Hand ein Frühstück vorbereitet, das jedem Gourmet zur Ehre gereicht hätte.

Der Tisch in der Stube war mit einer karierten Decke gedeckt, darauf standen dampfende Tassen mit starkem Kaffee, ein Korb mit frisch gebackenem Brot und knusprigen Brötchen, eine Auswahl an Käse, Wurst, Honig und Marmelade, sowie eine Schale mit knackigen Äpfeln und saftigen Birnen. In der Mitte thronte ein goldbrauner Pfannkuchenstapel, der noch leicht nach Butter glänzte. Hansen hatte ihn nach einem alten Rezept mit einer Prise Muskat und Zimt zubereitet.

"Kommt, bevor alles kalt wird!" rief Hansen gutgelaunt, als die anderen verschlafen aus ihren Ecken hervorkrochen. Tom war der Erste, der sich einen Stuhl heranzog, noch immer mit verwuscheltem Haar, aber mit einem hungrigen Grinsen auf dem Gesicht. Ann und Alex folgten, beide mit einem Ausdruck kindlicher Vorfreude, während selbst Brick sich mit wedelndem Schwanz an den Tisch setzte, hoffnungsvoll auf ein paar Krümel wartend.

"Das ist ja wie ein Festmahl," staunte Alex, während er sich großzügig vom Pfannkuchenstapel bediente. Ann griff nach einem Apfel und schnitt ihn in feine Scheiben, während Tom es vorzog, sich ein üppig belegtes Brötchen zu bauen. Hansen, der am Kopfende saß, genoss es sichtlich, wie seine Gäste zugriffen.

"Das Geheimnis eines guten Frühstücks," sagte er schmunzelnd, "ist, dass es nicht nur satt macht, sondern auch den Geist stärkt." Er prostete ihnen mit seiner Kaffeetasse zu, bevor er selbst beherzt in ein Stück Pfannkuchen biss.

Während sie aßen, wurde die Stimmung immer entspannter. Die Ereignisse des gestrigen Tages schienen für einen Moment in den Hintergrund zu treten, ersetzt durch das warme Gefühl von Gemeinschaft und die beruhigende Routine einer guten Mahlzeit. Brick erhielt schließlich ein Stück Apfel und ein paar Bröckchen Speck, was er mit einem glücklichen Schnaufen quittierte.

Am Ende des Frühstücks war der Tisch fast leer, die Kaffeekanne bis zum letzten Tropfen geleert, und alle hatten das Gefühl, gestärkt und bereit für die Herausforderungen des Tages zu sein. Hansen räumte die letzten Teller beiseite und sagte mit einem Zwinkern: "Gut, meine Freunde. Jetzt kann der Tag kommen. Wir sind gewappnet."

Nach diesem üppigen Frühstück war die Gruppe wieder voller Energie, und die Stimmung war von einer konzentrierten Ernsthaftigkeit geprägt.

Die Stimmung war ruhig, aber nicht sorglos. Brick, der treue Begleiter, lag entspannt in einer Ecke und ließ ab und zu ein zufriedenes Seufzen hören, als ob auch er spürte, dass sich etwas geändert hatte.

Hansen, der am Fenster saß, warf einen prüfenden Blick nach draußen. Die Landschaft wirkte friedlich, aber er wusste, dass dies trügerisch sein konnte. Mit einem zufriedenen Ausdruck drehte er sich zur Gruppe um. "Schloemer ist nicht aufgetaucht", stellte er erleichtert fest. Eine sichtbare Erleichterung machte sich auf den Gesichtern der anderen breit, als sie diese Worte hörten.

Hansen räumte die letzten Reste ab, „langsam, nicht zu viel Bewegung," warnte Hansen, der über die Schulter der Jungen sah, wie sie sich der Flasche zuwandten. "Wir wissen nicht, wie empfindlich das Ding jetzt wirklich ist."

Die Freunde nickten, jeder in Gedanken bei dem, was vor ihnen lag. Ann strich nervös über die Seiten des Notizbuchs, während Alex sie mit einem konzentrierten Blick studierte.

Die Atmosphäre in der Stube war erfüllt von einer Mischung aus Nervosität und Entschlossenheit. Schließlich saßen sie im Kreis um die Flasche und das Kästchen mit den Ringen, sorgfältig auf einem mit Stoff ausgelegten Tisch positioniert. Das Licht der Morgensonne fiel durch die Fenster und tauchte den Raum in ein goldenes Glühen, als Alex das Wort ergriff.

„Also, das ist es“, sagte er mit fester, aber leiser Stimme. „Wir haben alle Hinweise zusammengesetzt. Jetzt geht es darum, die Verbindung zu aktivieren und das Rätsel endgültig zu lösen. Egal, was passiert, wir bleiben zusammen.“

Ann nickte und legte eine Hand auf Bricks Kopf, der aufmerksam neben ihr saß. „Zusammen“, wiederholte sie. Ihre Stimme war ruhig, aber man konnte die Spannung darin hören. „Wir wissen, dass das hier kein Kinderspiel ist. Aber... wir haben schon so viel geschafft. Wir können das auch.“

Hansen stand auf und trat an das Fenster, um hinauszuschauen. Die Datscha lag still in der Morgendämmerung, und selbst die Vögel schienen eine respektvolle Stille zu wahren. Er drehte sich langsam um und musterte die Gruppe. „Ich bin stolz auf euch“, sagte er schließlich. „Ihr habt euch dem Unbekannten gestellt, ohne zu zögern. Aber jetzt... jetzt brauchen wir mehr als Mut. Wir brauchen Klarheit. Wir dürfen uns nicht von Emotionen leiten lassen. Versteht ihr?“

Tom lehnte sich nach vorne und fuhr sich mit den Fingern durch die Haare. „Verstanden“, murmelte er, dann blickte er auf. „Aber... was, wenn wir einen Fehler machen? Was, wenn wir das Falsche aktivieren oder Schloemer doch noch dazwischenfunkt?“

„Dann improvisieren wir“, sagte Alex entschlossen. „Wie immer.“

Ann lachte leise, ein erleichterndes Geräusch inmitten der Anspannung. „Du meinst, wie wir immer improvisieren und fast alles schiefgeht, aber wir es trotzdem irgendwie schaffen?“

„Genauso", bestätigte Alex mit einem schiefen Lächeln.

Hansen trat näher und nahm das Kästchen mit den Ringen in die Hände. „Bevor wir beginnen, möchte ich, dass ihr euch einen Moment nehmt. Überlegt, warum ihr das hier tut. Wofür ihr kämpft. Diese Ringe sind nicht nur Symbole, sie sind... ein Schlüssel, ja, aber auch ein Test. Ein Test, ob wir würdig sind, diese Macht zu kontrollieren – oder sie endgültig zu bannen."

Alle nickten. Ann schloss kurz die Augen, ihre Lippen bewegten sich, als würde sie ein leises Gebet sprechen. Tom atmete tief durch, seine Schultern strafften sich. Alex nahm Bricks Pfote und flüsterte ihm etwas zu, das nur sie beide verstehen konnten.

„Bereit?" fragte Hansen, und seine Stimme war nun fest, mit einer ruhigen Autorität.

„Bereit", antwortete Alex und richtete sich auf. Ann und Tom nickten, und Brick bellte leise, als wollte er seinen Teil beisteuern.

„Dann lasst uns beginnen", sagte Hansen. „Wir tun das hier nicht nur für uns, sondern für alle, die niemals erfahren sollen, wozu diese Macht fähig ist."

Ann breitete die 3. Pergamentrolle mit ihren Symbolen aus. Die Atmosphäre in der Stube war angespannt, als Hansen das Kästchen mit den Ringen öffnete. Die vier Schmuckstücke schimmerten magisch im Licht: Rubinrot, Saphirblau, Smaragdgrün und Diamantweiß. Die Reihenfolge war klar – Rubin → Saphir → Smaragd →Diamant.

Mut → Weisheit →Heilung → Stärke

Jedes Element würde nacheinander aktiviert werden, mit einer Macht, die noch niemand von ihnen je erlebt hatte.

Hansen nahm den Rubinring und blickte Tom an. „Du beginnst. Der Rubin steht für das Feuer – Energie, und Leidenschaft und Mut.“

Tom nickte langsam, seine Augen auf den Rubinring in seiner Hand gerichtet. Eine sanfte, aber spürbare Wärme ging von ihm aus, als würde ein verborgenes Feuer tief im Inneren schlummern. Mit einem entschlossenen Atemzug kniete er sich nieder und schob den Ring feierlich auf seinen Ringfinger.

Vor ihm stand eine kleine Kerze, deren Flamme träge und unscheinbar flackerte, doch plötzlich flammte sie auf, wuchs auf eine unnatürliche Höhe, als ob sie lebendig geworden wäre, und ein markerschütternder Schrei eines Adlers durchschnitt die Luft wie ein Blitz aus purem Klang. Tom stolperte erschrocken zurück, seine Augen geweitet vor Staunen und Furcht. Ann reagierte instinktiv, trat vor und fing ihn auf, bevor er zu Boden fiel.

Für einen Moment herrschte atemlose Stille, das Licht der Kerze glomm noch nach. „Was… war das?“ flüsterte Alex mit bebender Stimme, während Ann Tom beruhigend über die Schulter strich.

„Das war... intensiv“, murmelte er, das Echo des Schreis noch in den Ohren,

Hansen nahm nun den Saphirring und reichte ihn Ann. „Deine Aufgabe. Der Saphir repräsentiert die Luft – Freiheit, Bewegung Unvorhersehbarkeit und Weisheit.“

Ann zitterte leicht, als sie den Ring annahm, doch sie fasste sich. Sie trat in den zweiten Kreis, in dem eine leichte Feder in der Mitte lag. Sie kniete sich nieder, legte den Ring auf die Feder und hielt den Atem an. Plötzlich begann ein unsichtbarer Wind durch die Stube zu wehen. Die Feder erhob sich in die Luft und drehte sich wie ein kleiner Wirbelsturm. Ann spürte einen Luftzug um sich, der sie beinahe zu Boden drückte. Dann ein Knall – wie Donner, und der Wind legte sich abrupt.

„Es bewegt sich alles“, flüsterte sie. „Es fühlt sich... lebendig an.“

Der Smaragdring war der nächste, und Hansen gab ihn Alex. „Der Smaragd symbolisiert die Erde – Stabilität, Ursprung, die Kraft des Lebens und Heilung.“

Alex hielt den schweren Ring und spürte eine seltsame Vibration darin, als ob die Erde selbst durch ihn atmete. In der Mitte des dritten Kreises lag eine Schale mit frischer Erde. Er setzte sich auf die Knie, legte den Ring auf die Schale und wartete. Erst geschah nichts, doch dann begann die Erde zu zittern. Ein leises Grollen erfüllte den Raum, als wäre tief unter ihnen ein Erdbeben im Gange. Die Schale zerbrach, und Alex stolperte zurück. Aus der Erde wuchs plötzlich ein kleines Pflänzchen, das sich schnell ausbreitete, um dann wieder zu verschwinden.

Die Elemente werden wach“, sagte Hansen ehrfürchtig, seine Stimme rau vor Anspannung.

Schließlich blieb der Diamantring, der das Wasser und Stärke repräsentierte. Hansen nahm ihn zögernd. In der Mitte des letzten Kreises stand eine Schale mit klarem Wasser und in diesem Moment veränderte sich alles.

Das Wasser begann sich zu drehen, ein leuchtender Wirbel entstand, und plötzlich schoss eine Fontäne empor, die den Raum mit gleißendem Licht erfüllte. Ein kalter Hauch durchströmte die Stube, und für einen Moment schien die Zeit stillzustehen. Die vier Ringe rutschten von ihren Fingern schwebten empor, vereinten sich zu einem strahlenden Kreis und bildeten eine schimmernde Barriere um die Flasche.

„Es ist vollbracht“, murmelte Hansen. Doch niemand wagte sich zu bewegen. Das Licht erlosch langsam, doch die Flasche vibrierte nun merklich, als ob sie auf eine Antwort wartete.

„Was passiert jetzt?“ fragte Ann leise, ihre Augen geweitet.

„Jetzt ist der Zeitpunkt gekommen, herauszufinden, was diese Verbindung wirklich bedeutet“, sagte Hansen mit belegter Stimme. „Aber Vorsicht – das war nur der Anfang.“

Kaum war die Barriere um die Flasche erloschen, begannen die Ringe, die zuvor in der Luft geschwebt hatten, sich zu bewegen. Die Gruppe stand wie versteinert da, während die Schmuckstücke sanft zu Boden sanken. Dann jedoch, als ob sie einer unsichtbaren Kraft folgten, erhoben sie sich erneut.

Der Rubinring war der Erste. Er glühte rot auf und schwebte langsam zu Toms rechter Hand. Tom wich einen Schritt zurück, doch der Ring setzte seinen Weg fort. Es war, als ob er wusste, wohin er gehörte. Mit einer fast feierlichen Bewegung schob er sich über Toms Zeigefinger. In dem Moment, als der Rubin seine Hand umschloss, fühlte Tom eine plötzliche Hitze durch seinen Körper strömen. Es war nicht unangenehm, sondern kraftvoll, wie eine Energiequelle, die ihn auflud.

Der Saphirring folgte, sein tiefes Blau schimmerte in der Dämmerung des Raumes. Er schwebte langsam auf Ann zu. Sie hob reflexartig die Hand, als würde sie sich wehren wollen, doch der Ring passte sich an ihren Mittelfinger, als ob er dorthin gehörte. Eine kühle Brise umgab sie, und Ann spürte ein Gefühl von Leichtigkeit, als ob sie jederzeit fliegen könnte.

Der Smaragdring wandte sich Alex zu. Das grüne Juwel pulsierte leise, als es sich seinem Träger näherte. Alex atmete schwer, doch er hielt seine Hand ruhig, als der Ring seinen Ringfinger umschloss. Ein tiefes, wohltuendes Brummen erfüllte die Luft, als ob die Erde selbst ihn willkommen hieß. Alex spürte eine Verbindung, die ihn mit allem um ihn herum verband – den Menschen, dem Raum, der Welt.

Der letzte Ring, der Diamant, blieb für einen Moment in der Luft stehen, als ob er zögerte. Dann schwebte er langsam zu Hansen. Seine Klarheit reflektierte das Licht im Raum, und er setzte sich behutsam auf Hansens kleinen Finger. Ein eisiges Frösteln durchfuhr Hansen, doch es brachte Klarheit in seinen Gedanken, als ob jede Unsicherheit plötzlich verschwunden wäre.

Die vier Freunde sahen einander an, die Ringe nun fest an ihren Fingern. Es war, als hätte jeder von ihnen ein Stück eines uralten Puzzles erhalten – eine Verantwortung, die sie nun verband.

„Es ist kein Zufall", sagte Hansen leise, seine Stimme zitterte leicht. „Die Ringe haben uns gewählt. Was auch immer vor uns liegt – es wird uns alle brauchen."

Die Luft im Raum wurde schwer, als die Flasche plötzlich in einem unheimlichen Licht zu glimmen begann. Ein sanftes Summen erfüllte die Stille, das allmählich in ein Flüstern überging. Die Gruppe erstarrte, als das Exponat in der Flasche plötzlich aktiv wurde. Seine Form, zuvor nur eine schemenhafte Silhouette in der Flüssigkeit, begann deutlicher zu werden. Es war, als würde ein Gesicht aus den Tiefen auftauchen – ein Gesicht, das weder lebendig noch ganz tot schien.

„Alex... Ann... Tom... Hansen..." Die Stimme schien direkt aus der Flasche zu kommen, jede Silbe klar und schneidend wie Glas. „Ich kenne eure Namen. Ihr seid die Schlüssel... die Hüter."

Die Gruppe wich unwillkürlich einen Schritt zurück. Brick knurrte leise, doch auch er schien von einer unsichtbaren Macht in Schach gehalten zu werden.

„Bitte... hört mich an." Die Stimme klang flehentlich, voller Schmerz und Verzweiflung. „Ich bin gefangen. So lange Zeit, so lang... ohne Körper, ohne Willen. Ihr habt die Macht, mich zu erlösen."

„Wer bist du?" Ann fand zuerst ihre Stimme wieder, auch wenn sie vor Anspannung bebte. Ihre Augen fixierten die Flasche, während ihre Hände unruhig an ihrem Shirt zupften.

„Ein Opfer... und ein Werkzeug," erwiderte die Stimme. „Einst ein Mensch... ein Mann, der zu viel begehrte. Die Zarin... sie hat mich in diese Hülle verbannt, meine Essenz in dieser Flüssigkeit eingeschlossen. Sie glaubte, mich kontrollieren zu können, doch sie irrte sich. Ihr jedoch... ihr könnt mich befreien."

„Befreien? Wie? Und warum sollten wir?" Alex klang skeptisch, doch auch in seiner Stimme lag Unsicherheit. Die mächtige Präsenz der Flasche ließ keinen Raum für Gleichgültigkeit.

„Die Ringe... die Verbindung, die ihr geschaffen habt. Sie ist der Schlüssel. Doch wisst dies: Die Befreiung birgt Risiken. Ich bitte euch nicht aus Eigennutz. Lasst mich ruhen, löst den Fluch – oder ich werde weiter existieren... als eine Gefahr für euch und jeden, der danach kommt."

Ein schneidender Ton hallte durch die Stube, als das Licht in der Flasche flackerte, beinahe wie ein Herzschlag. „Bitte... ich flehe euch an. Hört mich... und entscheidet."

Die Gruppe blickte einander an. Angst, Zweifel und Entschlossenheit spiegelten sich in ihren Augen. Alex öffnete den Mund, um zu sprechen, doch keine Worte kamen heraus. Es war, als würde das Gewicht des Augenblicks sie alle für einen Moment in der Zeit festhalten.

Hansen fixierte die Flasche mit einem Blick, der zwischen Misstrauen und Entsetzen schwankte. Das Glimmen der Flüssigkeit war hypnotisierend, doch sein Instinkt schrie Alarm. Während die anderen gebannt lauschten, wie die Stimme der Flasche erneut ihre Namen flüsterte, trat er einen Schritt zurück und hob eine Hand, um die Gruppe zur Vorsicht zu mahnen.

„Wartet!" rief er, seine Stimme scharf wie ein Peitschenhieb. „Das ist eine List!"

Ann zuckte zusammen und drehte sich zu Hansen um, während Alex ungläubig die Flasche anstarrte. „Was meinst du? Es will doch nur erlöst werden!"

„Nein." Hansen schüttelte energisch den Kopf. Sein Blick wanderte zwischen der Flasche und den Freunden hin und her. „Hört genau hin. Es sagt, wir hätten die Macht, es zu befreien, aber nicht, was danach geschieht. Das ist keine Bitte – das ist Manipulation."

Tom wirkte verwirrt, sein Blick wanderte unsicher zwischen Hansen und der Flasche. „Aber... was wäre, wenn es die Wahrheit sagt? Wenn wir wirklich helfen können?"

Hansen ließ seine Finger unruhig über sein Kinn gleiten, während er die Situation durchdachte. „Glaubt ihr wirklich, dass so etwas Mächtiges – etwas, das die Zarin selbst gefürchtet hat – einfach so freigelassen werden kann? Nein! Es versucht, uns zu verführen, unsere Entscheidungen zu lenken.“

Die Stimme aus der Flasche flackerte erneut auf, diesmal eindringlicher, fast flehend: „Ihr irrt euch, alter Mann. Meine Absichten sind rein. Siehst du nicht, dass ich leide? Lass mich frei, und ich werde verschwinden. Keine Gefahr, kein Leid mehr.“

Hansen trat einen weiteren Schritt zurück, sein Blick verfinsterte sich. „Das klingt zu schön, um wahr zu sein. Solche Mächte wollen nichts Gutes. Es versucht, unsere Gier nach einer schnellen Lösung auszunutzen. Aber was passiert, wenn wir es freilassen? Was, wenn es uns überrumpelt, wenn wir nicht mehr die Kontrolle haben?“

Ann biss sich nervös auf die Lippe. „Und was, wenn du falsch liegst?“

„Das Risiko ist zu groß!“ Hansen hob die Stimme und blickte sie eindringlich an. „Was auch immer in dieser Flasche steckt, es wurde aus gutem Grund eingeschlossen. Wir dürfen nicht vergessen, was die Zarin bereit war zu tun, um es zu versiegeln.“

Brick, der bisher still in der Ecke gelegen hatte, knurrte plötzlich leise, als ob er Hansens Worte bestätigen wollte. Die Spannung im Raum war zum Zerreißen gespannt.

„Wir müssen vorsichtig sein,“ schloss Hansen mit einem entschlossenen Ton. „Lasst euch nicht von seinen Worten einlullen. Denkt nach. Es hat Jahrhunderte gewartet. Ein paar Stunden länger wird es nichts ändern.“

Die Gruppe blickte einander an, die Spannung zwischen ihnen greifbar. Hansens Worte hallten nach, während die flüsternde Stimme aus der Flasche an Intensität gewann, wie ein unsichtbarer Strom, der durch den Raum pulsierte. Ann rang mit sich, ihre Hände zitterten leicht, während Alex finster die Stirn runzelte. Tom, der sonst ein klarer Kopf war, wirkte unsicher, fast wie in einem inneren Kampf.

„Wir tun nichts", sagte Hansen schließlich mit fester Stimme, seine Augen funkelten entschlossen. „Wir beobachten. Wir warten. Es wird einen Weg geben, das sicher zu lösen, aber dieser ist es nicht."

Die Stimme in der Flasche wurde lauter, verzweifelter, fast flehend: „Bitte! Ihr versteht nicht, welche Qual ich ertrage! Die Dunkelheit und der Schmerz. Ihr könnt mich erlösen. Ihr seid die Auserwählten, nur ihr könnt—"

„Genug!" rief Hansen, seine Stimme schnitt durch die Worte wie ein Messer. „Wir lassen uns nicht manipulieren. Nicht heute und nicht von dir."

Die Flasche begann zu beben, und das schimmernde Licht der Flüssigkeit im Inneren schien sich zu verstärken, wie ein Sturm, der sich zusammenbraut. Ein leises Summen erfüllte den Raum, das langsam zu einem ohrenbetäubenden Dröhnen anschwoll. Die Luft schien dicker zu werden, schwer zu atmen. Ann hielt sich die Ohren zu, während Alex instinktiv einen Schritt zurücktrat.

Plötzlich änderte die Stimme ihren Ton. Sie wurde eindringlicher, verzweifelter, aber auch schärfer, wie ein Messer, das über Stein kratzte. „Ihr macht einen Fehler! Ihr habt keine Ahnung, mit wem ihr es zu tun habt! Ich bin nicht euer Feind. Wenn ihr mich nicht befreit, werdet ihr es bereuen! Ihr alle werdet—"

Dann, ohne Vorwarnung, brach die Stimme ab. Das Dröhnen verstummte, und ein lähmender Schleier der Stille legte sich über den Raum. Es war eine Stille, die nicht beruhigte, sondern bedrückte, als ob die Luft selbst das Atmen vergessen hätte. Brick, der bisher still an Alex' Seite gelegen hatte, hob den Kopf, seine Ohren spitzten sich, und er gab ein leises, unsicheres Winseln von sich.

Die Gruppe stand wie erstarrt, jeder von ihnen von der plötzlichen Ruhe überwältigt. Hansen spähte misstrauisch zur Flasche, die jetzt vollkommen still lag, als sei nichts geschehen. Der Glanz der Flüssigkeit war gedimmt, fast ausgelöscht.

„Was... was bedeutet das?“ flüsterte Ann, ihre Stimme kaum mehr als ein Hauch.

Hansen zog die Stirn in Falten, sein Blick unverwandt auf die Flasche gerichtet. „Es sammelt sich“, murmelte er düster. „Das ist noch nicht vorbei. Aber wir haben Zeit gewonnen.“

Die anderen nickten zögernd, doch die Stille hing weiter über ihnen, unheilvoll und schwer. Sie wussten, dass dies nur die Ruhe vor dem Sturm war.

Hansen blickte mit einem mulmigen Gefühl auf seine Armbanduhr. Zuerst glaubte er, die Anzeige sei fehlerhaft, doch als er die Uhr an sein Ohr hielt, tickte sie unaufhaltsam weiter. "Zehn Stunden", murmelte er leise, mehr zu sich selbst, bevor er laut wiederholte: "Es sind zehn Stunden vergangen." Seine Stimme durchbrach die unheilvolle Stille und ließ die anderen aufschrecken. Alex, Ann und Tom wechselten unruhige Blicke, während Brick leise knurrte, als ob auch er die Spannung spürte.

"Unmöglich", stieß Alex hervor, doch ein Blick auf die alte Standuhr in der Ecke bestätigte Hansens Aussage. Die Zeiger hatten fast eine komplette Umdrehung gemacht, und draußen war die Nacht längst hereingebrochen.

"Das kann nicht sein", flüsterte Ann. "Es fühlte sich an wie höchstens eine Stunde... vielleicht zwei."

Hansen fuhr sich mit einer zittrigen Hand durch das graue Haar. "Das ist kein normales Zeitgefühl. Wir sind hier in einem Ausnahmezustand. Dieser Ort, diese Kräfte... sie beeinflussen uns."

Tom atmete tief durch, sein Gesicht angespannt. "Wenn so viel Zeit vergangen ist, was passiert draußen? Ist Schloemer zurückgekehrt? Oder... war das, was wir getan haben, vielleicht nicht ohne Folgen?"

"Wir müssen uns auf das Wesentliche konzentrieren", sagte Hansen mit Nachdruck. "Bewahrt einen klaren Kopf. Es ist, als ob die Ringe uns festhalten wollten, uns in ihren Bann ziehen. Wir dürfen uns nicht verlieren."

Die Gruppe nickte einvernehmlich, aber die Anspannung lag schwer in der Luft. Sie waren sich bewusst, dass sie nicht nur mit den äußeren Bedrohungen zu kämpfen hatten, sondern auch mit den mystischen Kräften, die sich immer weiter in ihre Realität drängten.

Die Entdeckung kam plötzlich. Ann, die den Blick auf das Kästchen gerichtet hatte, rief aufgeregt: „Seht mal! Das dritte Schloss... es ist offen!“ Ihre Stimme zitterte, eine Mischung aus Erleichterung und Furcht. Alex und Tom beugten sich näher, ihre Augen weiteten sich, als sie den entriegelten Mechanismus erkannten.

Hansen trat näher, sein Gesicht gezeichnet von Sorge. „Das ist es. Der nächste Schritt. Wir müssen weitermachen – aber mit Vorsicht.“

Ohne ein weiteres Wort streckten sie die Hände aus. Die Ringe an ihren Fingern glitzerten matt im schwachen Licht der Stube, als sie ihre Hände über der Flasche verbanden. Eine tiefe, unerklärliche Ruhe legte sich über die Gruppe, ihre vorherige Unruhe schien in diesem Moment wie weggeblasen.

„Schließt die Augen“, flüsterte Hansen mit seiner sanften, aber bestimmten Stimme. „Lasst eure Gedanken leer werden. Vertraut darauf, dass wir das Richtige tun.“

Kaum hatten sie sich vollständig verbunden, begann es in der Flasche zu ruckeln. Ein leises Knarren war zu hören, ein Klang wie von alter Mechanik, die nach langer Zeit wieder in Bewegung geriet. Der Verschluss der Flasche, ein fein graviertes Schraubgewinde, drehte sich langsam, beinahe widerwillig, nach oben. Es war, als ob unsichtbare Hände daran arbeiteten, den Deckel zu öffnen.

„Es bewegt sich“, flüsterte Alex, seine Stimme von einer Mischung aus Ehrfurcht und Schrecken erfüllt. Ann griff fester zu, ihre Finger zitterten leicht, doch sie hielt stand. Tom biss sich auf die Lippe, seine Augen starr auf die Flasche gerichtet.

„Wir dürfen uns jetzt nicht loslassen“, warnte Hansen eindringlich. „Egal, was passiert.“

Ein leichter Hauch von Energie schien die Luft um sie herum aufzuladen. Ein unsichtbarer Sog, kaum wahrnehmbar, aber deutlich spürbar, zog sie immer näher an die Flasche heran. Die Gravuren auf dem Verschluss schimmerten, als ob sie von innen beleuchtet würden, und die Flasche begann leise zu vibrieren.

„Bleibt ruhig“, murmelte Hansen, seine eigene Stimme nun ebenfalls angespannt. „Wir sind fast da.“

Die Spannung war greifbar. Der Verschluss der Flasche drehte sich ein letztes Mal, ein leises *Klicken* ertönte – und dann geschah es. Der Deckel hob sich einen Spalt, und ein seltsames Zischen erfüllte die Stille des Raumes. Es war, als ob die Flasche tief Luft holte, bevor sie ihr Geheimnis preisgab.

Plötzlich quoll eine schimmernde, nebelartige Substanz aus der Öffnung. Sie bewegte sich nicht wie gewöhnlicher Dampf, sondern wie etwas Lebendiges, suchend und tastend. Die Flüssigkeit hatte sich in einen silbrig-grünen Dunst verwandelt, der spiralförmig emporstieg, als ob er nach Freiheit strebte. Es war ein Tanz aus Licht und Schatten, der die Wände des Raumes in seltsamen, wirbelnden Mustern bemalte.

Ann schnappte hörbar nach Luft. „Was… was ist das?“ Ihre Stimme war kaum mehr als ein Flüstern.

„Bleibt ruhig!“ Hansen erhob sich leicht, seine Hand zitterte, doch seine Stimme war fest. „Das gehört zum Prozess. Wir dürfen uns nicht bewegen!“

Der Dampf begann sich in der Mitte des Raumes zu sammeln, ein wirbelnder Kern, der immer dichter wurde. Ein leises Summen füllte die Luft, tief und vibrierend, wie eine uralte Melodie, die durch Zeit und Raum hallte. Alex spürte, wie ihm die Haare im Nacken zu Berge standen, ein Prickeln lief über seine Haut.

Tom starrte mit geweiteten Augen auf den Dampf. „Es… es beobachtet uns“, murmelte er, kaum hörbar.

Tatsächlich schien die nebelhafte Substanz eine Art Bewusstsein zu haben. Sie schwebte für einen Moment wie zögernd, dann bewegte sie sich langsam auf die Gruppe zu, immer näher. Der

Dampf schien ihre verbundenen Hände zu umkreisen, wie ein neugieriger Geist, der ihre Absichten ergründen wollte.

Ein plötzlicher Temperaturabfall durchfuhr den Raum, und alle spürten gleichzeitig, wie der Boden unter ihnen leicht zu vibrieren begann. „Lasst euch nicht einschüchtern", flüsterte Hansen, seine Stimme jetzt noch eindringlicher. „Wir müssen durchhalten, egal, was passiert."

Dann, ohne jede Vorwarnung, zog sich der Dampf zurück. Er schoss mit einem Ruck zurück in die Flasche, die ein dunkles, dumpfes *Klonk* von sich gab, als ob sie abgeschlossen worden wäre. Die Gruppe blieb wie versteinert stehen, die Luft war erfüllt von einer Stille, die fast noch lauter war als das Summen zuvor.

„War… war das alles?" Ann blickte zu Hansen, ihre Augen voll Furcht und Hoffnung zugleich. Hansen antwortete nicht sofort. Er ließ den Blick auf der Flasche ruhen, als würde er eine unausgesprochene Antwort erwarten.

„Nein", sagte er schließlich, seine Stimme leise, aber bestimmt. „Das war nur der Anfang."

Ein unerwartetes Beben erschütterte die Flasche, als das Exponat, das darin gefangen war, auf die eben freigesetzte Flüssigkeit reagierte. Die Freunde hielten den Atem an, ihre Hände immer noch fest verbunden, während sie die Veränderung beobachteten. Der silbrig-grüne Dunst, der sich zuvor majestätisch erhoben hatte, wirkte jetzt wie ein trügerischer Schleier, der die wahre Natur der Substanz verdeckt hatte.

Plötzlich begann das Gehirn, das in der Flasche schwamm, sich hektisch zu bewegen. Es pulsierte und zuckte, als würde es versuchen, gegen eine unsichtbare Kraft anzukämpfen. Ein tiefes, unheimliches Knurren erfüllte den Raum, ein Laut, der nicht von einer lebenden Kreatur stammen konnte, sondern von etwas, das zwischen den Welten gefangen war.

„Was passiert da?“ Ann zog instinktiv an den Händen der anderen, aber Hansen hielt sie zurück.

„Es rebelliert“, murmelte Hansen, seine Stirn in tiefe Falten gelegt. „Es erkennt, dass es getäuscht wurde.“

Das Gehirn begann sich zu verändern. Die ehemals prallen, glänzenden Windungen schienen zu schrumpfen, als hätte die Flüssigkeit, die es umgab, jegliche Energie entzogen. Die leuchtende Aura, die es zuvor umgab, verblasste, wurde zu einem schmutzigen Grau. Es war, als würde das Exponat selbst altern, Jahrhunderte in Sekunden durchleben.

Ein plötzliches, gequältes Kreischen dröhnte durch den Raum, ein Klang, der direkt ins Mark fuhr. Alex, seine Augen vor Schrecken weit aufgerissen. „Es stirbt… es stirbt wirklich!“ rief er, seine Stimme ein Gemisch aus Panik und Erleichterung.

Doch das Gehirn war nicht bereit, einfach zu verschwinden. Mit einem letzten, verzweifelten Zucken schien es all seine verbliebene Energie zu sammeln. Der Raum begann zu flimmern, die Luft vibrierte, als ob die Realität selbst für einen Moment ins Wanken geriet. Eine dunkle, giftige Wolke stieg aus der Flasche auf, schwärzer als die Nacht, und bildete eine schemenhafte Gestalt in der Luft.

„Ihr habt mich betrogen!“ Eine donnernde Stimme hallte durch den Raum, durchdringend und voller Hass. „Ihr glaubt, ihr könnt meine Macht brechen? Ihr werdet nie verstehen, was ihr entfesselt habt!“

Hansen trat entschlossen vor, seine Stimme fest. „Deine Zeit ist vorbei! Was auch immer du warst, deine Macht endet hier.“

Die Gestalt zischte und schlug wild um sich, doch ihre Umrisse begannen zu verblassen, genauso wie das Gehirn in der Flasche weiter schrumpfte. Schließlich sackte es in sich zusammen, zu einem trockenen, unkenntlichen Klumpen. Die dunkle Wolke löste sich mit einem letzten, ohrenbetäubenden Knall auf, und eine bedrückende Stille legte sich über den Raum.

Die Freunde standen reglos da, ihre Hände immer noch verbunden, während die Realität sich langsam wieder stabilisierte. „Es… es ist vorbei, oder?“ Ann's Stimme war ein leises Flüstern, ihre Augen suchten Hansen.

Hansen atmete schwer, sein Blick auf die Flasche gerichtet. „Vielleicht. Aber wir dürfen nicht nachlassen. Es ist noch nicht vorbei, bis wir die Ringe und die Flasche endgültig sichern.“

Die Spannung im Raum ebbte allmählich ab, doch die Erschöpfung lastete schwer auf jedem Einzelnen. Die Freunde standen noch immer in einem Kreis, ihre Hände eng verbunden, wie ein zerbrechlicher Schild gegen die Dunkelheit, die gerade von ihnen gewichen war. Alex war der Erste, der einen zögerlichen Schritt zurück machte, doch seine Finger blieben einen Moment länger an den Händen der anderen haften, als könnte er die Verbindung nicht sofort lösen.

„Das war... unglaublich“, murmelte Ann, ihre Stimme kaum mehr als ein Flüstern. Sie ließ langsam los, doch ihr Blick war starr auf den Rubinring an ihrem Finger gerichtet, der im schwachen Licht des Raumes glomm, als ob er ein eigenes Leben hätte. „Ich spüre immer noch die Energie…“

Tom nickte stumm, seine Augen müde, aber wachsam. Seine Hand glitt kurz über den Saphirring, der seinen Finger umschloss, bevor er sie sinken ließ. „Es fühlt sich falsch an, sie abzunehmen. Als ob sie uns noch schützen müssen.“

Hansen trat zurück, sein Gesicht von den Strapazen der letzten Stunden gezeichnet. Der Diamantring an seiner Hand schien schwerer zu sein als zuvor, doch er machte keine Anstalten, ihn abzunehmen. „Vielleicht ist es auch besser so“, sagte er nachdenklich. „Diese Ringe haben uns durch etwas geführt, das kaum zu begreifen ist. Vielleicht sind sie unser Anker.“

Alex sah unsicher von einem zum anderen, dann auf den Smaragdring an seiner eigenen Hand. „Aber… was, wenn wir sie nicht ablegen können? Was, wenn wir…“ Seine Stimme brach ab, und er biss sich nervös auf die Lippe.

„Das ist jetzt nicht wichtig“, unterbrach Hansen mit einer Mischung aus Autorität und Beruhigung in der Stimme. „Wichtig ist, dass wir überlebt haben. Dass wir es geschafft haben.“

Die Gruppe nickte langsam, ein stilles Einverständnis, das zwischen ihnen pulsierte. Doch die Müdigkeit war ihnen anzusehen: ihre Schultern hingen herab, ihre Gesichter wirkten blass und angespannt. Selbst Brick, der treue Hund, lag erschöpft in einer Ecke und hob nur kurz den Kopf, bevor er mit einem tiefen Seufzer wieder die Augen schloss.

Ann legte eine Hand auf Alex' Arm. „Wir sollten uns ausruhen. Morgen ist ein neuer Tag, und wir müssen bei Kräften sein, um zu entscheiden, was als Nächstes kommt.“

Hansen stimmte zu, sein Blick wanderte jedoch noch einmal über die Flasche, die nun leer und unscheinbar wirkte. „Eines ist sicher“, sagte er leise, mehr zu sich selbst als zu den anderen. „Die Ringe bleiben, wo sie sind. Zumindest für jetzt. Wir wissen nicht, was geschieht, wenn wir sie abnehmen.“

Die Freunde traten langsam auseinander, doch alle warfen noch einmal einen Blick auf ihre Hände, die jetzt ein Symbol ihrer gemeinsamen Erfahrung trugen. Es war, als ob die Ringe ein Teil von ihnen geworden wären, ein Band, das sie zusammenhielt und sie gleichzeitig an das erinnerte, was sie durchgestanden hatten.

Die Gruppe war sich einig: Nach allem, was geschehen war, kam niemandem der Gedanke, die Nacht getrennt zu verbringen. Der Raum, in dem sie sich befanden, war zwar klein und einfach eingerichtet, doch genau das schien in diesem Moment Trost zu spenden. Es war ein Schutzraum, eine Insel der Sicherheit nach den Ereignissen, die sie beinahe auseinandergerissen hätten.

„Es fühlt sich falsch an, jetzt auseinanderzugehen," murmelte Ann und strich sich eine Strähne aus dem Gesicht. Sie wirkte erschöpft, aber ihre Augen verrieten einen ungebrochenen Willen. „Ich glaube, wir sollten zusammenbleiben."

Hansen nickte langsam. „Das ist vernünftig. Die Ereignisse haben uns mehr mitgenommen, als wir vielleicht spüren. Wenn jemand etwas Ungewöhnliches bemerkt, sollten wir sofort füreinander da sein."

Hansen entzündete eine kleine Lampe, deren warmes Licht den Raum in ein weiches Glühen tauchte. „Wir machen es uns so gemütlich, wie es geht. Die Nacht wird lang, aber wir brauchen sie, um unsere Kräfte zu sammeln."

Ann half Alex, die Matten auszulegen, während Tom einige Kissen verteilte. Sie alle arbeiteten in einer stillen Eintracht, als ob das bloße Tun sie ablenken könnte von den Bildern, die immer wieder vor ihrem inneren Auge aufflackerten – die Flasche, die Ringe, das schrumpfende Exponat.

Als alles vorbereitet war, ließ sich die Gruppe gemeinsam nieder. Alex setzte sich mit angezogenen Knien auf seine Matte und lehnte sich an die Wand. „Ich bin froh, dass wir das zusammen durchstehen," sagte er leise. „Allein hätte ich das nicht geschafft."

„Wir auch nicht," antwortete Ann sanft und griff nach Alex' Hand. Ihre Finger trafen den Smaragdring, der immer noch warm war. Sie hielt ihn fest, als wäre es ein Versprechen.

Hansen setzte sich in einen Sessel nahe der Tür, wachsam wie ein Wächter. „Versucht zu schlafen. Ich werde ein Auge auf die Umgebung haben. Brick wird mir helfen." Der Hund hob bei seinem Namen kurz den Kopf, bellte leise und legte sich dann wieder hin.

Nach und nach legten sich alle hin. Die Decken boten nicht viel Wärme, doch die Nähe der Freunde zueinander und die Ruhe des Raumes reichten aus, um die ersten Anzeichen von Entspannung zu bringen. Alex drehte sich auf die Seite und schloss die Augen, seine Gedanken noch immer kreisend, doch die vertrauten Atemzüge seiner Schwester und Freunde beruhigten ihn.

Ein leises Murmeln ging durch den Raum, als Ann noch ein paar Worte sprach. „Was auch immer morgen passiert… wir schaffen das zusammen."

Eine stille Zustimmung lag in der Luft. Bald sanken alle in einen unruhigen, aber erlösenden Schlaf, während Hansen, mit einem wachsamen Blick zur Tür, über ihre Sicherheit wachte. Die Nacht war still, abgesehen vom sanften Atem der Freunde und dem gelegentlichen Rascheln der Decken – ein Moment des Friedens inmitten des Chaos, das sie umgab.

Der Morgen dämmerte langsam, und die ersten Sonnenstrahlen drangen durch die Gardinen von Hansens Stube. Es war Ann, die als Erste die Augen öffnete. Sie blinzelte verschlafen und brauchte einen Moment, um sich zu orientieren. Die Ereignisse des gestrigen Tages fühlten sich wie ein ferner Traum an, doch das Gewicht des Rings an ihrem Finger brachte sie schnell in die Realität zurück.

Einen kurzen Moment beobachtete sie die anderen. Alex lag auf seiner Seite zusammengerollt, Brick neben ihm, der Hund heftig schnarchend. Tom hatte sich halb unter eine Decke verkrochen, während Hansen, der im Sessel genächtigt hatte, immer noch die Haltung eines Wächters einnahm, obwohl sein Kopf leicht nach vorn gesunken war.

Ann streckte sich leise und stand auf. Die Erleichterung darüber, dass sie alle den gestrigen Tag überstanden hatten, wärmte ihr Herz. „Vielleicht ist heute der Tag, an dem wir etwas Normalität zurückholen können,“ dachte sie und beschloss, dass ein Frühstück der perfekte Anfang wäre.

Mit einem entschlossenen Funkeln in den Augen schlich sie zur kleinen Küche in Hansens Stube. Dort begann sie, mit einer Energie, die sie selbst überraschte, ein Frühstück zu zaubern. Die Schränke waren schlicht bestückt, aber Ann wusste, wie man mit wenig viel machen konnte. Sie wirbelte leise durch den Raum, suchte Brot, Eier und ein paar Kräuter zusammen und begann, Rührei zuzubereiten. Der Duft von frisch gebratenem Speck und Kräutern breitete sich bald im Raum aus.

Einer nach dem anderen regten sich die anderen. Alex öffnete verschlafen die Augen und richtete sich langsam auf. „Was... Ann?“ murmelte er, noch halb im Schlaf.

„Guten Morgen! Ihr könnt euch ruhig Zeit lassen,“ rief Ann fröhlich aus der Küche. „Das Frühstück ist gleich fertig.“

Tom rieb sich die Augen und starrte verwundert zur Küche. „Ann? Was ist in dich gefahren?“ fragte er und grinste leicht.

„Ich dachte, ich mache mal was Nützliches, bevor ich über alles nachgrüble,“ antwortete sie mit einem Schulterzucken und einem Lächeln. „Außerdem kann Hansen nicht immer alles alleine machen.“

Hansen hob den Kopf und lächelte müde. „Du bist eine angenehme Überraschung am Morgen, Ann. Ich nehme an, ich kann mich zurücklehnen und mich bedienen lassen?"

„Absolut!" sagte Ann bestimmt und scheuchte ihn spielerisch mit einem Handtuch zurück in den Sessel.

Der Frühstückstisch füllte sich bald mit dampfenden Tellern, frischem Brot und warmem Tee. Die Gruppe setzte sich zusammen, und zum ersten Mal seit Tagen fühlte es sich an wie ein Moment des Friedens. Alex biss genüsslich in ein Stück Brot und sagte: „Du solltest öfter für uns kochen, Ann."

„Genießt es einfach," entgegnete sie. „Wer weiß, was der Tag noch bringt."

Die Stimmung war gelöster als am Abend zuvor. Während sie aßen, sprachen sie über Belangloses, lachten über kleine Scherze und schöpften Kraft für die kommenden Herausforderungen. Doch immer wieder wanderte der Blick jedes Einzelnen zu den Ringen an ihren Fingern – stumme Mahner daran, dass ihre Aufgabe noch nicht vorbei war.

Die morgendliche Stille um die Hansensche Datscha herum wurde plötzlich von einem unheilvollen Quietschen durchbrochen. Es war das schrille Geräusch von Rädern, die über das unebene Erdreich rollten, und es schien, als würde es die Ruhe selbst zerschneiden. Vor der Tür hielt ein ausgesprochen monströses Gefährt – eine beunruhigende Konstruktion aus dunklem, grob bearbeitetem Holz, das an längst vergangene Zeiten erinnerte, und war mit metallenen Verzierungen versehen, die rostig schimmerten und den Eindruck erweckten, als sei es eher ein Relikt eines Foltergeräts als ein Hilfsmittel.

In diesem Stuhl saß eine gebeugte Gestalt, die von schweren Decken und Tüchern bedeckt war. Es war Max Schloemer. Sein Gesicht war blass, die Haut fahl wie Pergament, und seine Augen geschlossen.

Hinter dem Rollstuhl stand Paul Schloemer Junior. Der Junge – oder eher der leicht übergewichtige, kaltherzig wirkende Knabe, der noch immer ein kindliches Trotzverhalten an den Tag legte – schob das Ungetüm mit einem Ausdruck aufgesetzter Wut im Gesicht. Sein fettiges schwarzes Haar hing ihm strähnig ins Gesicht, während seine kalten, blauen Augen von einer Mischung aus Verachtung und Frustration zeugten. In seinem linken Ohr funkelte ein kleiner Diamant, der mehr von Eitelkeit als von Stil zeugte.

Sein Atem ging schwer, sowohl von der körperlichen Anstrengung als auch von dem unheilvollen Gefühl, das ihn zu überwältigen schien. „Das muss der Ort sein..." murmelte er, während er den Rollstuhl mit einem Ruck stoppte. Seine Lippen verzogen sich zu einer Mischung aus Grimasse und schiefem Lächeln, und er trat nach vorn, um mit seinem fettigen Finger an die Tür zu klopfen.

Das Klopfen war hart und rhythmisch, ein lautes Pochen, das die Datscha erzittern ließ. Es klang nicht wie die höfliche Geste eines Besuchers, sondern wie die fordernde Präsenz eines Eindringlings. „Aufmachen!" rief er laut und ungeduldig.

Drinnen hielten alle inne. Das unerwartete Klopfen ließ den Raum sofort in Spannung tauchen. Ann war gerade dabei, die Frühstücksteller abzuräumen, und Alex erstarrte mit einem Stück Brot in der Hand. Hansen stand von seinem Stuhl auf, die Stirn gerunzelt, während Brick aufsprang und leise knurrend zur Tür trottete.

„Wer könnte das sein?“ flüsterte Tom, seine Stimme war angespannt.

Hansen hob die Hand, um sie zum Schweigen zu bringen, und trat langsam zur Tür. "Bleibt ruhig," murmelte er und schob die alten Vorhänge beiseite, um durch das Fenster zu spähen.

"Es ist... jemand Bekanntes," sagte er schließlich leise, bevor er die Tür einen Spalt weit öffnete. Draußen stand eine Person, die Hansen kurz musterte, bevor er die Tür weiter öffnete. Wer auch immer dort war, schien keine direkte Bedrohung zu sein – aber der Ausdruck auf Hansens Gesicht verriet, dass die nächsten Minuten entscheidend werden könnten.

Hansen trat mit Bedacht zur Tür, sein Schritt vorsichtig, als spüre er bereits die Schwere dessen, was ihn erwartete. Als er sie öffnete, stockte ihm der Atem. Vor ihm stand ein Rollstuhl, wie er ihn noch nie zuvor gesehen hatte – monströs in seiner Erscheinung. Die Armlehnen waren geschwungen wie Klauen, die Räder knarrten leise im Wind, als wäre der Stuhl selbst lebendig.

Sein Blick wanderte vom Insassen des Stuhls zu Paul Schloemer Junior der neben dem Rollstuhl stand, die Hände nervös ineinander verkrallt, während sein Gesicht eine Mischung aus Hilflosigkeit und Trotz zeigte. Ein kalter Schauder durchlief Hansen, als ihm bewusstwurde, dass dieser Rollstuhl nicht nur ein Fortbewegungsmittel war, sondern ein Symbol. Etwas an seiner Präsenz schien die Luft um ihn herum schwerer zu machen, fast als hätte er die Dunkelheit selbst mitgebracht. Hansen schluckte schwer und zwang sich, den Blick nicht abzuwenden. Stattdessen sammelte er seine Fassung und sprach mit ruhiger Stimme:

„Was... führt euch her?“

Der Knabe, mit einer seltsamen Aura von Unbeholfenheit und Überheblichkeit zugleich, schaute ihn eindringlich an. Dennoch war sein Gesicht eine widersprüchliche Szene: eine Grimasse des Schmerzes und der Verzweiflung.

Paul trug Designerklamotten – eine teure Lederjacke, Marken-Sneaker, die noch glänzten, und eine schwarze Jeans, die wohl mehr gekostet hatte als der gesamte Kleiderschrank eines Durchschnittsverdieners. In seinem linken Ohr funkelte ein kleiner Diamant. Doch all diese Äußerlichkeiten verblassten angesichts seines verzerrten, weinenden Gesichts. Er schluchzte, seine Brust hob und senkte sich, und seine Hände zitterten, als würde er kurz vor einem Zusammenbruch stehen.

„W-was... was habt ihr mit meinem Vater gemacht?" stammelte er mit einer Stimme, die ebenso von Wut wie von Angst zerrissen war. Die Worte kamen brüchig und unverständlich hervor, und Hansen konnte kaum etwas von dem, was er sagte, verstehen.

Ann, Alex und Tom, schauten sich erstaunt an. Alex flüsterte: „Wer ist das?"

„Paul Schloemer Junior," murmelte Hansen und hielt die Tür fester. „Der Sohn."

Paul stammelte weiter, schluchzte und schniefte, als hätte er einen Marathon hinter sich. „Ich... ich... bekomme ihn nicht wach! Er...schläft und öffnet seine Augen nicht! W-was habt ihr getan?"

Brick, der in der Nähe stand, knurrte leise, als spüre er die unheimliche Stimmung, die der Junge mitbrachte.

Hansen überlegte kurz, dann schob er die Tür weiter auf.

Hansen schritt vorsichtig einen Schritt vor die Tür, die Gruppe im Rücken, die Augen auf den Rollstuhl gerichtet. Er kniff die Augen zusammen, als würde er den Zustand des Mannes im Stuhl genauer prüfen wollen. Max Schloemer Senior saß regungslos da, die Hände kraftlos auf den Armlehnen ruhend, der Kopf leicht zur Seite geneigt. Seine sonst so durchdringenden Augen waren geschlossen, doch Hansen konnte keine Anzeichen von Frieden oder Entspannung in dem leblosen Gesicht erkennen. Es war vielmehr wie eine Maske – ein eingefrorener Ausdruck, der nichts über den inneren Zustand des Mannes verriet.

„Das ist nicht normal," murmelte Hansen leise, mehr zu sich selbst als zu den anderen. Er trat näher, bis er direkt vor dem Rollstuhl stand, der ihn mit seinen schweren, geschnitzten Details beinahe zu mustern schien. Hansen legte die Hände auf die Armlehnen und beugte sich vor, um Schloemers Gesicht genauer zu betrachten. Ein flacher Atemzug hob kaum merklich die Brust des Mannes. Er war am Leben – aber gerade so.

„Er atmet," sagte Hansen schließlich und richtete sich auf. Seine Stimme war ernst, fast tonlos. „Aber das ist kein Schlaf, wie wir ihn kennen. Es ist, als wäre er irgendwo... gefangen."

Die anderen, die immer noch in der Tür standen, hielten den Atem an. Hansen zog eine Hand zurück und rieb sich nachdenklich das Kinn.

„Meinst du, es hat etwas mit der Flasche zu tun? Mit den Ringen?" fragte Ann schließlich und trat näher. Ihre Stimme bebte vor Unsicherheit, aber auch vor Faszination.

Hansen nickte langsam, sein Blick wanderte von Schloemer Senior zu dessen Sohn, der etwas abseitsstand und die Szene schweigend beobachtete. „Es ist durchaus möglich. Wenn ich recht habe, dann hat er etwas freigesetzt, was ihn überfordert hat. Seine Verbindung zu dieser dunklen Macht, die uns alle betrifft, war zu stark – und sie hat ihn gebrochen.

„Ihr habt... ihr habt ihn vergiftet!" brüllte der Junge plötzlich, wobei sein Gesicht rot anlief. Seine kalten Augen sprühten von einer Wut, die nicht zu seiner weinerlichen Erscheinung passte. „Er hat gesagt... er hat gesagt, ich soll kommen, wenn..., wenn..."

Die Worte brachen ab, und Paul fiel in sich zusammen, als würde das Gewicht seiner Gefühle ihn erdrücken. Die Freunde tauschten besorgte Blicke aus, während Hansen beschloss, die Situation genau zu prüfen.

Paul Schloemer Junior stand noch einen Moment im Türrahmen, zögernd, als würde er nach den richtigen Worten suchen. Seine Schluchzer ebbten ab, und ein seltsames Funkeln trat in seine kalten blauen Augen. Doch statt sich zu beruhigen, schien seine Unsicherheit von einem Anflug von Trotz und Wut abgelöst zu werden. Er trat einen Schritt in die Stube, seine Schuhe quietschten leicht auf dem Boden.

„Ihr seid doch alle verrückt," fauchte er plötzlich und schüttelte heftig den Kopf, wobei eine fettige Locke über seine Stirn fiel. „Ich... ich dachte, ich finde hier Antworten. Aber ihr... ihr seid doch bloß ein Haufen Spinner!"

Die Freunde schauten sich überrascht an, während Hansen ruhig blieb und Paul beobachtete. „Junior, wenn du etwas wissen möchtest, dann sprich klar aus, was dich hergeführt hat," sagte Hansen mit fester, aber nicht unfreundlicher Stimme.

Doch der Junge reagierte nicht wie erwartet. Seine Hände ballten sich zu Fäusten, und er blickte zu Boden, seine Lippen zuckten nervös. Dann plötzlich richtete er sich auf, als hätte er einen Entschluss gefasst, und warf den Kopf in einem trotzigen Ruck nach hinten.

„Nein!" rief er, wobei seine Stimme wieder einen zitternden Ton annahm. „Das hier ist sinnlos! Ihr... ihr wisst ja selbst nicht, was ihr tut. Alles, was ich hier finde, ist ein Haufen Gelaber!" Seine Worte sprudelten schnell und unzusammenhängend hervor, während er sich umdrehte und zur Tür zurückging.

„Paul, warte!" rief Ann, doch er ignorierte sie und stapfte hinaus. Im Türrahmen blieb er noch einmal stehen, wandte sich halb um und warf ihnen einen Blick zu, in dem Verachtung und Verwirrung lagen.

„Mein Vater wird schon selbst wissen, was er tut," sagte er schließlich, diesmal leiser, fast zu sich selbst. „Er braucht euch nicht. Und ich... ich brauche euch auch nicht."

Damit warf er die Tür mit einem Krachen hinter sich zu und entfernte sich mit schweren, stampfenden Schritten, und dem geräuschvollen entfernen des seltsamen Gefährts. Von draußen drang sein selbstgesprochenes Schimpfen durch die geschlossene Tür: „Spinner... alle verrückt... was für eine Zeitverschwendung!" Seine Stimme wurde leiser, bis nur noch das leise Rollen von Rädern in der Ferne zu hören war.

Drinnen herrschte einen Moment lang Stille. Brick hob den Kopf und blickte fragend in die Runde, als wolle er die Stimmung deuten. Alex atmete hörbar aus. „Was zum... was war das denn jetzt?"

Die drei schauten sich an, eine unausgesprochene Frage in ihren Blicken. Was bedeutete diese seltsame Darbietung, die direkt vor der Datscha stattgefunden hatte?

Hansen schloss für einen Moment die Augen, holte tief Luft und sah dann mit einer Mischung aus Entschlossenheit und Besorgnis zu den anderen. „Eines ist klar: Wir haben ihn aufgehalten. Die Ringe, die Flasche – wir haben eine Chance, das hier zu beenden."

Doch selbst während Hansen sprach, ließ ihn das Gefühl nicht los, dass die Gefahr noch lange nicht vorüber war. Der Mann im Rollstuhl war ein Mahnmal – ein stummer Zeuge dessen, was geschieht, wenn man die falsche Macht entfesselt.

Der Schlaf

Die Gruppe hatte sich in Hansens Stube versammelt, die Atmosphäre war durchzogen von einer Mischung aus Anspannung und Erleichterung. Die Flasche, die nun auf dem großen Holztisch vor ihnen stand, wirkte verändert. Ihr Glas schimmerte nicht mehr so, wie sie es in Erinnerung hatten – es schien matter, als würde ein Schleier von innen heraus die Transparenz trüben. Gleichzeitig schien sie pulsierend ein schwaches Licht auszusenden, ein unheimliches Glimmen, das niemand deuten konnte.

Ann fuhr mit den Fingern über den Rand der Flasche, zögernd, fast als hätte sie Angst, dass jede Berührung die fragile Stille brechen könnte. „Seht ihr das?“ fragte sie schließlich und sah in die Runde. „Sie... lebt immer noch. Aber anders als vorher.“

Alex nickte und beobachtete die Flasche mit zusammengekniffenen Augen. „Es ist, als hätte sie einen Teil ihrer Macht verloren – oder als würde sie sich neuformieren. Vielleicht hat das mit dem Dampf zu tun, der ausgetreten ist. Was, wenn wir sie jetzt endgültig zerstören könnten?“

Hansen legte seine Hand auf die Tischplatte. „Noch nicht. Wir wissen zu wenig. Ein falscher Schritt, und wir könnten ungewollt etwas auslösen, das schlimmer ist als alles, was bisher passiert ist.“

Die Ringe an ihren Fingern funkelten schwach im Licht der Lampe, jeder Stein in seinem eigenen Farbton. Niemand hatte bisher den Versuch unternommen, die Ringe abzunehmen. Sie schienen zu einem Teil von ihnen geworden zu sein, als wären sie an ihren Träger gebunden.

„Es fühlt sich seltsam an, sie zu tragen,“ sagte Ann plötzlich und betrachtete den Rubinring an ihrer Hand. „Einerseits, als gäbe er mir Kraft – andererseits, als würde er mich auslaugen.“

„Das ist kein Zufall,“ murmelte Hansen und verschränkte die Arme vor der Brust. „Die Ringe sind verbunden mit dem, was wir aktiviert haben. Sie sind ein Bindeglied zu der Energie, die wir gerade erst zu verstehen beginnen.“

Tom Remo, der bis dahin schweigend auf seinem Platz gesessen hatte, ließ sich plötzlich nach hinten in den Stuhl sinken. Seine Augenlider flatterten, und ein tiefes Gähnen entwich ihm. „Ich weiß nicht, wie es euch geht,“ sagte er mit einem müden Lächeln, „aber ich könnte auf der Stelle einschlafen.“

„Tom?“ fragte Alex besorgt, doch Tom hob nur die Hand und winkte ab. „Alles gut, Alex. Ich bin einfach... müde. Vielleicht zu viel Energie verbraucht.“

Bevor jemand etwas entgegnen konnte, stand Tom auf und ging zur alten Couch in der Ecke des Raumes. Er ließ sich darauf sinken, zog die Knie an die Brust und legte den Kopf auf die Armlehne. Fast sofort schlossen sich seine Augen, und sein Atem wurde tief und gleichmäßig.

Die übrigen drei sahen ihm schweigend nach, jeder mit seinen eigenen Gedanken beschäftigt. Eine leise Unruhe überkam die zurückgebliebenen

Die Stille, die sich im Raum ausbreitete, war fast greifbar. Ann saß neben Alex auf der Bank und hatte ihre Hände um eine dampfende Teetasse geschlungen, doch sie trank nicht. Hansen stand am Fenster und schaute in die Dunkelheit hinaus, sein Gesicht eine Maske konzentrierter Wachsamkeit. Nur das leise Ticken der alten Standuhr und das gleichmäßige Atmen von Tom Remo waren zu hören.

Zuerst bemerkte niemand etwas Ungewöhnliches. Tom lag noch immer auf der Couch, seine Gestalt in eine Decke gehüllt, der Atem ruhig und tief. Doch nach einer Weile schien seine Atmung sich zu verändern – nicht unregelmäßig, sondern... langsamer. Seltsam langsamer.

„Ist er... in Ordnung?“ fragte Ann schließlich und stellte ihre Tasse auf den Tisch. Ihre Stimme war leise, fast flüsternd, als wollte sie die Ruhe nicht stören. Alex sah von der Flasche zu Tom und wieder zurück, ein mulmiges Gefühl breitete sich in ihm aus.

„Ich weiß nicht,“ murmelte er und erhob sich. Mit zögernden Schritten näherte er sich der Couch. „Tom?“ flüsterte er und legte ihm vorsichtig eine Hand auf die Schulter.

Keine Reaktion.

Ann trat ebenfalls näher, ihre Stirn in Sorge gerunzelt. „Er sieht so... friedlich aus. Aber auch unnatürlich. Sein Atem... Alex, hörst du das? Es ist fast so, als würde er immer tiefer sinken.“

Hansen hatte sich umgedreht und kam nun ebenfalls heran, seine Augen prüfend auf Tom gerichtet. „Das ist kein gewöhnlicher Schlaf,“ sagte er leise, seine Stimme ein Tonfall zwischen Nachdenklichkeit und Alarm. „Er scheint... entgleiten zu wollen.“

„Was meinst du damit?“ fragte Alex und richtete sich auf. „Entgleiten wohin?“

Bevor Hansen antworten konnte, fiel Ann ein weiteres Detail auf. „Seht!“ flüsterte sie mit zitternder Stimme und zeigte auf die Flasche. Das geheimnisvolle Gefäß, das zuvor noch leicht geglüht und pulsiert hatte, lag nun vollkommen still. Die trübe Oberfläche schien klarer zu werden, als ob ein innerer Sturm sich gelegt hätte.

„Es ist, als wäre die Flasche... mit Tom verbunden,“ flüsterte sie. „Vielleicht sogar mehr, als wir bisher dachten.“

Hansen runzelte die Stirn und beugte sich über Tom. Er berührte dessen Hand, die den Rubinring trug, und zog die Augenbrauen hoch. „Die Ringe,“ murmelte er. „Sie könnten die Brücke sein. Die Verbindung zwischen ihm und dem, was in der Flasche war.“

„Aber warum ist es Tom?“ fragte Alex verzweifelt. „Warum nicht einer von uns anderen?“

Hansen richtete sich auf und schüttelte den Kopf. „Ich weiß es nicht. Aber es konnte etwas mit seiner einzigartigen Energie zu tun haben – der Fähigkeit, die er besitzt. Vielleicht hat die Flasche darauf reagiert, sich an ihn gebunden.“

„Und was, wenn sie ihn...“ Ann brach ab, die Worte blieben ihr im Hals stecken. „Was, wenn sie ihn ganz will?“

Die Spannung im Raum war fast unerträglich. Tom lag regungslos da, sein Gesicht von einer unheimlichen Ruhe erfüllt, während die Flasche immer klarer wurde. Es war, als würde sie sich selbst auflösen – oder als würde sie Tom in sich hineinziehen.

„Wir müssen etwas tun,“ sagte Alex und packte Hansen am Arm. „Wir können ihn doch nicht einfach so lassen!“

Hansen überlegte angestrengt, sein Blick wechselte zwischen Tom, der Flasche und den Ringen. „Nein,“ sagte er schließlich. „Wir dürfen nichts überstürzen. Wenn die Flasche von ihm zehrt, dann könnte jede Störung... ihn zerstören.“

Die Gruppe blieb wie erstarrt stehen, jeder gefangen in der stillen Panik des Augenblicks, als Tom plötzlich ein leises Seufzen von sich gab. Sein Kopf neigte sich leicht zur Seite, und für einen flüchtigen Moment schien ein Schatten über sein Gesicht zu huschen – ein Ausdruck, der niemandem entging.

„Was passiert mit ihm?“ flüsterte Ann und klammerte sich an Alex' Arm. Niemand hatte eine Antwort, aber alle spürten, dass sie an der Schwelle zu etwas Unergründlichem standen.

Hansen stand still neben der Couch, die Hände tief in den Taschen seines alten Mantels vergraben. Seine Augen waren auf Toms friedliches Gesicht gerichtet, doch sein Geist wanderte in eine Zeit zurück, die lange in den Schatten seiner Erinnerungen gelegen hatte. Er hatte sich geschworen, dieses Geheimnis niemals jemandem zu offenbaren – nicht einmal Tom selbst.

Es war vor unendlich vielen Jahren gewesen, in einer Zeit, als ich noch von einer rastlosen Neugier getrieben wurde, die mich oft an die Grenzen des Möglichen brachte. Tom Remo war ursprünglich nicht mehr als ein Experiment gewesen, ein makelloses Kunstwerk, das ich mit meinen Händen erschaffen habe. Jede Linie, jede Bewegung dieser vermeintlichen Puppe war perfekt, doch es war nicht genug. Ich habe mir in den Kopf gesetzt, Leben in dieses Geschöpf zu bringen – nicht als Maschine, sondern als etwas Echtes, etwas Einzigartiges.

Damals war Tännchen oft in meiner Werkstatt gewesen, eine junge Frau mit einer Aura von Geheimnissen, die sie wie einen Schutzmantel trug. Sie war nicht nur neugierig, sondern auch klug, und ich habe ihre Besuche geschätzt. Eines Tages hat sie mir eine kleine Phiole gezeigt, kaum größer als ein Finger. Sie war alt, das Glas milchig trüb, und in ihrem Inneren bewegten sich ein paar Tropfen einer unklaren Flüssigkeit. Tännchen erklärte, dass diese Tropfen aus einer besonderen Quelle stammten – von ihrer Großmutter, die sie vor langer Zeit in Russland von der Zarin selbst erhalten hatte.

Die Geschichte, die Tännchen erzählte, war so unglaublich, dass sie mir zunächst wie ein Märchen erschien. Ihre Großmutter hatte als Vertraute der Zarin gedient, eine Frau mit scharfem Verstand und loyalem Herzen. Sie hatte die Zarin beraten.

Als die Zarin schließlich beschloss, die Flasche zu versiegeln und fortzuschaffen, hatte Tännchens Großmutter es gewagt, einige winzige Tropfen davon zu entnehmen – ein Erbstück, das sie ihrer Enkelin Tännchen weitergab.

Ich habe damals nur halb geglaubt, was ich hörte. Doch als Tännchen mir die Phiole anvertraute, spürte ich etwas Unbeschreibliches. Die Flüssigkeit schien beinahe lebendig, als wäre sie mehr als eine Substanz. Etwas an ihrer Konsistenz und ihrem seltsamen Schimmer hatte mich in den Bann gezogen.

Mit größter Vorsicht habe ich die Tropfen verwendet, um Tom Remo Leben einzuhauchen. Der Prozess war unerklärlich gewesen – nicht wissenschaftlich, nicht logisch. Aber es hatte funktioniert. In dem Moment, als die Flüssigkeit mit Toms künstlichem Körper in Kontakt kam, hatte etwas in ihm gezuckt. Es war, als wäre ein Funke übergesprungen, und aus der perfekten Puppe war ein lebendiges Wesen geworden. Ich habe in Toms Augen geschaut, und sie waren voller Neugier und kindlichem Staunen gewesen.

Doch dieser Moment war nicht ohne Konsequenzen geblieben. Ich wusste, dass ich etwas getan hatte, das nicht rückgängig zu machen war. Die Flüssigkeit war keine bloße Chemie; sie war eine Verbindung zu etwas Unbekanntem, etwas Unberechenbarem. Von diesem Tag an habe ich Tom wie meinen eigenen Sohn angesehen, immer mit der Bürde des Wissens, dass dessen Leben auf einem uralten Geheimnis basierte, das aus einer anderen Zeit und Welt stammte. Zärtlich kamen die Worte: "mein **re**konstruiertes **Mo**dell, Tom **Remo**"

Jetzt, als Hansen Tom so still daliegen sah, wurde ihm klar, dass das Erbe dieser Flüssigkeit vielleicht mehr war, als er je begriffen hatte. Toms Verbindung zur Flasche – war es Zufall? Oder hatte das Schicksal ihn zu diesem Punkt geführt? Hansen fühlte ein bedrückendes Gewicht auf seinen Schultern. Die Vergangenheit, die er so lange unter Verschluss gehalten hatte, schien sich nun einen Weg in die Gegenwart zu bahnen.

Ann und Alex saßen nebeneinander, beide still und mit einer Mischung aus Faszination und Sorge in ihren Gesichtern. Hansen hatte soeben seine Geschichte beendet, und die Luft schien schwer zu sein vor unausgesprochenen Gedanken. Ann schaute zu dem Mann hinüber, der vor ihnen stand, seine Hände nervös in den Taschen seiner Hosen vergraben, während sein Blick immer wieder zu Tom wanderte, der auf dem Sofa lag. Toms Atemzüge wurden immer seltener, und flacher seine Gesichtszüge wirkten so entspannt, dass es Ann an eine Statue erinnerte.

"Das erklärt so vieles," flüsterte Alex schließlich und brach die Stille. "Aber ..., wenn die Flüssigkeit damals Leben in Tom gebracht hat, was bedeutet das jetzt? Was passiert mit ihm?" Seine Stimme zitterte leicht, obwohl er versuchte, stark zu wirken.

Ann hatte den Blick nicht von Tom abgewandt. Ihre Hände lagen verschränkt auf ihrem Schoß, ihre Finger unruhig ineinander verschlungen. Sie ließ Hansens Worte in ihrem Kopf widerhallen: Tännchens Großmutter, die Zarin, die Tropfen, Leben... Es war, als fügte sich ein unsichtbares Puzzle vor ihren Augen zusammen, und plötzlich durchzuckte sie ein Gedanke.

"Hansen," sagte sie langsam, ihre Stimme fest und klar. "Das, was Tännchens Großmutter dir damals gegeben hat ... diese Flüssigkeit. Das war ein Teil von dem, was jetzt in der Flasche ist, oder nicht?"

Hansen zögerte und nickte schließlich. "Ja, das glaube ich. Es war nur ein winziger Tropfen, aber ... ja, es muss dasselbe sein."

Ann sprang auf, und ihre Augen funkelten vor Entschlossenheit. "Dann ist es genau das, was wir brauchen! Denk doch mal nach, Hansen. Wenn diese Flüssigkeit Tom damals Leben eingehaucht hat, dann kann sie ihm jetzt helfen. Sie muss helfen. Es ist, als wäre er ... als wäre er verbunden mit ihr, auf eine Weise, die wir nicht ganz verstehen."

Alex sah sie an, seine Stirn in Falten gelegt. "Aber Ann, die Flüssigkeit in der Flasche ... wir wissen nicht, was sie inzwischen ist. Hansen hat gesagt, dass sie sich verändert hat."

"Ich weiß," antwortete Ann, ohne ihre Überzeugung zu verlieren. "Aber ich glaube, Tom hat das gespürt, als wir die Flasche geöffnet haben. Es hat etwas mit ihm gemacht. Und jetzt ... jetzt ist sie vielleicht der Schlüssel, ihn zurückzuholen." Sie kniete sich neben Tom und nahm vorsichtig seine Hand. "Er wird immer ruhiger. Das ist nicht normal. Die Verbindung zwischen ihm und der Flüssigkeit ist immer noch da. Vielleicht ist es genau das, was ihn wieder zu uns bringen kann."

Hansen sah Ann lange an. Er war hin- und hergerissen. Die Idee klang riskant, ja sogar gefährlich. Doch in Anns Stimme lag eine Überzeugung, die ihn nicht losließ. Schließlich nickte er langsam.

"Vielleicht hast du recht. Aber wenn wir das tun, müssen wir äußerst vorsichtig sein. Ein Fehler, und wir könnten Tom verlieren – oder etwas Unvorhersehbares auslösen."

Ann hielt Toms Hand noch etwas fester. "Wir müssen es versuchen. Für Tom." Alex nickte schließlich zögernd, sein Blick zwischen Ann und Hansen hin und her wandernd.

"Also gut," sagte Hansen schließlich, seine Stimme fest. "Wir werden es wagen, er stand an seinem schweren, hölzernen Schreibtisch, die Pergamentrolle mit dem Rätsel der Verbindung in den Händen. Die verblichenen Buchstaben leuchteten schwach im Schein der flackernden Kerze, die neben ihm auf einem Stapel Bücher brannte. Sein Blick war konzentriert, fast schon durchdringend, als er die Worte erneut las. Die Gruppe saß im Raum verteilt, gespannt und zugleich angespannt, während sie Hansens murmelnde Stimme hörten.

Hansen blickte mit ernster Miene in die Runde.

„Es fehlt etwas! erinnert euch," begann er mit tiefer, eindringlicher Stimme, „an das Rätsel der drei Wächter. Es war der erste Schritt, das erste Schloss, das wir überwinden mussten. Jede Entscheidung war ein Risiko, aber wir haben es gelöst, indem wir uns den Prinzipien der Logik und der Wahrheit anvertrauten. Ihr erinnert euch an die Anordnung: Der eine Wächter sagte immer die Wahrheit, der andere log, und der dritte konnte beides tun. Als wir diese Logik verstanden hatten, waren wir in der Lage, den richtigen Weg zu wählen."

Alex nickte, seine Augen schienen vor Erinnerungen zu leuchten. „Das war der Moment, in dem wir auch das zweite Rätsel angingen. Es war ähnlich, nur verwirrender, aber das Prinzip der Verbindung zwischen Wahrheit und Täuschung blieb gleich. Wir mussten verstehen, wie alles miteinander verwoben war."

„Und dann war da das letzte Rätsel," sagte sie leise. „Das Rätsel der Verbindung. Wir glaubten, es zu lösen, als wir die Verbindung der Ringe zu den Elementen und den Schlüsseln erkannten."

Hansen nickte. „Wir waren so nah dran. Wir fanden die richtige Verbindung, wussten, wie die Reihenfolge der Ringe mit den Kreisen und ihrer Bedeutung zusammenhing. Doch wir haben es nicht zu Ende gebracht. Es fehlte der letzte Schritt – der Mut, alles zu riskieren."

Ein schwerer Atemzug ging durch den Raum. Die Flasche, die mit ihrer seltsam veränderten Flüssigkeit in der Mitte des Tisches stand, schien die Anspannung zu spüren, als hätte sie ein eigenes Bewusstsein.

Aber diesmal geht es nicht um uns. Es geht um Tom. Seine Rettung hängt davon ab, dass wir den richtigen Ring bestimmen und ihm auf den Finger schieben. Es ist unsere letzte Chance, ihn zurückzuholen."

Alex und Ann tauschten einen kurzen Blick. Die Schwere der Aufgabe lag greifbar in der Luft, doch auch ein Funken Hoffnung blitzte in ihren Augen auf. Gemeinsam nickten sie, und Ann ergriff Toms schlaffe Hand. Sie sah aus, als wolle sie ihm leise versprechen, dass sie ihn nicht aufgeben würden.

„Lasst uns beginnen," sagte Hansen. Seine Stimme war ruhig, aber entschieden.

Die Gruppe saß in angespannter Stille um den Tisch. Die Pergamentrolle mit den kryptischen Hinweisen lag zwischen ihnen, während das flackernde Kerzenlicht ihre Gesichter in wechselnde Schatten tauchte. Hansen nahm einen tiefen Atemzug:" Hier steckt ein weiteres Rätsel, wir haben es übersehen, jetzt geht es nicht um die Verbindung,"

Er begann, die Hinweise laut vorzulesen, seine Stimme klar und entschlossen:

Im Herzen der Dunkelheit ruht ein Licht,
gefangen von Schatten, die Wahrheit spricht.
Vier Stimmen flüstern, doch nur eine führt,
die anderen locken, bis dein Mut erfriert:

Hinweis1 „Der Rubin ist der einzige Weg.

Hinweis 2: Der Smaragd wird dein Ende sein.

Hinweis 3: Der Saphire ist der sichere Pfad.

Hinweis 4: Der Diamant bringt Hoffnung und Licht.

Doch wisse dies: Zwei der Stimmen lügen, zwei sprechen wahr."

Seine Worte hingen wie eine unsichtbare Last im Raum. Ann runzelte die Stirn und kaute nervös auf ihrer Unterlippe, während Alex den Text auf der Rolle fixierte, als könne er die Lösung förmlich aus den Worten herausziehen.

„Inzwischen können wir mit Logik umgehen. Also, wenn wir davon ausgehen," begann Hansen mit einem lehrhaften Ton, dass Hinweis 1 falsch ist – also der Rubin, Toms Ring nicht der richtige Juwel ist –

Ein nachdenkliches Schweigen folgte, während jeder die Logik der Hinweise in seinem Kopf erneut durchspielte. Hansen legte die Pergamentrolle beiseite und griff nach einem Stift, um die Hinweise auf dem Pergament visuell zu ordnen.

„Wir wissen, dass mindestens zwei Hinweise lügen müssen," sagte er langsam. „Wenn wir annehmen, dass sowohl Hinweis 2 als auch Hinweis 3 wahr sind, ergibt sich kein Widerspruch. Der Rubin ist nicht der richtige Juwel, und der Diamant ist verflucht. Hinweis 4 könnte ebenfalls falsch sein, und das macht den Saphir zum sicheren Juwel," sagte Alex mit einem Hauch von Erleichterung in der Stimme.

„Aber was, wenn wir uns irren?" fragte Ann zögernd, ihre Augen suchten die der anderen. „Was, wenn wir die falsche Schlussfolgerung ziehen?"

Hansen legte eine Hand auf ihre Schulter. „Wir haben die Hinweise so klar wie möglich analysiert. Logik war immer der Schlüssel zu diesen Rätseln. Wir müssen darauf vertrauen, dass unser Verstand uns richtig geführt hat."

Die Gruppe sah einander an, und eine stumme Übereinkunft wurde getroffen.

Hansen legte die Pergamentrolle vorsichtig ab „Der Saphir …" Er hielt inne, als würde er die Worte mit Bedacht wählen. "Der Saphir repräsentiert die Ruhe, den Geist und die Weisheit. Er gleicht aus, was der Rubin entfacht."

Die Stille im Raum war beinahe greifbar. Die Ringe an ihren Fingern funkelten im schwachen Kerzenlicht, als ob sie eine eigene Macht ausstrahlten. Jeder wusste, was jetzt geschehen musste, aber niemand wagte es, den ersten Schritt zu machen. Hansen hob schließlich den Blick, seine Augen schwer von der Verantwortung.

„Es gibt keinen anderen Weg," sagte er mit rauer Stimme. „Wir müssen die Ringe abnehmen, einer nach dem anderen. Nur so können wir Tom retten."

Der andere Tom

Tom in seinem seltsamen, tiefen Schlaf auf der Couch, sein Atem war ruhig, beinahe zu ruhig, und seine blassen Hände lagen reglos auf seiner Brust. Ann trat an ihn heran, kniete sich neben ihn und berührte vorsichtig seine Schulter. "Und wenn wir es falsch machen?" flüsterte sie, ihre Stimme bebend vor Sorge.

"Das dürfen wir nicht," sagte Hansen mit ungewohnter Schärfe in der Stimme. "Wir müssen uns auf das Rätsel verlassen, auf die Logik und das Vertrauen in den Plan."

Toms Ring, der Rubin, schimmerte an seinem Finger tiefrot, wie ein winziger Herzschlag.

Ann rückte näher, ihre Augen voller Sorge auf Tom gerichtet. Seine Hand sieht... blass aus.“ Tatsächlich war Toms Haut um den Ring aschfahl geworden, als ob das Leben entzogen worden wäre.

Hansen musterte die Szene mit gerunzelter Stirn. „Das ist die Energie des Rings,“ murmelte er. „Sie hat sich auf ihn eingewirkt. Aber wir dürfen jetzt nicht zögern. Wenn wir aufhören, könnte der Prozess gefährlich werden.“

Es war, als ob die Luft selbst schwerer geworden wäre, dichter, und jeder Atemzug verlangte mehr Anstrengung.

Alex schluckte schwer und schaute auf seine eigene Hand, wo der Smaragdring funkelte. „Was, wenn die Ringe... uns etwas nehmen, wenn wir sie abziehen?“ Seine Worte schienen das unausgesprochene Gefühl der Angst in allen zu bestätigen.

Als Erste war Ann an der Reihe. Der Saphir an ihrem Finger glühte kühl und blau, wie der sanfte Schein des Mondlichts. Ihre Hände zitterten leicht, während sie den Ring langsam drehte. „Er fühlt sich so... lebendig an,“ flüsterte sie, bevor sie ihn schließlich mit einem kleinen Ruck löste. Ein Hauch von Kälte strich durch den Raum, als sie den Saphirring behutsam in die Schale legte.

Ein plötzliches, leises Summen erfüllte den Raum, fast wie das Wispern einer unsichtbaren Präsenz. Es schien von der Schale auszugehen, wo der Saphire Ring lag, als ob er lebendig wäre, noch immer etwas wollte.

Die kleine Gruppe tauschte besorgte Blicke aus. Jeder wusste, dass dies erst der Anfang war. Die Angst, die nach dem Entfernen des ersten Rings im Raum schwebte, ließ sie alle zweifeln – an ihrer Stärke, an ihrer Entschlossenheit und an dem, was sie noch erwartete.

Hansen war der Nächste. Der Diamant an seinem Finger schien kalt und klar, beinahe unnahbar. Seine alternden Finger bewegten sich ruhig, aber entschlossen, als er den Ring drehte. „Dieser Ring hat etwas... Uraltes," murmelte er, als er den Diamanten schließlich löste. Ein heller, beinahe blendender Blitz erhellte den Raum für einen Moment, als Hansen den Ring in die Schale legte. Die Ringe schienen nun miteinander zu verschmelzen, und ein sanftes, aber eindringliches Leuchten auszusenden.

Zuletzt war Alex an der Reihe. Der Smaragd an seinem Finger glühte in lebhaftem Grün, als wäre ein Stück des Waldes selbst eingefangen worden. Alex atmete tief ein, bevor er den Ring behutsam drehte. „Er fühlt sich... lebendig an," sagte er leise, während ein seltsames Gefühl der Verbundenheit durch ihn strömte. Der Ring glitt schließlich von seinem Finger, und als Alex ihn in die Schale legte, wurde die grüne Farbe plötzlich intensiver und verschmolz mit den anderen Farben.

Die drei Ringe lagen nun beisammen, ihre Farben wirbelten ineinander, schienen jedoch ihre eigene Identität zu behalten. Ein leises, aber durchdringendes Summen erfüllte den Raum. Es war, als hätten die Ringe ein Eigenleben – eine Präsenz, die der Gruppe zugleich Ehrfurcht und Unbehagen einflößte. An Toms Finger glühte nun der Rubin noch strahlender.

„Sie sind miteinander verbunden,“ flüsterte Hansen, während sein Blick auf der Schale ruhte. Die Gruppe hielt den Atem an. Keiner wagte, sich zu bewegen. Die Entscheidung, was als Nächstes geschehen sollte, lag wie eine unsichtbare Last auf allen.

Hansen griff nach den Ringen und hob sie einzeln an, ihre schimmernden Oberflächen reflektierten das warme Licht des Raumes. "Wir werden nun den Ring für Tom wählen.

Und dann …" Hansen hielt inne und sah zu der Flasche hinüber, die nun auf dem Tisch stand, ihre Form seltsam verändert, fast lebendig. "Dann werden wir seine Hand mit der Restflüssigkeit in Berührung bringen.

Die Stille im Raum war drückend. Selbst Brick, der sonst neugierig den Raum durchstreifte, lag still zu Hansens Füßen und schien die Spannung zu spüren.

"Wir haben keine andere Wahl," sagte Alex schließlich, seine Stimme fest. "Wenn das die einzige Möglichkeit ist, Tom zu helfen, dann tun wir es."

Ann nickte und legte ihre Hand auf Toms. "Wir schaffen das. Er ist stark. Und wir sind es auch."

Hansen atmete tief durch, dann berührte er den Rubinring an Toms Finger, als wolle er ihm mitteilen, dass es nun los geht, langsam schob er ihn vom Finger, und legte ihn zu den anderen. Alles blieb merkwürdig ruhig.

"Gut," sagte er mit fester Stimme.“

Hansen kniete sich neben Tom, seine Hände zitterten leicht, während er den Saphirring aus der Schale nahm. Der Ring schien in der Dämmerung des Raumes ein eigenes Licht zu verströmen, ein blasses, kühles Blau, das die Spannung in der Luft beinahe greifbar machte. Hansen atmete tief ein, seine Augen glitten über Toms ruhende Gestalt, als wollte er sich selbst Mut zusprechen.

Langsam hob er Toms Hand, die noch immer leblos auf der Decke lag, und führte den Ring behutsam zu seinem Finger. Der Saphir glitt wie von unsichtbarer Hand geführt über den Knöchel, bis er sicher auf dem Ringfinger saß.

In diesem Moment schien die Luft im Raum schwerer zu werden, als hätte der Ring einen stillen, aber mächtigen Mechanismus in Gang gesetzt. Ein schwaches Zittern durchlief Toms Hand, kaum wahrnehmbar, doch Ann und Alex hielten den Atem an.

Plötzlich begann der Saphir zu pulsieren, in einem Rhythmus, der wie ein leises Herzschlagen klang. Hansen zog seine Hand zurück, sah gebannt auf den Finger, während ein Hauch von Farbe in Toms Wangen zurückkehrte. Doch es war nur ein Moment, ein flüchtiges Zeichen – dann war alles wieder still.

„Es ist noch nicht vorbei,“ murmelte Hansen, seine Stimme rau vor Anspannung. „Wir müssen weitermachen.“

„Es funktioniert“, flüsterte Ann, ihre Stimme bebend vor Erleichterung und Ehrfurcht.

Tom atmete plötzlich tief ein, als ob er einen wichtigen, längst vergessenen Atemzug tat.

Toms Körper zuckte leicht, seine Augenlider flackerten, und ein leises, aber klares Summen erfüllte die Luft. Die Aura um seine Hand leuchtete nun in einem strahlenden Weiß, als ob die Energien der Ringe zu einer einzigen, harmonischen Kraft verschmolzen wären.

„Der erste Teil ist vollbracht“, flüsterte Hansen, während die anderen stumm vor Ehrfurcht zusahen. Doch trotz des Erfolgs blieb die Spannung spürbar. Was als Nächstes geschehen würde, lag nun jenseits ihrer Kontrolle.

Hansen griff zur Flasche mit beiden Händen, als ob sie ein heiliges Relikt wäre. Sein Gesicht war ernst, seine Stirn in tiefe Falten gelegt, während er vorsichtig den Rest der Flüssigkeit in ihrem Inneren betrachtete. Obwohl die Flasche ihre einstige Macht verloren zu haben schien, schimmerte die verbliebene Flüssigkeit schwach, wie ein Hauch von Leben, das sich noch an den letzten Funken klammerte.

„Es könnte funktionieren,“ murmelte Hansen mehr zu sich selbst, während die anderen ihn gespannt beobachteten. Er zog ein kleines Tuch aus seiner Tasche und wickelte es um die Flasche, um das Glas vorsichtig zu kippen.

Ann hielt unwillkürlich den Atem an, während Alex sich näher vorbeugte. Toms Hand lag regungslos auf der weichen Decke, die seinen Oberkörper bedeckte.

„Nur ein Tropfen,“ sagte Hansen leise und konzentriert. „Wir dürfen nicht mehr riskieren.“

Er neigte die Flasche langsam. Ein einzelner Tropfen löste sich, schimmernd wie flüssiges Silber, und fiel in Zeitlupe herab. Der Tropfen traf Toms Handfläche und zersprang in feine Perlen, die sofort in seine Haut einzuziehen schienen.

Die Reaktion war unmittelbar. Eine leichte Wärme breitete sich aus, sichtbar in einem sanften rosigen Glühen, das Toms Hand überzog. Ann keuchte, als sich seine Finger ganz leicht zu regen begannen, ein fast unmerkliches Zittern, das aber dennoch wie ein lauter Schrei wirkte in der Stille des Raumes.

„Es beginnt," flüsterte Hansen, seine Stimme eine Mischung aus Spannung und Erleichterung. Er stellte die Flasche vorsichtig zur Seite und richtete seinen Blick wieder auf Tom.

Die Wärme wanderte langsam von Toms Hand über seinen Arm, sichtbar in einer schimmernden Linie unter seiner Haut. Sein Atem wurde gleichmäßiger, seine Lippen bewegten sich leicht, als ob sie Worte formen wollten, die jedoch noch keinen Laut fanden.

Ann griff zögernd nach seiner Hand und spürte die zunehmende Lebendigkeit. „Er wird es schaffen," sagte sie, ihre Stimme erstickt vor Rührung.

Alex nickte wortlos, seine Augen weit aufgerissen. Brick, der Hund, setzte sich aufrecht hin, als ob er ebenfalls die Veränderung spüren würde.

„Das war die letzte Spur der alten Kraft," erklärte Hansen, während er sich zurücklehnte, die Erschöpfung in seinen Zügen deutlich sichtbar. „Aber es war genug."

Die Flasche, die einst so bedrohlich und voller Energie gewesen war, lag nun still auf dem Tisch, nur noch ein Schatten ihres früheren Selbst. Das wenige, das sie noch zu geben hatte, hatte Toms Leben gerettet.

Die Stube war erfüllt von einer gespannten Stille, in der jedes Geräusch, jedes Zucken von Toms Fingern wie ein Echo zu hallen schien. Die Aura um seine Hand begann sich zu verändern, das blendend weiße Licht wurde weicher, schimmerte wie die ersten Sonnenstrahlen nach einer langen, dunklen Nacht.

Hansen, Ann und Alex beugten sich näher zu Tom, wagten kaum zu atmen. Sein Gesicht war noch immer reglos, fast marmorn, doch dann – ein kaum merkliches Zittern durchlief seine Lippen. Ann legte zitternd ihre Hand auf Toms Schulter. „Tom?“, flüsterte sie, ihre Stimme ein Beben aus Hoffnung und Angst.

Ein leiser Atemzug entwich Toms Lippen. Es war kein normales Geräusch, sondern ein tiefes, fast fremdes Keuchen, als ob sein Körper nach Jahren des Schweigens wieder das Atmen lernte. Seine Brust hob und senkte sich nun mit einem zögerlichen Rhythmus, als ob sie eine verlorene Melodie wiederfände.

„Schaut!“ Alex deutete mit zitternder Hand auf die Flasche. Ein kleines Rinnsal kondensierten Dampfes lief an ihrem Hals herab, als ob die letzte Energie aus ihr entwichen wäre. Die Gravuren, die zuvor unheimlich geleuchtet hatten, verblassten, bis sie kaum noch sichtbar waren.

Hansen nickte, eine Mischung aus Erleichterung und Nachdenklichkeit in seinem Gesicht. „Die Verbindung ist gebrochen“, sagte er, seine Stimme leise, aber fest. „Die Flasche hat ihre Macht verloren. Sie ist nur noch ein leeres Relikt.“

In diesem Moment bewegte Tom leicht seinen Kopf, seine Augenlider zuckten, bevor sie sich langsam öffneten. Seine Augen, zuerst glasig und leer, fanden Ann, die ihn mit Tränen in den Augen ansah. „Ann…?“ Seine Stimme war schwach, fast wie ein Flüstern, aber es war unverkennbar seine.

„Tom!“ Ann fiel ihm um den Hals, während Alex erleichtert auflachte und Hansen sich mit einem schweren Seufzer zurücklehnte. Auch Brick, hob interessiert den Kopf und wedelte freudig mit dem Schwanz, als ob er die Stimmung im Raum spürte.

Tom hob langsam seine Hand, betrachtete den Ring, der an seinen Finger saß. Seine Bewegungen waren vorsichtig, fast ungelenk, als ob er sich erst wieder an seinen Körper gewöhnen müsste. „Was ist… passiert?“, murmelte er, seine Stimme voller Verwirrung und Müdigkeit.

„Du bist zurück“, sagte Hansen schlicht, seine Augen jedoch voller Emotionen. „Und die Flasche… sie wird niemandem mehr schaden.“

Der Raum war erfüllt von einem Gefühl des Triumphs und der Erleichterung.

Hansen wirkte, als habe das ganze Ritual ihm seine letzten Kräfte geraubt. Sein Gesicht war bleicher als je zuvor, tiefe Schatten zeichneten sich unter seinen Augen ab, und sein Rücken schien sich unter einer unsichtbaren Last zu krümmen. Er strich sich mühsam über die Stirn, als wolle er die Schwere der vergangenen Stunden fortwischen. Doch inmitten der Erschöpfung lag ein Ausdruck von Frieden, wie er ihn schon lange nicht mehr gezeigt hatte.

„Tom,“ sagte Hansen schließlich mit einer brüchigen Stimme, die vor Erleichterung bebte.

Tom blinzelte mehrmals und richtete sich mühsam auf. Sein Blick wanderte zu Hansen, und dann zu Ann und Alex, die ihn mit Tränen der Freude anlächelten. „Ich… ich bin wieder hier,“ flüsterte er, als würde er selbst nicht ganz begreifen, was geschehen war.

Hansen trat näher, seine Beine schienen ihn kaum zu tragen. Doch dann ließ er sich neben Tom nieder, zog ihn sanft in eine Umarmung und hielt ihn fest, als wolle er nie wieder loslassen. „Du hast keine Ahnung, wie sehr wir dich gebraucht haben," sagte Hansen leise, und seine Stimme war von Dankbarkeit und tiefer Zuneigung erfüllt.

Tom lehnte sich in die Umarmung, spürte die Wärme und das Leben, das zurückgekehrt war.

Doch als er sich neu zu entdecken begann, bemerkte er etwas Seltsames. Die vertraute Kraft, sich in den Schatten zu hüllen, unsichtbar zu werden, fehlte. Er konzentrierte sich, versuchte es instinktiv – doch nichts geschah.

Ein Moment der Stille legte sich über die Gruppe, als Tom schließlich sagte: „Es ist weg. Ich kann es nicht mehr. Die Unsichtbarkeit… ich habe sie verloren."

Ann und Alex warfen sich einen schnellen Blick zu, unsicher, was sie dazu sagen sollten. Doch Tom überraschte sie alle. Ein leichtes Lächeln huschte über sein Gesicht, ein Ausdruck von Akzeptanz und vielleicht sogar Erleichterung. „Vielleicht ist es besser so," fügte er hinzu. „Vielleicht war es nie meine Fähigkeit, sondern etwas Fremdes, das ich jetzt nicht mehr brauche."

Hansen sah ihn an, ein Funken Stolz in seinen gütigen Augen. „Es war eine Bürde, Tom. Nicht deine Stärke. Und jetzt… jetzt bist du einfach nur du. Und das reicht."

Die Worte schienen Tom zu beruhigen, und er nickte langsam. „Ja," sagte er schließlich. „Das reicht."

Ann und Alex traten näher, schlangen ihre Arme um Tom, und Hansen, und sogar Brick, der aufgeregt mit dem Schwanz wedelte.

Die vier saßen so zusammen, ein enger Kreis, in dem die Erleichterung und die Wärme spürbar waren.

Nachruf und neue Anfänge

Max Schloemer Senior schlief genau 100 Tage. Sein Schlaf war tief und ungestört, als hätte die Zeit ihn in einen Kokon des Vergessens gehüllt. Als er schließlich die Augen öffnete, war die Welt um ihn verändert – und in seinem Inneren eine Leere. Die Erinnerungen an das, was ihn einst getrieben hatte, waren fort. Weder die Flasche noch die Ringe oder die düsteren Pläne, die ihn einst umtrieben hatten, existierten nicht mehr in seinem Geist. Er sprach leise von „einem langen Traum“, dessen Details er nicht greifen konnte.

Für seinen Sohn, Paul Schloemer Junior, bedeutete dies eine Zäsur. Mit schweren Herzen – und noch schwereren Konsequenzen – schickte man ihn in ein abgelegenes Internat. Dort sollte er lernen, das Leben neu zu betrachten und den Schatten seiner Herkunft zu entkommen. Die strengen Regeln und die wohlwollende Strenge der Pädagogen waren eine Chance, ihn auf einen besseren Weg zu führen.

Leo Thaler hingegen nahm die Wendungen mit unverhohlenem Triumph auf. In seinem Büro, wo die alten Akten der Familie Schloemer und die Notizen des Rätsels noch lagen, schrieb er nun an einem Buch. Es sollte ein Werk über Moral, Macht und die Versuchung des Unbekannten werden – ein Werk, das ihm endlich den Durchbruch als renommierter Schriftsteller bringen würde. Seine Zeilen sprühten vor Genugtuung, aber auch vor Weisheit über die Unbeständigkeit menschlicher Ambitionen.

Und dann war da noch Tännchen. Sie erschien eines Abends unerwartet an der Tür der Datscha, einen Korb mit frisch gebackenem Brot in der Hand. Hansen, überrascht von ihrem Besuch, ahnte zunächst nichts von den Absichten hinter ihrem freundlichen Lächeln. Doch während des Abends als sie sich in

Gespräche über Vergangenheit und Zukunft verloren, wurde klar: Tännchen hatte mehr als nur freundschaftliche Gefühle für ihn. Vielleicht war es die gemeinsame Geschichte, vielleicht die Einsamkeit, die beide kannten – doch als sie ging, hatte sie ihm einen Blick zugeworfen, der alles sagte.

Das Kapitel der Flasche war beendet, doch die Geschichten der Menschen, die sie berührt hatte, gingen weiter. Einige mit leichten Herzen, andere auf dem Weg zur Besserung, und wieder andere mit einem neuen Kapitel voller Hoffnung.

Und man sah die Freunde den Flechstritt tanzen.

*2

Spielbeschreibung

"Tempel der Zeit"

ist ein mysteriöses und spannendes Tischspiel für 2-6 Spieler, das in der Welt des antiken Ägyptens spielt. Die Spieler schlüpfen in die Rolle von Forschern, Archäologen und Entdeckern, die auf der Suche nach verschollenen Schätzen und mächtigen Artefakten die Pyramiden und Tempel durchkämmen. Doch Vorsicht: Das

Land der Pharaonen birgt nicht nur Schätze, sondern auch Geheimnisse, Fallen und Flüche, die auf die Ungeduldigen warten.

Das Ziel ist es, die meisten Schätze und Artefakte zu bergen, bevor das Zeitlimit (Spielende) erreicht ist. Jeder Spieler muss geschickt Rätsel lösen, Hindernisse überwinden und konkurrierende Spieler austricksen, um am Ende als der größte Entdecker Ägyptens gekrönt zu wird

Spielmaterial:

-Eine Karte, die die Pyramiden, Tempel, Wüsten und Flusslandschaften des Niltals zeigt. Verschiedene Gebiete bieten unterschiedliche Herausforderungen und Belohnungen.

Rätselkarten:

Jede Pyramide und jedes Grab enthält eine Rätselkarte, die Spieler lösen müssen, um weiterzukommen. Die Rätsel basieren auf Hieroglyphen, Zahlenkombinationen oder antiken Geheimnissen.

- Schatzkarten: Zeigen Orte von verborgenen Artefakten oder Schätzen.

Fluchkarten:

Einige Bereiche und Karten enthalten gefährliche Flüche, die Spieler behindern oder ihre Ressourcen erschöpfen können.

Spielsteine:

Figuren, die die Spieler darstellen, mit einem Inventar für gesammelte Artefakte, Hilfsmittel oder Schutzamulette.

Pyramidenstücke:

Das Spielbrett enthält Pyramiden mit aufklappbaren Segmenten, die Geheimkammern verbergen.

Würfel: Für Bewegungen und Ereignisse.

Ablauf des Spiels:

1.Startphase: Jeder Spieler startet an einem anderen Punkt auf der Karte und erhält ein Startinventar (Werkzeuge, Wasser, Nahrung, ein altes Papyrusstück mit einem Hinweis).

2. Erkundung: Spieler ziehen über das Spielfeld und entscheiden, ob sie Pyramiden, Tempel oder Oasen erkunden möchten. Dabei ziehen sie **Rätsel- oder Ereigniskarten**.

3. Rätsel lösen: Um in einem Grab weiter vorzudringen, müssen die Spieler die aufgedeckten Rätsel (z. B. Kombinationen von Hieroglyphen entschlüsseln oder alte ägyptische Zahlenrätsel) lösen. Ein korrekt gelöstes Rätsel erlaubt das Sammeln eines Artefakts oder das Vorankommen in einer Pyramide.

4. Fallen und Flüche: Einige Pyramiden sind verflucht, und die Spieler könnten auf **Fluchkarten** stoßen, die sie zwingen, Teile ihrer Ausrüstung abzugeben, Schritte rückwärts zu gehen oder ein Artefakt zu verlieren. Es gibt auch gefährliche Fallen wie Sandströme und giftige Skorpione.

5. Spezialfähigkeiten: Jeder Spieler besitzt eine einzigartige Fähigkeit – z. B. kann ein Spieler Fallen umgehen, ein anderes Rätsel leichter lösen oder ein anderer Spieler spricht die alte Sprache und kann Flüche schneller aufheben.

6. Artefakte: Die wichtigsten Schätze sind **Pharaonen-Artefakte**, die den Spielern am Ende Punkte bringen. Jedes

Artefakt hat jedoch eine Geschichte, die seine Macht oder seinen Fluch beschreibt. Die Spieler müssen strategisch entscheiden, welche Artefakte sie mitnehmen oder zurücklassen.

Besondere Mechanik – Der Fluch des Pharaos:

Ein zentrales Element des Spiels ist der "Fluch des Pharaos", der aktiviert wird, wenn ein Spieler eine bestimmte Anzahl von Artefakten sammelt. Dieser Fluch kann das Spielgeschehen dramatisch ändern – z. B. indem er alle Spieler für einige Runden verlangsamt oder die Anzahl der Schätze auf der Karte reduziert.

Siegbedingungen:

Das Spiel endet, wenn alle Pyramiden erkundet oder das Zeitlimit erreicht ist (z. B. nach 10 Runden). Der Spieler mit den wertvollsten Artefakten und der meisten Punkte aus gelösten Rätseln gewinnt. Wenn der "Fluch des Pharaos" zu stark geworden ist, können die Spieler auch gemeinsam entscheiden, das Spiel frühzeitig zu beenden, wobei dann der Spieler mit den meisten Schätzen und Punkten gewinnt.

Fazit:

"Tempel der Zeit" ist ein strategisches, rätselhaftes Abenteuerspiel, das Wissen, Geschick und Teamwork fördert. Es bietet eine Mischung aus Spannung, Geheimnissen und einer faszinierenden Reise in die Welt der ägyptischen Mysterien.

*1

Der Flechstritt-Tanz

ist ein lebhafter, folkloristischer Gruppentanz, der seinen Namen einem zentralen Schritt verdankt, bei dem die Beine sich in einem kunstvollen Muster "flechten" – als ob sie einen Zopf knüpfen würden. Der Tanz ist sowohl rhythmisch als auch visuell beeindruckend und wird von einem energetischen, treibenden Takt begleitet.

Aufbau des Tanzes:

1. Auftakt: Der Kreis

Die Tänzer bilden einen Kreis, halten sich an den Händen, und bewegen sich langsam im Uhrzeigersinn. Die Schritte sind zunächst sanft, fast schwebend, und bereiten die Gruppe auf den dynamischen Teil vor.

2. Flechstritt

Der Flechstritt ist der zentrale Teil des Tanzes:

1. Rechtsflechte:
    - Der rechte Fuß tritt vor, dann schwingt das linke Bein nach vorne und kreuzt sich über das rechte.
    - Der rechte Fuß tritt leicht seitwärts zurück, während das linke Bein sich wieder zurückzieht und hinter dem rechten kreuzt.
    - Die Beine "flechten" sich zweimal hintereinander.
2. Linksflechte:
    - Der linke Fuß führt den gleichen Bewegungsablauf spiegelverkehrt aus.

Die Arme werden synchron nach außen geführt, als würden sie das Flechten der Beine unterstreichen. Nach jedem Zyklus des Flechtritts klatscht die Gruppe gemeinsam in die Hände.

3. Springende Verbindung

Zwischen den Flechtritt-Sequenzen gibt es eine überleitende Bewegung: Ein leichter Doppelsprung nach vorne, dann ein Dreh auf einem Bein. Dieser Abschnitt gibt dem Tanz seinen verspielten Charakter.

4. Das Finale: Die Spirale

Die Gruppe löst den Kreis auf, und jeder Tänzer dreht sich um die eigene Achse, während sie/er den Flechtritt individuell variiert. Am Ende finden sich alle wieder zusammen und enden mit einem gemeinsamen Stampfen.

Musikempfehlung:

Der Flechstritt-Tanz funktioniert am besten mit einem schnellen Rhythmus, der traditionelle Instrumente wie Trommeln, Geigen oder Akkordeons enthält. Die Musik sollte an Intensität zunehmen, um den Höhepunkt des Tanzes zu betonen.

Der Flechstritt-Tanz ist nicht nur körperlich herausfordernd, sondern auch ein Fest für die Sinne – ein Ausdruck von Freude, Verbundenheit und Koordination.

Zeitfracht Medien GmbH
Ferdinand-Jühlke-Straße 7,
99095 - DE, Erfurt
produktsicherheit@zeitfracht.de

FSC
www.fsc.org
MIX
Papier | Fördert gute Waldnutzung
FSC® C083411

Druck:
CPI Druckdienstleistungen GmbH
im Auftrag der
Zeitfracht Medien GmbH
Ein Unternehmen der Zeitfracht - Gruppe
Ferdinand-Jühlke-Str. 7
99095 Erfurt